달맞이꽃

달맞이꽃

초판 1쇄 인쇄	2024년 09월 12일
초판 1쇄 발행	2024년 10월 10일

신고번호	제313-2010-376호
등록번호	105-91-58839

지은이	정훈

발행처	보민출판사
발행인	김국환
기획	김선희
편집	조예슬
디자인	김민정

ISBN	979-11-6957-227-9 03810

주소	경기도 파주시 해올로 11, 우미린더퍼스트@ 상가 2동 109호
전화	070-8615-7449
사이트	www.bominbook.com

• 가격은 뒤표지에 있으며, 파본은 구입하신 서점에서 교환해드립니다.
• 이 책은 저작권법에 의하여 보호를 받는 저작물이므로 무단 전재와 복사를 금합니다.

달맞이꽃

정훈
지음

달맞이꽃을 처음 본 순간 내 심장에 담겨
영원히 시시 않는 꽃이 되었다

목차

제1부. 20○○年 06月 25日 ~ 09月 05日 · **6**

제2부. 20○○年 09月 08日 ~ 12月 05日 · **68**

제3부. 20○○年 12月 06日 ~ 20□□年 03月 08日 · **182**

제4부. 20□□年 03月 12日 ~ 05月 28日 · **232**

제5부. 20□□年 06月 02日 ~ 08月 30日 · **284**

제1부

2000年 6月 25日~
9月 5日

구형폰 문자메시지

5/17

희 : 훈아, 반갑다. 옛 친구들 다 기억하고 있지. 올해는 정말 신기하다. 17:36

6/25

희 : 훈아, 오늘이 너 생일이구나. 철민이가 알려줘서 알게 됐어. 생일 축하해. 여름에 태어났구나. 난 추운 겨울인데… 오늘 하루 굿데이. 09:16

카톡

5/26

훈 : 아까는 구형폰이었어. 많이 늙었지? 그래도 건강하게 열심히 일하며 살고 있어. 기회 되면 얼굴 함 보자. 건강히 잘 지내, 희야. 11:06

희 : 훈아, 너무 많은 세월이 흘렀구나. 귀여웠던 아이가 아저씨가 돼 버렸으니… 나도 마찬가지다. 눈도 안 보이고 머리는 염색해야 되고, 좀 있으면 할머니가 되겠지. ㅎㅎ 참고로 최 목사님은 완전 젊으시다. 관리를 잘하신 거 같아. 6월부터 일을 하게 돼서 만나진

못할 거 같으니 목사님과 좋은 시간 가져라. 17:10

훈 : 넌 할머니 안 될 거 같아. 세월을 거스를 수는 없지만 하얀 얼굴에 참 예뻤던 네 모습은 지금까지도 내 가슴에 남아 있거든… 그리고 흰머리 있어도 염색은 하지 않는 게 좋아. 나도 전에 염색을 했었는데 눈이 많이 나빠져서 4~5년 전쯤부터는 염색 안 하거든. 암튼 건강이 최고야. 마음 편히 갖고 마음을 비우면서 사는 게 좋아. 잘 지내. 또 연락하자. 18:11

6/18 (水)

훈 : 오래 앉아서 일하면 허리 아프겠다. 스트레칭 자주 해줘. 내가 하는 일 조금은 힘들긴 해도 즐거운 마음으로 일하면 힘들지도 않고 시간도 잘 가. 이렇게 일할 수 있는 건강한 육체가 있어서 감사하고 행복하게 생각해. 희야, 마음 짠하게 생각하지 않아도 돼. 지금 난 너무 행복하고 좋거든. 객지생활에서 오는 약간의 외로움이 조금 있을 뿐이야. 근데 지금은 철민이도 곁에 있고, 너하고 통화하고 연락할 수 있어서 외롭지 않아. 니 목소리 듣고 너무 기쁘고 행복했어. 허리에 무리 가지 않게 너도 조심하고 잘 지내. 안녕. 09:40

7/7 (月)

훈 : (충주댐에서 찍은 사진과 코다리냉면 사진 전송) 09:35

훈 : 어제 비가 와서 일을 못해 후배하고 충주댐에 바람 쐬러 갔었어.

근처에 코다리(명태회) 냉면이 있길래 처음 먹어봤는데 맛있고 특이하더라구. 언제 기회 되면 같이 먹으면 좋겠다. 냉면 좋아하지? 월요일 처지지 말고 힘내! 오늘도 행복한 하루 보내. 아자아자! 안녕. 09:40

7/16 (水)

훈 : 더운데 잘 지내지? 난 땀 무지 흘리면서 잘 있어. 새참시간이라 잠시 휴식 중이야. 무더운데 몸조심해. 혹시 이 노래 아는지 모르겠구나. 내가 젤 좋아하는 노래인데 짬나면 함 들어봐. 잘 있어. 09:15

훈 : (한승기의 "연인" 노래 전송) 22:29

희 : 노래가 너무 슬프다. 22:30

7/21 (月)

훈 : (달맞이꽃 사진 2컷 전송) 09:37

훈 : 주말 잘 보냈어? 달맞이꽃이야. 동미리 뚝방에 많이 있었지. 기억나니? 너하고 달맞이꽃 많이 피었을 때 뚝방길을 같이 걸었었는데… 오늘도 아침부터 무덥네. 물 많이 먹고 건강 잘 챙겨. 아자아자! 오늘도 행복한 하루! 안녕! 09:42

희 : 달맞이꽃 이쁘다. 우리가 같이 걸은 적도 있었구나. 주말엔 중학교 친구들 만났고, 일주일간 못한 살림도 하느라 바빴어. 훈아, 땀을 많이 흘리니 몸이 많이 지치겠구나. 먹는 거 잘 먹어야 돼. 이번

주도 행복하게 잘 지내자. 안녕. 18:44

7/22 (火)

훈 : 희야, 점심 먹었니? 난 밥 먹고 커피 한 잔 마셨는데 오늘은 바람이 제법 불어서 한결 낫다. 혹시 목, 금, 토요일 중에 시간 비는 날 없니? 그때 장맛비 예보가 있어서 서울 다녀오려구. 일 때문에 철민이도 봐야 하고 겸사겸사해서… 너도 만나고 싶고… 시간 보고 답장해줘. 활기찬 오후 되고. 12:18

희 : 훈아, 결정하기가 쉽지 않다. 난 아직 남편으로부터 자유롭진 않아. 미안해. 21:53

7/23 (水)

훈 : 미안해하지 마. 오히려 내가 미안하다. 내가 자유로우니까 내 생각만 했어. 그래 내가 좀 이기적이었어. 주부인 니 입장을 헤아리지 못했어. 언젠가는 얼굴 볼 수 있겠지 뭐. 내가 괜히 사진 보내고 문자 보내는 게 너를 심란하게 하고 부담 주는 게 아닌지 모르겠다. 사실 너한테 문자 보낼 때도 조심스럽긴 했어. 주말이나 저녁시간 피하고 니가 출근해서 혼자 있을 시간에 보내야겠다는 관념이 있었거든. 난 지금처럼 가끔 카톡이라도 주고받았으면 하는데 혹시 이것마저도 너한테 부담이 된다면 얘기해. 그리움은 그저 그리움일 뿐 현실을 역행하며 순리를 거스를 수는 없잖니? 만나기 힘들면 힘든 대로 서로 건강하게 살자. 살면서 정 마음이 허할 때

말벗하고 위로해주고 위로받을 수 있는 그런 시간을 가져보자. 비가 많이 오는구나. 숙소에서 휴식 중이야. 넌 일하고 있겠지. 무리하지 말고 건강 잘 챙겨. 잘 지내. 안녕. 09:41

희: 훈이야, 잘 쉬었니? 여기도 비가 많이 왔어. 내일은 더 많이 온다고 하네. 사실 처음에 문자 오는 게 부담스러웠는데 어느 순간 너의 문자를 기다리게 됐고, 사진들을 보면서 내 마음이 너무 흔들렸어. 너가 보내준 노래는 자꾸만 듣게 되고… 나 좀 힘들어. 우리는 왜 평생을 그리워만 한 건지… 생각해보면 내 욕심이고 내가 순수하지 못했던 거 같아. 그런 나를 넌 잊지 않고 반가워해주고 좋아해주니… 내가 뭐라고. 난 그저 배신한 첫사랑일 뿐이지. 훈이의 지금 상황을 정확히는 모르지만 외로워 보여서 너무 맘이 아프다. 어느 날부터 내 핸드폰에 비번을 걸어놨어. 딸이 내 핸드폰을 자주 보거든. 훈아, 저녁시간 잘 보내. 안녕. 18:25

7/31 (木)

훈: 잘 지내고 있으리라 믿는다. 내가 좋아하는 색소포니스트 중의 한 사람인 전병우의 "잊혀진 계절" 연주야. 난 마음이 울적할 때 이런 연주곡을 많이 듣곤 해. 그럼 위로가 되고 마음이 편해져. 난 예전부터 노래와 음악을 좋아했거든. 너한테도 조금이나마 도움이 됐으면 좋겠다. 더위 조심 감기 조심! 건강해. 안녕. 15:05

8/3 (日)

희 : 나한테 없는 사진인데 이번에 만난 중학교 친구가 보내주었어. 중1 때 소풍 가서 찍은 거… (혜교와 찍은 사진 전송) 16:43

훈 : 강원도 삼척에 볼일 있어 갔다가 충주 가는 길이야. 사진이 실물보다 못 나왔네. 사진 보니까 곱고 청아했던 니 얼굴이 생생히 떠오른다. 언제나 잊을 수 없는 모습이니까… 희야! 첫사랑의 배신이라는 말이나 니가 순수하지 못했다는 말, 그런 자책하는 듯한 말 하지 마. 너에겐 아무 잘못도 없고, 내게 미안해할 이유도 없어. 그때는 그저 너와 나 운명이 잠시 비켜갔던 것뿐이야. 50이 넘은 이제라도 건강히 잘 지내는 거 알고 이렇게 폰을 통해서나마 마음을 주고받을 수 있어서 참 다행이고 행복하다. 마음 편히 가져. 언젠간 우리 웃으면서 만날 날 있겠지. 고마워, 사진 보내줘서. 늘 몸과 마음이 편안하길 빌게. 안녕. 17:09

희 : 그렇게 말해주니 고마워. 조심해서 들어가. 17:23

훈 : 운전 중이었어. 잘 도착했어. 주말에도 집에만 있는 거야? 가족들 올 때 됐나? 오늘은 그만해야겠지? 푹 쉬어. 안녕. 18:03

희 : 일요일은 주로 집에 있어. 오늘은 늦게까지 혼자 있어야 돼. 어젠 한의원 가서 침 맞고 언니하고 조카 만나서 놀다 왔어. 저번 주에 서울은 잘 갔다 온 거야? 18:06

훈 : 나도 가끔 허리 때문에 한의원 가는데 너도 안 좋은가 보구나. 응, 철민이하고 국민학교 동창 몇 명을 오랜만에 만나고 왔어. 치료 잘 받아야겠다. 18:11

희 : 초등학교 어디 나왔어? 18:13

희 : 충주는 지금 비오니? 여긴 비 많이 온다. 18:14

훈 : 그래서 동창들이 ○○구, ○○시에 많이 살아. 희야, 내가 너의 첫 사랑이었니? 아니면… 18:17

희 : 넌 나의 첫사랑이었는데… 왜? 18:18

훈 : 역시 그랬지! 지금껏 살면서 언젠가 널 만나면 꼭 물어보고 싶었어. 너도 나처럼 가슴에 간직하고 살아왔는지… 18:21

훈 : 어쩌지? 길가에 달맞이꽃이 벌써 지려고 하네. 18:24

희 : 널 못 잊지. 사는 게 바빠서 잊고 지낸 적도 있지만 문득 생각날 때가 많았지. 달맞이꽃은 내년에도 또 피잖아. ㅎㅎ 18:25

희 : 왜 달맞이꽃이 되고 싶은 거야? 18:27

희 : 이렇게 훈이하고 대화를 하리라고는 상상도 못했어. 꿈이야? 생시야? 18:30

훈 : 그때 서로의 마음만은 닿아 있었던 거지. 너하고 달맞이꽃 피었을 때 동미리 뚝방에 갔던 기억이 젤 많이 났어. 니가 달맞이꽃이 이쁘다고 좋아했었거든. 넌 기억이 없다고 했지만. 18:30

훈 : 내가 타자가 좀 느려. 이해해. 나도 상상하기 힘들었어. 그래도 언젠가 한 번쯤은 볼 수 있지 않을까 하는 희망을 갖고 살았어. 18:37

희 : 넌 몰랐을 거야. 널 만나고부터 고등학교까지 하루도 너 생각을 안 한 적이 없었어. 공부를 잘한 건 아니지만 할 수가 없었어. 너 생각 땜에… 18:37

희 : 느리면 어때? 천천히 해도 돼. 18:39

훈 : 나도 ○○여고 주름치마 입은 니가 얼마나 이쁘던지 버스정류장에서라도 니 얼굴 한 번 더 보려고 시간 맞추느라 애썼던 생각이 난다. 그렇게 보고 싶으면서 바보같이 왜 말 한마디 제대로 못했는지… 18:46

희 : 나도 너만 보면 가슴이 뛰어서 말을 못했어. 그런데 지금도 많이 설렌다. 18:49

훈 : 너도 가슴앓이가 대단했구나. 그 정도인 줄은 몰랐는데… 그때 알았더라면 끌어안고 뽀뽀라도 했을 텐데. ㅋㅋ 우린 둘 다 순진 바보였나봐. 18:52

희 : ㅎㅎ 맞아. 우린 손도 제대로 잡아보질 못했잖아. 18:53

훈 : 아직도 사춘기 때처럼 가슴이 설렌다고? 우리 서로 그 설레임 계속 간직하자. 18:54

훈 : 희야, 너 저녁 먹어야지? 18:56

희 : 아, 그래. 너 배고프겠다. 맛있게 먹어. 18:57

훈 : 난 도착해서 자장면 사먹었어. 미안. 나만 먹어서… 밥 먹어. 너 밥 먹는 동안 난 씻을게. 18:59

희 : 그래. 18:59

훈 : 씻고 나서 카톡 계속할 수 있어? 19:00

희 : 응. 19:11

훈 : 밥 먹었어? 19:30

희 : 응, 혼자 있으니 간단하게 감자 삶은 거, 바나나, 참외 다 먹었어.

19:32

훈 : ㅎㅎ 밥 대신 과일 등등으로 괜찮아? 19:33

희 : 밥 대신 감자. 똑같은 탄수화물이잖아? 난 식이요법해야 해. 안 하면 비만이 되거든. 19:36

훈 : 니 얘기 들어보니까 첫사랑의 배신자는 바로 나구나. 내가 결혼을 먼저 했으니까⋯ 내가 먼저 너에게 상처를 준 거네. 19:36

훈 : 알았어. 음식 조절 잘해. 19:37

훈 : 추석 때도 집에만 있겠네? 19:39

희 : 나 충격이었어. 날 좋아한다는 건 알았는데 그렇게 빨리 가다니⋯ 훈이가 한눈에 반했나봐. 19:39

희 : 생각해봤는데 더 늙기 전에 널 만나야 될 거 같아서⋯ 20:46

희 : 휴가를 준다니 집엔 말 안 하고 만날까 해. 20:49

훈 : 웃음 나왔다. 60이나 70 돼서 만나는 것도 생각해봤는데 실감은 안 나도 로맨틱할 거 같더라. 너 가정에 얽매여 있는데 너무 무리하지 마. 20:50

희 : 난 심각한데 웃으면 어떡해? 무리하지 말라는 거야? 20:51

훈 : 넘 늙기 전에라는 단어를 보니까 웃음이 났어. 미안해. 휴가를 나 만나는 데 써도 되겠어? 20:53

훈 : 휴가가 언젠데? 니 말처럼 더 늦기 전에 만나자. 21:00

희 : 이번 주는 안 되고 다음 주부터 내가 정하면 돼. 21:02

훈 : 그럼 날짜 정해지면 미리 알려줘. 니가 편한 장소로 정해. 내가 갈게. 21:04

희 : 너가 웃는 바람에 힘이 빠졌다. 난 겁도 많고 고지식해. 난 힘들게 말한 건데… 21:08

희 : 너 말처럼 무리하지 않는 게 좋겠어. 21:11

훈 : 그래, 아직 시간이 있으니까 천천히 생각해보자. 니 마음이 움직이는 대로, 니가 결정하는 대로 할게. 21:15

희 : 그래, 삼척 갔다 오느라고 피곤할 텐데 푹 쉬어. 잘 자고… 21:16

훈 : 희야, 내가 혹시 인내하지 못하고 내가 먼저 만나자고 하면 만나줄 수 있겠니? 21:14

희 : 만날게. 21:20

훈 : 고마워. 잘 자. 좋은 꿈 꾸고… 21:21

희 : 훈아, 잘 자라. 21:26

8/4 (月)

훈 : 희야, 잘 자고 출근 잘했어? 나도 비가 그쳐서 일 나왔는데 또 조금씩 비가 내리네. 오늘 하루도 잘 보내고 행복한 시간 되자. 안녕. 10:24

희 : 잘 자고 출근 잘했지. 오늘 하루도 눈에 안약 넣어가며 열심히 일 해야지. 훈이도 잘 지내. 10:29

훈 : (Gary Moore - Still got The Blues 음악 전송) 영혼을 울리는 기타 소리에 매료돼 엄청 좋아하고 많이 들었던 곡이야. 너도 아는지 모르겠다. 점심 맛있게 먹고 힘내. 12:11

희 : 훈아, 점심은 맛있게 먹었니? 난 집에 가서 먹고 왔어. 기타 연주

는 이따 집에 가면 들어야지. 이어폰 없어서… 안녕. 13:02

훈 : (Steve Forbert - I'm in love with you 음악 전송) 나 밥 잘 먹었어. 옛날 니 생각하며 많이 듣고 좋아했던 곡이야. 13:30

희 : 알았어. 끝나면 들어볼게. 쉬는 중이니? 13:32

훈 : 비가 갑자기 많이 와서 일단 대기 중이야. 좀 더 오면 들어가야 돼. 이동하다 옷이 홀딱 젖었어. 가까이에 천둥산 자락의 비안개가 운치가 있어. 13:44

희 : 옷이 젖어 어쩌냐? 여기도 천둥산에 비안개가 멋있어. 13:48

훈 : 한기가 느껴지지 않아 괜찮아. 쌀쌀하면 고뿔 들 테지만. ○○산 이름 첨 들어보네. 바쁘지 않니? 카톡 많이 하면 지장 있는 거 아니니? 월요일인데… 14:01

희 : ○○에 있는 산이야. 아주 바쁘진 않아. 내가 조절하면서 하면 돼. 14:07

훈 : 가끔 산행하면 좋겠다. 난 10여 년 전에 산악회 총무 하면서 유명한 산을 많이 다녔어. 그때 체력을 다졌지. 14:15

희 : 가끔 가고 있어. 중간까지만… 14:20

훈 : 너 일하는 데 집중 안 되겠다. 그만할게. 남은 시간 마무리 잘하고 저녁에 음악감상해봐. 너도 산에 많이 다녔구나. 가끔이라도 꾸준히 다녀. 안녕. 14:23

희 : 그래야겠어. 14:25

희 : 훈아, 게리무어 기타 연주는 텔레비전에서 부활 김태원이 자주 따라 했지. 노래보다 연주가 굿! 아래 팝송은 자주 들은 곡은 아니지

만 잔잔하니 좋네. 18:52

훈 : 저녁 먹었니? 이 시간에 카톡 괜찮아? 게리무어가 김태원의 멘토인가? 난 본 적이 없어. 김태원은 아는데… 스티브 포버트는 허스키한 목소리도 좋고, 기타도 잘 치고, 요란하지 않아서 좋아. 그 곡 외엔 우리나라에서 히트한 노래는 거의 없어. 또다시 비가 많이 온다. 거긴 어떠니? 18:58

희 : 여긴 잔뜩 흐려 있어. 난 밤까지 항상 혼자 있어. 다들 늦게 오니까. 저녁 먹고 나면 걷고 오거든. 한 시간 반 정도. 지금은 갈까 말까 생각 중. 19:02

훈 : 바람 좀 쐬고 와. 산책하는 데는 위험하진 않니? 19:04

희 : 여기 뚝방길이 있어서 그리로 걸으면 돼. 넌 뭐하는데? 19:07

훈 : 나도 바람 쐬러 나갈까 하다 비도 오고 니 카톡이 와서 숙소에서 너하고 얘기하고 있지. 19:08

훈 : 이상한 사람은 없는지… 세상이 워낙 험해서 걱정돼서. 19:10

희 : 요즘엔 사람들 많은데 오늘은 비가 올 거 같아서 모르겠네. 19:11

훈 : 내가 즐겨 들었던 팝송 생각날 때 가끔 보내줄게. 너도 음악은 좋아하지? 19:15

훈 : 희야, 지금 니 사진 찍어서 보내줄 수 없겠니? 마음 내키지 않으면 안 보내도 돼. 19:27

희 : 지금 내 모습은 안 되고 언니 만났을 때 찍은 거 보내줄게. 실망하지 말고. 30년이 지났으니… (사진 전송) 19:29

훈 : 예쁘다. 언제 찍은 거니? 내가 상상했던 모습하고 크게 다르지 않

아. 19:31

희 : 지난 토요일에. 19:32

훈 : 피부도 여전히 희고 곱구나. 옛날하고 똑같아. 니가 날 보면 놀래겠다. 이마는 벗어지고 얼굴은 숯검댕이에 주름은 늘어지고 중늙은이가 되었어. 카톡에 있는 내 젊었을 때 모습은 아예 상상도 하지 마. 19:35

희 : 훈아, 페북에 있는 색소폰 들고 있는 모습 보고 너무도 달라진 모습에 잠을 한숨도 못 잤어. 어디 아픈 줄 알았어. 근데 카톡으로 보내준 사진을 자꾸 보니 예전 너 모습도 보이고 이젠 괜찮아. 일을 하니 어쩔 수 없지. 괜찮아. 19:42

희 : 훈아, 나 걷고 올게. 친한 엄마가 걷자고 연락 왔어. 갔다 올게. 19:44

훈 : 니 사진 보니까 너무 좋다. 아직도 예쁘고 곱다. 내 가슴이 설레네. 21:50

희 : 사진이라 감춰지는 게 많아. 실물로 보면 얼굴에 기미에, 잡티에 지저분하다. 화장으로 감추는 거야. 21:54

희 : 혹시 최 목사님도 카톡에 있니? 22:00

훈 : 그런 건 아무렇지도 않아. 누구나 세월을 이길 수는 없지만 나한테는 넌 옛날처럼 늘 이쁜 사람이야. 기미, 잡티, 주름 그런 건 오히려 애교야. 22:00

희 : 철민이는 지금 어디 있는 거야? 22:04

훈 : 서울집에… 철민이도 자신이 애쓰고, 나도 친구 일자리 알아보고

있는데 쉽지가 않아. 22:06

희 : 그래, 다들 애쓰는구나. 너 자야 되겠구나. 일찍 일어나야지. 22:09

훈 : 응, 잘 시간 됐어. 너도 자야지. 잘 자. 좋은 꿈 꾸고. 22:18

희 : 응, 잘 자. 22:19

훈 : 니 사진 보고 있어. 보다 잘 거야. 잘 자. 22:20

희 : 그제 나하고 연락돼서 행복하다고 했지? 나도 행복해. 22:22

훈 : 응… 고마워. 22:23

8/5 (火) ─────────────

훈 : (Foregner - I Want to Know What Love is 음악 전송) 점심 먹었니? 난 먹고 카톡 보내는 거야. 이 그룹이 전성기 때보다 오히려 나이 들어 재결성해서 부르니까 더 열정적이고 원숙미가 있어서 예전보다 듣기가 더 좋네. 나도 이 라이브 영상은 처음 봤어. 12:29

희 : 방금 먹었어. 집에 가서 들을게. 오늘은 비가 안 오니? 22:30

희 : 훈아, 일할 때 모자 음… 그러니까 등산 갈 때 쓰는 모자 같은 거 쓰면 불편해? 12:33

훈 : 응, 비는 안 오는데 구름만 끼고 해가 없어서 일하기 좋아. 일어나자마자 니 사진 봤어. 그렇게 오늘 하루가 기분 좋게 시작됐어. 너도 오늘도 행복한 하루가 됐으면 좋겠다. 12:35

희 : 훈이 땜에 오늘도 행복할 거 같은데… 12:37

훈 : 그럼 나도 좋고. 모자는 답답해서 못 쓰고 땀 때문에 싸이클 탈 때

쓰는 두건 쓰고 일해. 팔토시도 답답해서 못하고… 12:39

희 : 피부가 너무 타니까… 선크림은 바르니? 12:40

훈 : 아니, 그것도 땀에 범벅이 되면 끈적거려서 안 발라. 12:41

희 : 씻고 나서 다시 바르면 안 되나? 안타까워… 12:43

훈 : 니 맘 알았어. 생각해줘서 고마워. 이제 휴식 끝이야. 나중에 하자. 수고해. 12:45

희 : 그래, 수고해. 12:46

희 : 훈아, 나 걷고 있어. 너가 보내준 음악 들으면서. 밖에서 들으니 더 좋다. 하늘에 반달이 떴네. 보이니? 19:54

훈 : 여긴 많이 흐려서 안 보이네. 야근하고 숙소 가는 중이야. 거긴 맑은가 보구나. 저녁 먹고 나온 거야? 19:56

희 : 응. 19:57

희 : 야근해서 피곤하겠다. 19:58

희 : 어두워지기 전에 걸으려고 빨리 나왔지. 19:59

훈 : 오늘은 시원해서 덜 피곤해. 숙소 다 왔어. 밥 먹고 씻으려면 시간 좀 걸릴 거야. 너무 오래 있지 말고 조심히 들어가. 몇 시 정도까지 카톡 가능하니? 20:01

희 : 여기 뚝방길에서는 안뜰마을아파트도 보인다. 10시 반. 20:01

훈 : 보이는구나. 나중에 할게. 조심해. 20:02

희 : 응. 20:04

훈 : 집에 들어왔니? 이제 반달이 보인다. 보내준 음악 들을 만하니? 21:14

희 : 응, 많이 들은 곡 가수도, 팬도 나이가 들어 다시 모이니 뭉클하네. 21:18

훈 : 카톡 홈이 달라졌네. 혹시 니가 다니는 산책로니? 21:19

희 : 응, 길이 많아. 한승기 노래는 언제 나온 거야? 처음 들었는데 노래도 잘하고 가사가 절절하네. 21:20

훈 : 한승기의 연인! 나도 얼마 전에 알았어. 가사와 멜로디가 가슴에 확 꽂히더라구. 25년여 전에 어느 가요제에서 수상한 가수고, 방송보다는 언더그라운드 쪽에서 이름이 알려졌나 본데 나도 처음 알았어. 조금은 서글프면서 애절한 노래지. 너하고 통화하기 얼마 전에 이 노래를 알게 됐어. 혼자 노래방 가서 2시간 동안 이 노래만 부른 적도 있어. 21:27

희 : 오래된 노래구나. 21:30

희 : 내가 모자하고 자외선 차단제 보내면 사용할 거야? 21:33

훈 : 혹시 가수 박강성 아니? 박강성 노래도 가슴에 와닿고 내가 엄청 좋아하거든. 한승기도 그런 아웃사이더인데 많이 알려지지 않았던 거 같아. 희야, 휴가 결정 언제까지 해야 되니? 21:34

희 : 박강성 알지. ○○리 까페에서도 많이 나왔었지. 걸을 때 듣는 노래 중에도 있어. 장난감 병정인가? 21:36

희 : 휴가는 이번 달 안에만 하면 될 거 같은데… 21:37

훈 : 박강성을 알아서 다행이다. 모자하고 썬크림 주고 싶구나? 그럼 잘 써야지. 21:39

희 : 그럼 주소 나중에 보내줘. 잘 들어가겠지? 21:40

훈 : 희야, 보고 싶다. 우리 한 번만이라도 만나자. 옛날처럼 말 한마디 제대로 못하고 가슴앓이하고 그리워만 하고… 이젠 풀고 싶다. 보고 싶다. 21:46

희 : 사진 보냈는데… 21:50

훈 : 바보! 21:51

희 : 왜? 21:52

훈 : 더 늦기 전에 보자며? 내가 웃어서 삐쳤니? 한 20년 더 그리워하다 그때 만날까? 21:54

희 : ㅎㅎㅎ 아우~ 웃겨. 알았어. 21:55

희 : 근데 어디서 만나나? 21:57

희 : 충주에서 평택 가까워? 21:58

훈 : 승용차로 1시간 정도. 21:59

희 : 서울 오는 것보다 평택이 낫지? 22:00

훈 : 아무래도 너 집에서 좀 떨어져야 되지 않겠니? 평택은 왜? 22:00

희 : 여기서 가는 버스가 있던데 너도 가깝고… 22:01

훈 : 니가 편한 곳이면 난 아무 데나 좋아. 내 차가 있으니까 데리러 가면 돼. 22:01

훈 : 평택이 좋을 거 같니? 22:02

희 : 넌 좋은 데 있어? 22:03

훈 : 아니, 니가 오고 가고 편한 게 중요하니까 니가 정해. 어디든 갈 테니까. 22:05

희 : 서울은 복잡하고 ○○은 안 되고… 평택이 좋겠어. 11일이나 25일

언제 만날까? 22:07

훈 : 그래, 평택으로 하고 11일로 하자. 당일 왔다 가야 하니? 22:10

희 : 당일로 해야지. 집에 말 안 한다니깐. 22:11

훈 : 그럼 아침 빠른 차편으로 와. 도착시간 알려주면 터미널로 마중 나갈게. 22:13

희 : 내일 알아보고 알려줄게. 가슴이 떨려. 22:14

훈 : 그래, 알았어. 카톡 그만해야 될 시간이 됐구나. 나는 설레. 좋은 꿈 꾸고 잘 자. 내일 연락하자. 22:16

희 : 응, 잘 자. 22:16

8/6 (水)

훈 : (Eagles - Hotel California 음악 전송) 안녕? 출근 잘했지? 날씨는 어때? 여긴 구름이 많이 끼었는데도 끈적끈적 덥네. 이 곡은 너도 알 거야. 워낙 유명하니까. 재결성해서 공연한 건데 전자사운드가 아니어서 오리지날보다 더 감미롭고 듣기 편해. 하모니도 좋고. 내 피처폰 벨소리로 예전부터 저장했던 곡이야. 버스시간 알아보고 연락 줘. 09:33

훈 : 가능하면 첫차로 오면 좋겠다. 09:38

희 : 훈아, 첫차는 7시, 다음은 9시 20분, 평택에서 마지막 차는 7시야. 첫차 타기가 힘들 거 같은데… 17:44

훈 : 9시 20분 차 타면 평택 도착시간은 몇 시니? 17:51

희 : 전화를 안 받아서 토요일에 가보려고. 2시간 걸리지 않을까? 17:51

훈 : 오늘도 야근이야. 지금 잠깐 휴식이야. 답장 늦으면 일하는 줄 알아. 일 끝나고 할게. 그럼 같이 있는 시간이 너무 짧은데. 17:53

희 : ㅎㅎ 난 곧 퇴근이야. 17:54

훈 : 할 수 없지 뭐. 도착시간 확인해보고 나중에 알려줘. 조심히 퇴근하고 밥 먹고 산책할 때쯤 다시 하자. 17:56

희 : 응. 17:56

훈 : 산책하고 왔어? 컨디션 괜찮아? 21:21

희 : 카톡 보고 있었어. 산책은 비가 와서 안 갔어. 21:21

희 : 계속 야근이라 힘들겠어. 21:23

훈 : 여기도 일 마칠 때쯤 쏟아져서 오늘도 생쥐 됐어. 힘들긴 해도 희망이 있잖아? 그래서 힘들지 않아. 21:24

희 : 그래, 우리 만나서 밥 먹고 차 마시면 시간이 금방 가겠다. 21:26

훈 : 아마도… 우리 지난 얘기 하자면 3년을 밤낮으로 얘기해도 부족할 거야. 21:28

희 : 평택은 처음 가는 건데… 21:30

훈 : 버스 출발시간 너무 신경 쓰지 말고 니가 편하게 탈 수 있는 시간에 타고 와. 그 다음은 내가 알아서 할게. 21:34

희 : 그래, 너만 믿을게. 21:35

희 : 훈아, 머리가 복잡해. 21:37

훈 : 바보! 왜? 21:38

훈 : 나도 바보지? 21:39

희 : 그냥 여러 가지로… 21:39

훈 : 혼란스러운 게 당연한 거야. 너와 내가 계절이 서른다섯 번 바뀐 후 만남을 앞두고 있으니… 21:42

희 : 우리가 만나고 나면 그리움은 덜하겠지? 21:46

훈 : 그래야지. 21:50

희 : 훈아, 오늘은 피곤할 테니 일찍 자라. 21:51

훈 : 알았어. 자야겠어. 마음 편히 가져. 너도 잘 자. 복잡한 일 잊고… 21:57

희 : 그래 잘 자. 21:57

8/8 (金) ───────────────────────────

희 : 훈아, 난 출근 잘했어. 날씨가 좋은데 햇볕이 강해서 일하기가 쉽지 않겠네. 훈아, 오늘도 행복하자. 09:39

훈 : 바빠서 밥 먹고 이제야 읽네. 출근 잘했구나, 우리 애기. ㅋㅋ 날씨 좋고 햇볕이 강한데 바람이 너무 시원해. 어제 비 오고 입추가 지나니까 기온이 좀 떨어졌어. 점심 맛있게 먹어. 내일하고 모래는 카톡 안 되지? 12:12

희 : 내일은 내가 먼저 할게. 답변이 없으니 좀 걱정됐어. 아침엔 철민이가 재밌는 거 보내줬다. 12:15

훈 : 너도 받았구나. 12:17

희 : 응. 12:18

희 : 점심시간 끝이야? 12:19

훈 : 철민이하고 텔레파시가 통했나? 너 만난다는 얘기도 안 했는데 우

리의 만남을 축하하는 듯하네. 12:19

훈 : 12시 50분까지야. 너는? 12:20

희 : 1시까지. 철민이가 만나는 거 알면 날 안 좋게 생각하지 않을까? 12:21

훈 : 그렇지 않아. 같이 있을 때 너 보고 싶어 하는 거 친구한테 얘기했어. 내 맘 다 이해하고 조언도 많이 해줬어. 아마 너도 나 보고 싶어 할 거라고도 했어. 12:22

훈 : 밥 안 먹은 거 아냐? 12:23

희 : 집에 왔는데 밥이 없네. 12:25

훈 : 얼른 뭐라도 챙겨 먹어. 배고프겠다. 집이 가깝구나. 12:26

희 : 응, 지금 밥 했어. 국에 말아서 먹을 거야. 12:27

훈 : 혼자지만 맛있게 먹어. 12:28

희 : 응, 오늘 야근해? 12:29

훈 : 야근? 아직 결정 안 됐어. 12:30

훈 : 만약 야근하면 오늘은 많이 늦을 거야. 상황 보고서 알려줄게. 12:32

희 : 알았어. 근데 천둥오리는 날아다니지? 12:33

훈 : 그럼 날지. 자유롭게… 12:34

희 : 그건 한강에 많아. 착각했었어. 12:35

훈 : 그랬니? 카톡하느라 밥도 못 먹겠다. 어여 먹어. 12:35

희 : 먹고 있다고… 그만하고 싶어? 12:36

훈 : 먹는 중이었어? 그럴 리가 있나요. 12:37

희 : 나 큰일 났어. 말이 많은 10대로 돌아간 거 같아. 12:39

훈 : 마음은 젊어질수록 좋은 거야. 걱정 마. 난 좋은데 뭐. 12:40

희 : 아쉽지만 그만해야겠네. 훈아, 십 분 만이라도 쉬어. 12:42

훈 : 알았어. 스트레칭 잠깐하고 소화 잘 시키고, 오후에도 행복하고 저녁에 다시 하자. 12:43

희 : 응. 12:44

훈 : 곧 퇴근하겠네. 야근인데 8시쯤이면 숙소 도착할 거야. 그쯤 산책 끝나면 카톡해, 희야. 17:54

희 : 응. 17:59

희 : 훈아, 나 왔어. 20:41

훈 : 어, 기다리고 있었니? 밥 먹고 씻느라고… 밥 먹고 산책 갔다 왔니? 21:01

희 : 응, 딸하고 저녁 먹고 친구하고 갔다 왔어. 바람이 시원해. 21:03

훈 : 그랬구나. 딸은 독서실 갔나 보구나. 오늘 컨디션 괜찮았어? 쥐 나고 불편하고 그러지 않았어? 21:05

훈 : 주말에도 자주 혼자 있을 때가 많니? 21:06

희 : 종아리가 좀 아프긴 해. 큰애가 군대 간 이후로는 혼자 있을 때가 많지. 21:08

훈 : 피가 잘 안 통하나 보다. 한의원에서 침 좀 맞아봐. 그럼 주말엔 혼자 있을 때 니가 먼저 얘기해. 그럼 나도 혼자인 줄 알고 답장할게. 21:11

훈 : 월요일에 9시 20분 차로 오는 거지? 평택으로… 21:13

희 : 그래야지. 21:13

훈 : 설렌다. 일요일 밤엔 잠을 못 잘 거 같아⋯ 21:15

희 : 나도⋯ 나 못 알아보는 거 아냐? 21:15

훈 : 바보! 21:16

희 : 자꾸 바보라면 화낸다. 21:16

훈 : 알았어. 미안! 내가 혹여 장님이 돼도 너는 알아볼 수 있어. 21:17

희 : 장님이 어떻게 알아봐? 21:18

희 : 할 말 없지! 21:19

훈 : 나는 니가 날 못 알아볼까봐 조금은 걱정인데⋯ 아니 실눈 뜨고 보면 되지. 21:19

희 : 최근에 찍은 사진이 충주댐에서 찍은 거지? 21:20

훈 : 응, 후배 만나서 같이 갔었지. 21:21

희 : 훈아, 젊었을 때 사진 몇 살 때야? 21:22

희 : 결혼 몇 살에 한 거지? 21:22

훈 : 아, 그 사진! 글쎄⋯ 아마도 결혼 전인 거 같은데⋯ 몇 살 때 결혼했는지 잘 모르고 89년에 했어. 21:23

훈 : 내가 바보지? 21:24

희 : 그래, 몇 살인지 왜 몰라? 27이구만. 21:25

희 : 잘생겼을 때 뭐했어? 얼굴 안 보여주고⋯ 21:27

훈 : 나이 감각이 없어. 지금 나이도 헷갈려. 그러게 뭔가에 홀렸었지 뭐⋯ 21:28

희 : 나 회사 다닐 때 철민이 회사하고 가까워서 우연히 만나기도 했는

데… 21:29

희 : 날 좋아했다는 건 거짓말? 21:29

훈 : 그래, 철민이한테 얘기 들었지. 그땐 내가 너무 초라하니 니 앞에 가기가 힘들었어. 좀 방황했었거든… 그렇게 가슴에 묻고 살았어. 내가 널 얼마나 그리워하고 보고 싶어 했는데… 21:34

희 : 미안해. 난 그냥… 21:36

훈 : 눈물이 난다. 희야, 이렇게 너하고 얘기하고 있는 것이 현실이라는 게 믿기지 않을 정도야. 이런 시간이 오겠지 바램을 가졌지만… 21:37

희 : 나도 그래. 우리가 만나면 무슨 얘기부터 해야 할지… 21:39

훈 : 얼굴 보면 무슨 얘기라도 나올 거야. 난 그런 생각은 안 해. 그게 걱정이니? 내 얼굴 알아볼 수 있겠지? 아무 생각하지 마. 그냥 편한 맘으로 와. 알았지? 21:44

희 : 알았어. 오늘은 하루종일 일해서 힘들지? 21:46

훈 : 아니, 이제 여기 일도 익숙해졌고, 좀 힘이 들 때도 너하고 얘기하다 보면 피로가 가서. 21:48

희 : 다행이네. 21:50

희 : 훈아, 요즘 잠은 잘 자? 21:52

훈 : 응, 니 사진 보고 얼마나 기뻤는지 말로 표현하기 어려울 정도야. 응, 평소에도 잠은 잘 자는 편이야. 니는 어때? 혹시 잘 못 자는 거 아니니? 21:53

희 : 난 요즘 새벽에 깨면 잠을 못 잔다. 오늘은 4시 반에 깨서 못 잤어.

일할 때 마구 졸립더라고… 21:54

희 : 일할 때 집중해야 되는데 틀리면 안 되거든… 좀 힘드네. 21:56

훈 : 그러니? 특별히 아픈 데는 없고? 나하고 연락되기 전에도 그랬니? 21:56

희 : 아니… 21:56

훈 : 그럼 내 탓이네. 어째야 하니? 지금 일하는 데는 계속 일할 수 있는 곳이야? 21:58

희 : 12월까지야. 21:59

훈 : 12월까지… 알았어. 희야, 잠은 잘 자야 돼. 나도 처음 너하고 연락되고 나서 한동안 잘 못 잤어. 어쩔 수 없긴 하지만 잠잘 땐 다 잊고 푹 자. 22:02

희 : 잠은 금방 드는데 꼭 깬다고… 22:04

훈 : 잠이 금방 드는 건 건강한 거고, 일찍 깨는 건 부지런한 거야. 22:07

희 : ㅎㅎ 훈이는 긍정 대마왕. 22:08

훈 : 나이 들면 새벽잠 없어진다는 말 있지만 우린 아직 멀었잖아? 크게 걱정할 일 아니야. 나도 그런데 뭐. 오줌 누러… 22:10

희 : 며칠 전에 집에서 밥 먹고 졸려서 잠깐 잤는데 깨보니 1시가 넘었더라고. 막 뛰어갔지. 22:12

훈 : 집에서 가깝구나. 직장생활을 하다 보면 별일 다 있지 뭐. 5시까지 안 잔 게 다행이었구나. 22:15

희 : 그 정도는 아니지. 22:15

희 : 내 걸음으로 십 분 정도 걸리지. 22:16

훈 : 그럼 매일 걸어서 출퇴근하는 거니? 22:17

희 : 응. 22:17

훈 : 그래서 다리가 아프구나. 만나면 내가 다리 마사지 해줄게. 22:19

희 : 괜찮아. 22:19

훈 : 내일은 쉬니까 맘 편히 실컷 자. 22:20

희 : 그럴려고… 내일 일하려면 자야지? 22:21

훈 : 그래, 이제 잘게. 너도 푹 자고 좋은 꿈 꿔. 잘 자. 안녕. 22:26

희 : 훈아, 잘 자. 22:27

8/9 (土)

희 : 훈아, 오늘도 야근해? 18:10

훈 : 응, 잘 쉬었어? 잠깐 쉬고 있었어. 숙소 가면 8시야. 오늘 뭐했니? 심심하지 않았어? 18:12

희 : 잘 쉬고 친구하고 어디 갔다가 지금 들어왔어. 18:14

희 : 매일 야근이네. 18:16

훈 : 친구 만났구나. 저녁 먹어야지? 또 일해야 된다. 8시쯤 혼자 있으면 다시 해. 기다릴게. 18:16

희 : 7시 반에 산책 가기로 해서 갔다 와서 할게. 18:17

희 : 훈아! 22:18

훈 : 그래, 산책 잘 갔다 왔니? 22:19

희 : 응, 바람이 불어서 날아가는 줄 알았어. 22:20

훈 : 그렇게 많이 불었어? 여긴 시원하게 적당했는데… 큰일 날 뻔했네. 바람에 날아갔으면 널 못 볼 뻔했잖아? 22:21

희 : 아침엔 몇 시에 일어나? 22:22

훈 : 난 보통 11시쯤 자서 5시 30분에 일어나. 22:23

희 : 일찍 일어나는구나. 일하는 시간이 넘 길다. 훈아, 정말 힘들겠다. 맘이 아퍼… 22:25

희 : 훈아, 일찍 자. 내가 너무 붙잡고 있다. 22:28

훈 : 아냐, 건강한 몸이 있고 일할 수 있어서 너무 행복해. 돈도 벌잖아? 그래서 난 즐겁게 일해. 카톡에서 외국 아이들 봤지? 내가 늘 웃으며 반겨주고 챙겨주니까 날 친형처럼 따랐어. 인도네시아 인사말도 배우고 같이 호흡했지. 다양한 사람들과 일하면서 또 다른 인생 공부를 하고 있어. 22:30

훈 : 넌 피곤하지 않아? 22:33

희 : 내가 피곤할 게 뭐가 있어. 하루종일 놀았는데… 22:34

희 : 즐겁게 일한다니 보기 좋다. 22:35

희 : 훈아, 몇 시까지 할까? 22:36

훈 : 그럼 11시까지 하자. 22:36

희 : 이번에 만나면 훈이 손잡을 거다. 22:37

훈 : 정말? 근데 손만 잡아서 되겠어? 22:38

희 : 그럼 안을까? ㅋㅋ 22:39

훈 : 미국식 포옹. 22:39

희 : 미국식은 뭐야? 22:40

훈 : 미국영화 보면 손잡고 뽀뽀하잖아? 껴안고… 영화 봤으면서 내숭은… 22:41

희 : ㅎㅎㅎ 내숭 아닌데… 아유~ 우리 너무 웃긴다. 22:43

훈 : 그러게… 기다려지네. 웃길 거 같기도 하고, 눈물이 날 것도 같고 암튼 빨리 보고 싶다. 22:45

희 : 우리 카톡 많이 해서 어색하진 않겠다. 22:46

훈 : 그래, 바로 옆에 있는 거 같아. 스마트폰 1월달에 샀는데 널 만나려고 그랬나봐. 22:48

희 : 스마트폰이 위대하긴 해. 22:50

훈 : 그렇지! 옛날 생각하면 감회가 새롭다. 그때 있었으면 버스정류장에서 네 사진 찍고 그랬을 텐데… 22:53

희 : 옛날은 정말 순수했어. 22:55

희 : 훈이는 중학교 때 완전 귀여웠어. 22:56

훈 : 혹시 우리 어릴 때 같이 찍은 사진 있지 않았니? 기억은 있는데 사진이 있었더라도 지금은 행방이 묘하고… 22:56

희 : 너 사진 하나도 없던데… 22:57

훈 : 단둘이 찍은 건 없고 서부교회 땐가 아마도… 결혼이 옛 추억과 사진을 묻어버렸어. 22:58

희 : 그러게. 나 고등학교 때 어떤 남자애가 따라왔는데 무서웠거든. 훈이가 보고 싶어서 집에 와서 운 적도 있다. 22:59

희 : 이제 잘 시간이 됐네. 잘 자, 훈아. 23:02

훈 : 난 니가 그런 것도 모르고 너무 무심했었구나. 그래 너도 잘 자. 좋

은 꿈 꾸고. 23:04

8/10 (日)

희 : 훈아, 일 끝났니? 19:22

희 : 여긴 비가 많이 오네. 19:22

훈 : 오늘 잘 보냈어? 야근하다 비가 많이 와서 밥 먹고 지금 들어왔어. 저녁은 먹었어? 19:52

훈 : 씻고 다시 할게. 19:53

희 : 응. 20:08

훈 : 희야, 있니? 20:30

희 : 비가 많이 오지? 20:35

훈 : 거기도 많이 오는구나. 여기도 쏟아부어. 20:35

희 : 오늘도 수고했네. 20:36

훈 : 고마워. 오늘 반찬 만들고 청소하고 그랬어? 20:37

희 : 응, 더워서 땀 흘리며 했지. 20:38

훈 : 땀까지 흘리며 고생했구나. 네가 만들어주는 잡채를 먹어볼 날이 있으려나? 20:41

희 : 글쎄… 20:41

훈 : 일단 내일 네 얼굴 보는 거로 족해. 잡채는 다음 기회로… 나도 언젠가는 너한테 요리해주고 싶어. 20:43

희 : 나한테? 무슨 요리? 20:45

훈 : 자극적이지 않고 부드러운 거로… 요리 공부해야지. 내일 잘 올

수 있지? 밤새 잠이 안 올 거 같아. 초등학교 때 소풍 앞둔 것처럼… 20:48

희 : 훈아, 내일 사람 많은 곳은 싫은데… 20:48

훈 : 평일이고 월요일이라 별로 없을 거야. 20:49

희 : 휴가철이라… 20:49

훈 : 나도 번잡한 데 싫어. 가보고 사람 많으면 장소 옮기면 돼. 20:50

희 : 알겠어요. 20:51

훈 : 혹시 동미리 뒷산 큰 산소 있는 우리 동무들 놀던 데 아니? 20:52

희 : 뒷산이 있었던 건 알아. 20:53

훈 : 거기 누군가의 큰 묘지가 있었는데 거기가 놀이터였거든. 근데… 20:54

훈 : 궁금하지? 20:55

희 : 뭐야? 20:55

희 : 근데… 무서운 거야? 20:56

훈 : 아니, 엄청 쇼킹한 거야. 내일 얘기해줄게. 20:57

희 : 아, 진짜… 무서운 거면 말하지 마. 20:57

훈 : 알았어. 나도 무서운 거 싫어해. 20:59

훈 : 오늘도 11시까지 괜찮은 거니? 21:00

희 : 힘들지 않아? 뚝방길 걸었던 거 기억나는 거 같아. 기억을 짜내니… 21:01

희 : 우리 어두울 때도 만났었는데… 영수가 망보고. ㅋㅋ ○○년 6월 23일 저녁. 21:04

훈 : 혹시 일기 썼던 거니? 날짜까지 기억하게?

훈 : 그날이 니가 나한테 좋아한다고 첫사랑 고백했었던 거야. 21:08

희 : 아니, 또렷이 기억나. 한동안은 6월 23일만 되면 생각이 났어. 너 생각… 21:08

희 : 무슨 말 했는지는 기억이 안 나. 21:09

훈 : 바보. 미리 미안해. 21:10

희 : 뭐가? 21:10

희 : 너 기억나? 21:11

훈 : 무슨 말 했는지는 기억 안 난다니까 하는 소리지. 21:11

희 : 너도 기억 못하면서… 21:12

훈 : 희야, 암튼 ○○년 6월 23일을 기억하고 있다는 게 중요한 거야. 그날 니가 했던 말 난 기억해. 그것도 내일 말해줄게. 21:14

희 : ㅎㅎㅎ 훈이 재밌어졌어. 내일 기억 못하면 화내야지. 21:16

희 : 친구들은 잘 있니? 상문이, 영수, 정민이. 21:18

훈 : 내가 바보같이 이제야 알게 되었어. 나보다 니가 더 나를 보고 싶어 하고 그리워했었다는 걸… 난 나 혼자만 가슴 타고 애끓고 기다렸는 줄 알았어. 참 내가 바보였어. 그런 니 마음 진작 조금이라도 헤아렸어야 했는데… 21:20

훈 : 어, 친구들 다 잘 있어. 다들 건강하고. 21:21

희 : 잘 있다니 고맙네. 21:22

훈 : 응, 얼굴 보기는 힘들어도 가끔씩 연락은 해. 달맞이꽃이 지는 게 아니었어. 아직도 피어 있더라. 21:25

희 : 여기 산책길에도 달맞이꽃 무척 많아. 21:26

훈 : 저번에 본 게 비를 많이 맞아서 꼭 지는 것처럼 보였나봐. 그럼 달맞이꽃 사진 찍어서 나중에 나한테 보내줘. 21:27

희 : 응. 21:29

희 : 이젠 코스모스가 필 거야. 21:30

훈 : 코스모스 산들산들~ 어쩐지 꽃 이름이 길어서 그런지 코스모스는 대체로 키가 크더라. 너무 흔해서 이쁜 줄은 별로 모르겠어. 21:32

희 : 난 꽃은 다 이쁘다. 21:34

희 : 나 결혼 전에 너 만났잖아? 기억하지? 21:35

훈 : 니가 꽃같이 이쁘니까 꽃이 다 이쁜 건 당연한 거야. 21:35

희 : 날 이쁘다고 하니 고마워. 21:36

훈 : 을지로인가 철민이랑 셋이 만났던 거? 21:36

희 : 아니, 둘이 만났잖아. 명동에서… 21:37

훈 : 자세히 얘기해봐. 기억 잘 안 나네. 21:38

희 : 너를 너무 좋아했었다고 말하고 싶었어. 그리고 너 잊으려고… 만나서 다 말했는데… 결혼하기 2주 전인가? 21:39

훈 : 기억이 날까 말까 해. 너한테는 힘든 시간이었구나. 그런 니 마음도 모르고 내가 참 답답한 인생이었구나. 21:43

희 : 내 결혼식엔 왜 온 거야? 깜짝 놀랐어. 21:45

희 : 나노 표현을 안 했으니 너가 알 턱이 없지. 나도 답답했어. 21:49

희 : 훈아, 뭐해? 21:50

훈 : 나도 잘 모르겠어. 그땐 좀 야릇한 심정이었어. 내가 먼저 결혼

해 놓고 니가 결혼한다니까 사실 니 신랑 될 사람이 더 궁금했어. 21:51

희 : 그랬구나. 21:52

훈 : 비 그쳐서 숙소 앞에 나왔어. 바람이 싱그럽고 시원하네. 21:52

희 : 그럼 그만할까? 21:53

훈 : 아니, 좀 더 하자. 너 좋으면. 21:55

희 : 눈은 좋아? 노안이 왔지? 21:56

훈 : 원시인가? 가까운 거 볼 땐 돋보기 써야 돼. 멀리 있는 건 잘 보이는데… 그래서 시흥에 있는 니가 잘 보여. 21:58

희 : ㅎㅎ 나랑 똑같네. 돋보기 쓰면 할머니 같아. 22:00

훈 : 동안이란 소리 들었을 때가 엊그제 같은데 벌써 중늙은이가 됐네. 그냥 그렇게 보일 뿐이야. 할머니는 무슨! 22:01

희 : 지금 바나나 먹었어. 살이 자꾸 빠져서. 22:02

훈 : 구름 사이로 달이 넘 멋지다. 혹시 집에서 달 볼 수 있니? 함 봐봐. 22:02

훈 : 살이 괜히 왜 빠져? 다이어트하는 건 아니고? 22:03

희 : 지금은 안 하지. 여긴 구름이 가득해. 22:06

희 : 훈아, 나 시흥에 사는 줄 몰랐어? 22:11

훈 : 철민이 전화 와서 통화하느라고… 전혀 몰랐어. 니 소식 알만한 사람이 철민이어서 철민이한테 많이 닦달했지. 너 어디 사는지 연락처 알아보려고… 22:16

희 : 형님 시흥에 20○○년에 이사 오셨지? 22:18

훈 : 글쎄… 정확히 모르겠는데. 넌 아는 거야? 22:20

희 : 그해에 입주가 시작됐거든. 너가 명절 때는 한두 번 시흥에 온 거 잖아? 22:21

훈 : 아, 그때부터 입주한 거구나. 그렇지! 난 1년에 두 번 시흥에 명절 쇠러 갔었지. 너 집이 안뜰마을아파트하고 가깝니? 22:24

희 : 버스로 15분도 안 걸리지. 22:25

희 : 난 그쪽 동네 자주 가지. 22:26

훈 : 난 명절 때 하루 전에 올라가서 용미리 공원묘지에 할머니, 아버지께 인사드리고 당일날 차례 모시고 바로 내려와. 22:27

희 : 형님네서 자는 거야? 22:29

희 : 너무 신기하다. 같은 시흥에 있었다는 게. 22:31

훈 : 그럼~ 인생살이란… 니가 시집가서 사는 시흥에 명절 쇠러 갔었다는 게 참… 그렇게 보고 싶고 찾던 니가 지척에 있었다는 걸 생각하면 참 오묘하다. 22:31

훈 : 명절 전날은 내가 시흥에 있어도 볼 수 없겠지? 22:32

희 : 그렇지. 난 음식하느라 정신없고 시흥에서 볼 수도 없고… 22:34

훈 : 그래 그렇지. 그런 날까지 내가 욕심 부리면 안 되겠지… 당연한 줄 알면서도 물어봤어. 22:36

희 : 용미리는 어느 쪽이지? 22:37

훈 : (구름 사이의 달 사진 전송) 22:37

희 : 와! 멋지다. 달빛이 밝다. 22:38

훈 : 좀전에 숙소 밖에서 찍은 거야. 근데 잘 안 나왔네. 벽제 지나서 광

탄 가기 전에… 두 분 모두 거기에 계셔. 22:39

희 : 우린 차례 지내고 파주로 가. 22:43

훈 : 난 내일 그냥 평소에 입는 옷차림으로 나갈 거야. 특별한 옷도 없고, 내가 평소 사는 모습 그대로 보일 거야. 일부러 격식 차리고 겉치레 같은 거 체질이 아니거든. 이해할 수 있지? 22:44

희 : 알았어. 22:45

훈 : 가깝지. 파주구나. 이젠 차 밀려서 성묘 다니는 일도 보통 일 아니야. 22:45

희 : 우리 친정 부모는 수원에 모시고 있지. 22:47

훈 : 수원엔 갔다 오니? 22:47

희 : 가끔. 22:48

희 : 훈아, 이제 자야겠지? 잠이 올지 모르겠네. 22:59

훈 : 맘 같아선 밤새 너하고 얘기하고 싶은데 밤새 얘기하고 만나서 둘 다 졸면 얼마나 허망하겠어. 내일을 위해서 자자. 23:01

희 : ㅎㅎ 훈이 글 재밌어. 버스 타면 카톡할게. 잘 자. 23:03

훈 : 잘 자고 좋은 꿈 꿔. 출발할 때 카톡하고… 내일 보자. 안녕. 23:03

8/11 (月)

희 : 훈아, 7시 차 탈 수 있어. 곧 탈 거야. 06:49

훈 : 정말? 잠 못 자고 나온 거 아니니? 알았어. 시간 맞춰 갈게. 조심히 와. 06:50

희 : 훈아, 시흥이 이렇게 좁다. 네 명 탔는데 한 사람이 아는 사람. 아

는 척 안 했는데 자꾸 쳐다본다. 07:00

훈 : 남자? 여자? 그 사람은 그럼 평택 가는 거야? 07:01

희 : 남자. 평택 가는 거지. 여자가 아니라서 다행. 내리면 그 아저씨 가는 거 보고 너 만날게. 출발했어. 07:05

희 : 아, 이게 ○○ 통해서 가는 거니까 ○○ 가봐야 알겠네. 07:06

훈 : 그래, 맘 편히 가져. 나도 대합실 한쪽에 있을게. 07:07

희 : 응. 07:09

희 : 안 내렸어. 친한 사람 아니니 신경 안 쓸래. 그래도 가는 거 보고 너한테 갈게. 07:41

훈 : 알았어. 07:42

훈 : 희야, 도착하면 전화로 하는 게 어떻겠니? 08:46

희 : 알았어. 08:46

훈 : 난 거의 다 왔어. 08:47

희 : 도착했어. 08:56

희 : 훈아, 숙소에 잘 도착했니? 오늘 나에게 잘해줘서 고마워. 잊지 않을게. 18:44

훈 : 후배 만나서 저녁 먹으러 시내로 가고 있어. 나도 고마워. 우리의 첫사랑을 영원히 간직갈 수 있게 해줘서. 나도 잊지 않을 거야. 18:47

희 : 서녁 맛있게 먹어. 슬프시만 안녕. 18:50

훈 : 배고프겠다. 우리 꿋꿋하게 견뎌보자. 카톡 지우고 건강하게 잘 지내. 안녕. 18:55

희 : 훈아, 집에 잘 도착했어. 내가 카톡을 지울 수 있을지 모르겠지만 노력해볼게. 내가 걱정했던 거보다 훈이가 잘 지내는 거 같아 한시름 놓았어. 훈이도 건강하게 잘 지내고 잘 자. 21:08

8/12 (火)

훈 : 잘 자고 출근 잘했니? 내가 팔에 참을 "인" 자를 문신하고 그걸 인생 좌우명으로 삼고 지금껏 인내하며 살아왔는데 너를 생각하면 그게 지켜지지 않는구나. 너도 우리 주고받은 카톡 대화 지우면 아쉽고 후회될까봐 쉽게 지우지 못할 거 같구나. 너를 영원히 만나지 못할 수 있을 거 같다는 생각을 하니까 너무 서글프고 슬프고 아프다. 그럼 예전보다 더 그립고 가슴이 아플 거 같다. 너도 아마 그럴 거야… 희야, 우리… 내가 충주에 있는 동안만이라도 얼굴 보면 안 될까? 특별한 일이 없는 한 내년 6월까진 충주에 있어. 혹시 그전에 다른 곳으로 옮길 수도 있지만… 아마 옮기게 되면 경남 쪽으로 가기가 쉬워. 아님 너 계약 끝나는 12월까지만이라도 가끔이라도 보면 안 될까? 볼 수 있다는 기대와 희망이 있어야 견딜 수 있을 거 같아. 평소엔 일과 가정에 충실하고 나도 일에 매진하고… 카톡에 얽매이지 않고 그렇게 보고 싶을 때 가끔 보는 게 어떨까 싶다. 넌 어떠니? 너 회사일 끝나고 혹시 남편하고 같이 일하고 난 더 먼 곳으로 가게 되면 그땐 보고 싶어도 볼 수가 없게 돼… 아, 어떻게 하면 좋을까? 니가 마음 다치지 않고 흔들리지 않았으면 좋겠는데… 너도 우리가 영원히 만날 수 없다고 하면 마음속으

로 슬퍼하고 아파할 거야. 니 맘 니 진심을 내가 아니까… 어떻게 하는 게 좋을지 조금만 함께 생각해보자. 14:56

희 : 훈아, 9시쯤 카톡하면 되니? 16:10

훈 : 응, 좋아. 17:27

희 : 훈아, 너를 만난 건 더 이상 연락을 하지 않기 위해서였어. 만나고 나면 생각이 안 날 거라고… 그러나 그건 생각일 뿐 마음은 그렇지가 않았어. 집에 와서 너에게 카톡을 보낸 후 보고 싶어서 괴로웠어. 결국엔 울어버렸어. 우는 모습을 딸이 보았고, 딸이 날 재워주었어. 아침에 퉁퉁 부은 눈을 냉찜질하고 회사에 갔지만 가슴이 뛰고 숨을 쉴 수가 없었어. 겨우 버티다 병원에 가서 주사라도 맞으려고 가려 했는데 너한테 카톡이 온 거야. 훈아, 나도 어떻게 해야 할지 모르겠다. 오십이 넘어 왜 이러는지… 21:21

훈 : 내가 너를 너무 힘들게 했구나. 너에게 마음에 상처 주고 이제 와서 니 마음을 흔들고… 희야, 너무 힘들어하지 않았으면 좋겠다 우리… 영원히 만나지 못하면 니가 더 힘들어할 거 같아서… 난 혼자니까 괜찮은데 니가 집에서 나 때문에 감정을 추스르지 못할까봐 걱정이 됐어. 그래서 차라리 만날 때를 기다리며 평소에 아무 일 없는 것처럼 그렇게 살면 어떨까 싶은 생각이 들었어. 어제오늘 많이 힘들었구나. 많이 울고… 미안해. 힘들게 해서. 21:37

희 : 세월이 약이라고 나중엔 괜찮아지시겠지만 그때까지 살 버틸 수 있을지… 훈아, 너를 또 안고 싶어. 21:46

훈 : 나도 힘들지만 견뎌보도록 노력해볼게. 시간이 좀 지나면 나아질

거야. 어젠 우리가 35년 동안 맺었던 그리움과 보고픔을 풀었기 때문에 한동안 후유증이 있을 거야. 참고 견뎌보자. 21:48

희 : 난 또 눈물이 난다. 정말 슬퍼. 21:50

훈 : 희야, 우리 서로를 가슴에 안고 싶은 마음은 같아. 그렇지만 집에서 감정 잘 다스려. 딸아이가 벌써 우는 걸 봤으면 앞으로 어쩌려구 또 울어? 희야, 나도 슬퍼하지만 속으로 삭혀야 돼. 알았지? 21:54

희 : 나한테 카톡 계속 보내라구… 안 오면 미칠 거 같아. 21:57

훈 : 일단 오늘 대화 끝나면 카톡 지워. 자꾸 보면 니가 너무 슬퍼하잖아? 니 말처럼 시간이 약일 거야. 당분간 카톡하지 말고 10월쯤 다시 보자. 그때 가서 만나기로 하면 어떻겠니? 22:01

희 : 싫어! 카톡할 거야. 22:02

훈 : 그럼 약속할 수 있겠니? 내가 무슨 말을 해도… 22:04

훈 : 울지 않기! 아무 일 없는 것처럼 가족들하고 잘 지내기! 카톡은 주말 일요일 휴일은 안 되고 평일 밤 9시부터 30분간… 그리고 매일 웃으면서 명랑하게 살기! 약속할 수 있겠지? 22:11

훈 : 또 우는 거 아니지? 22:20

희 : 왜 전화 안 받아? 22:20

훈 : 지금 이 핸드폰 번호는 구형폰인데 숙소에서 안 터져. 지금 숙소 밖에 있어서 몰랐어. 22:23

희 : 그럼 몇 번으로 해? 22:24

훈 : 카톡하는 폰. 이 번호로 해. 22:25

8/17 (日)

희 : 훈아, 여긴 비가 오네. 비가 오니 너가 생각나네. 혹시 쉬고 있지 않을까… 08:24

희 : 비가 안 오는구나. 5시에 깼는데 훈이 생각이 계속 나네. 다시 중학생으로 돌아간 거 같아. 너하고 대화도 하고 만나기도 했는데 왜 이리 힘든지… 우리 이 상태로 일 년 정도 지나면 좀 시들해질까? 정말 웃긴 건 너가 날 떠나가면 어떡하나 하는 거지. 너를 붙잡을 수만은 없는데… 난 욕심쟁인가봐. 아, 정말 아무 생각이 없었으면 좋겠어. 머리가 아파. 미안하다는 말은 하지 마. 이것도 우리의 운명인가봐. 훈아, 내가 아침부터 어두운 글만 썼나 보다. 미안해. 오늘도 일 조심히 해. 09:09

희 : 훈아, 휴식시간이니? 09:14

훈 : 일찍 일어났구나. 지금 비가 오기 시작해서 연장 챙기고 휴게실에 왔는데 카톡이 왔네. 나도 늘 그 시절 속에서 살고 싶었어. 늘 생각하고 널 그리워하고 보고 싶어 하는 마음이 남아 있다는 것만도 나에겐 행복이었어. 잠깐 끊어야겠다. 비가 그쳐 일 좀 하고… 09:19

희 : 훈아, 일에 집중해. 저녁에 할게. 09:20

희 : 훈아, 밥 먹고 나면 카톡할 수 있어? 12:00

훈 : 응, 금방 밥 먹었어. 넌? 12:03

훈 : 너 욕심쟁이 아냐. 세상엔 많은 운명과 인연이 있잖아? 우리도 그중 하나라고 생각하자. 내가 죽는 날이 널 떠나는 날이야. 혹여 널 만날 수 없는 상황이 온다 해도 내 마음과 가슴속 한켠에 늘 니가

희 : 자리하고 있을 거야. 12:12

희 : 고마워. ㅠㅠ 12:15

희 : 오늘 널 귀찮게 하지? 12:16

훈 : 아니, 정말 몇 년 만에 사는 맛이 나. 누군가의 카톡을 기다리고, 전화를 기다리고, 얼굴이 자꾸만 보고 싶어지는 현실이 꿈만 같고 좋아. 더구나 그 누군가가 희야 너라는 게… 12:20

훈 : 일요일 오후부터 저녁까지 외출은 할 수 있니? 12:21

희 : 난 가슴이 왜 이리 뛰는지… 그날도 많이 떨렸어. 웃기지? 12:22

희 : 외출은 할 수 있는데 거짓말을 해야겠지. 12:23

훈 : 조금 느꼈어. 그런데 그건 정상이야. 난 떨렸다기보다 약간의 긴장이랄까? 근데 그것도 잠깐이었어. 거짓말하고 나와야 되는구나… 알았어. 12:26

훈 : 통화 가능하면 통화할까? 12:27

희 : 딸이 있어. 나갈 거 같은데… 12:27

훈 : 가능하면 내가 할게. 12:28

훈 : 알았어. 통화는 어렵겠다. 12:28

희 : 거기 비 그쳤어? 12:28

훈 : 오락가락해. 창고 앞에서 제작하는 게 있어서 비 와도 일할 수 있게 아예 아까 천막을 쳤어. 12:29

희 : 훈이하고 대화하고 나니 살 거 같네. 오전에 좀 힘들었어. 12:31

훈 : 왜? 몸과 마음이 다? 희야가 힘들지 않아야 될 텐데… 12:32

희 : 마음이 더… 가슴이 답답해. 지금은 괜찮아졌어. 훈아, 좀 쉬어야

지? 12:34

훈 : 일요일날 니가 편하게 나올 수 있는지 궁금해서… 그러면 혹시 널 만나러 일요일에 가면 평일보다 조금이라도 같이 더 있을 수 있지 않을까 해서… 아냐, 좀 더 시간 있어. 12:35

희 : 몇 시까지 올 수 있는데? 12:39

훈 : 오후 3시쯤. 12:40

희 : 언제 내려가는데? 12:40

훈 : 그건 너 귀가시간 지장 없는 한 늦을수록 좋지. 12:41

희 : 만나고 싶은데, 보고 싶은데 무서워. 어디서 만나? 12:44

훈 : 일 준비해야겠어. 저녁에 하자. 미안. 12:44

희 : 알았어. 12:44

희 : (산책로에서 ○○대교 보이는 사진 전송) 12:45

훈 : 지금 산책 중이니? 19:14

희 : 응. 19:14

훈 : 언제 나왔니? 폭우가 쏟아져서 4시쯤 들어왔는데 니가 어떤 상황인 줄 몰라서 카톡 못 보내고 기다리고 있었어. 19:17

훈 : 혼자면 내가 전화할게. 19:18

희 : 훈아, 집에 왔어. 20:26

훈 : 잘 갔구나. 아무도 없니? 20:27

희 : 응, 아들은 늦게 온대. 20:27

훈 : 혼자 있을 때가 많아서 내가 더 보고 싶겠구나. 20:28

훈 : 난 늘 혼자라 당연하지만… 20:30

희 : 그런가봐. 일을 더 해야 할까봐. 휴일에도. 20:30

훈 : 휴일 알바? 그럼 우리 만나고 알리바이 대기 좋겠네. 20:31

희 : ㅎㅎㅎ 20:31

훈 : 내일 올라갈까? 20:33

희 : 왜 그래? 일은 어떡하고? 20:33

훈 : 비 많이 오면… 일까지 접어두고 갈 수는 없고… 20:34

희 : 우리 만난 지 일주일 돼가네. 20:35

훈 : 응, 내일이 딱 일주일이네. 20:35

희 : 세월은 정말 빠르지. 20:36

훈 : 응, 두 달에 한 번에서 일주일에 한 번으로! 와우~ 신난다! 20:37

희 : 뭐가? 20:37

훈 : 내일 만나면… 20:37

희 : 만나면 두 시간만 있어야 되는데 교통비 아깝다. 20:39

훈 : 내가 10월쯤 볼까 그랬었잖아? 왕복 2만 원도 안 돼. 설령 20만 원이 들어간대도 만남에 비해선 따질 것도 아니지. 20:41

희 : 알았어. 나도 참을 인자 문신해야 하나… 20:43

희 : 내가 가끔 징징거려도 받아줘. 20:44

훈 : 지금 대답하지 않아도 돼. 너를 조급하게 만드는구나 내가… 문신 내가 해줄게. 근데 해도 소용없을걸. 20:45

훈 : 얼마든지… 속상하고 스트레스받고 힘들 때 언제든지 받아줄게. 그것도 나에겐 행복이야. 20:46

희 : 훈아, 나한테 왜 이렇게 잘해주는 거야? ㅠㅠ 20:47

훈 : 그런 우문이 어딨어? 20:48

희 : 우문은 뭐야? 나 무식하다고… 20:49

훈 : 니가 잘해주니까 나도 잘해주고, 니가 있어서 나도 있는 거니까 그럴 수밖에… 20:50

희 : 네, 알겠어요. 20:52

훈 : 오른쪽에 있는 문… 20:53

훈 : 한승기의 "연인" 노래가 생각나네. 20:54

희 : 왜? 아까 산책하면서 6번 들었다. 20:55

희 : 노래를 너무 잘해. 20:56

훈 : 나도 일찍 들어와서 여러 번 들었어. 응, 노래도 잘하고 목소리가 가사 분위기에 잘 어울려. 20:57

희 : 너가 그 노래 보내주었을 때 걸으면서 듣는데 너가 나한테 말하는 거 같았어. 20:58

희 : 내 생각일 뿐이겠지. 21:00

훈 : 나도 같은 느낌! 그래서 그 노래가 순식간에 와닿았던 거야. 21:02

훈 : 오늘 아침 니가 그랬지? 내가 널 떠나가면 어떡해 하나 생각했다고… 그래서 내가 그랬지. 내가 죽는 날이 널 떠나는 날이라고. 21:03

희 : 응. 21:03

훈 : 그 마음 그 사랑 그대로야. 너도 그렇겠지… 21:05

희 : 슬퍼. 근데 훈이는 마음이 약해서 훈이 좋다는 사람 있으면 떠날 거 같아. 21:06

희 : 내가 붙잡을 순 없잖아? 내 상황이… 21:07

훈 : 그냥 니 곁에 머물러만 있을게. 현실을 외면하고 순리를 거스를 수는 없잖아… 21:11

훈 : 내가 널 떠날 거란 생각은 하지 마. 내 생애 새로운 여자는 앞으로 없어. 21:12

희 : 내 욕심일 뿐… 21:13

훈 : 욕심 아니야. 자연스런 감정이야. 21:14

훈 : 우리가 절제하고 마음만 잘 다스리면 돼. 21:16

희 : 나를 도와줘. 21:16

훈 : 알았어, 희야. 너무 복잡하게도, 너무 힘들게도 생각 마. 늘 니 옆에 있을 거니까. 21:20

희 : 너무 생각이 많아서… 너 피곤해? 21:21

훈 : 안 피곤해. 괜찮아 넌? 21:22

훈 : 일찍 일어나서 피곤하겠다. 내일 생각해서 쉬는 게 좋겠다, 너… 21:23

희 : 내가 뭘 피곤하겠어? 넌 일했잖아? 21:23

훈 : 일찍 들어왔잖아. 너 기다리다 1시간쯤 잤어. 21:24

희 : 아침엔 저녁까지 언제 기다리나 했는데… 21:24

훈 : 우린 기다림과 그리움에 넘 익숙해졌네. 21:25

희 : 역시 잘 참아내야 한다니깐. 21:26

훈 : 그렇지~ 21:26

훈 : 희야. 21:27

희 : 응. 21:27

희 : 왜요? 21:28

훈 : 내가 널 더 보고 싶어서 극성 부리는 거지? 21:29

희 : 뭘 극성? 누가? 21:30

훈 : 내일 올라갈까 물어보고 나니까 니 여건이 편치 않은 걸 생각하니까 너한테 부담 주는 거 같아서. 21:33

훈 : 니가 집에서 편해야 마음도 편하고 날 만나도 불안하지 않을 텐데… 그런 생각이 들었어. 21:34

희 : 난 그냥 누가 볼까봐 두려운 거야. 21:34

훈 : 그래, 그런 이유가 널 자유롭지 못하게 하니까… 21:37

희 : 너가 말한 대로 10월쯤 하루 휴가 내서 내려갈게. 21:40

훈 : 그래, 그렇게 하는 게 너도 홀가분하고 마음이 편하겠다. 추석날 보는 건 그때 여건 봐서 결정하자. 21:42

희 : 그렇게 하는 게 좋겠어. 21:43

희 : 내가 참아야지. 21:44

훈 : 나도 참을게. 가끔 카톡하면 될 거 같아. 그렇게 위안 삼자. 21:45

희 : 그래, 카톡이 있으니… 근데 가끔 카톡할 거야. 21:46

훈 : 알았어. 저녁에만 하자. 너 혼자 있을 때… 21:47

희 : ㅎㅎ 가끔 할게. 이것도 인내! 21:48

훈 : 그래, 알았어. 21:49

훈 : 희야? 21:49

희 : 왜요? 21:50

훈 : 짧게 하고 싶은 말 있는데… 21:50

희 : 뭐? 21:50

훈 : 사랑해. 21:52

훈 : 나 죽을 때까지… 21:53

희 : 아, 떨려. 날 사랑해줘서 고마워. 21:54

희 : 훈아? 21:55

훈 : 응, 그래. 고마워. 또 잠 설치고 우는 거 아닌지 모르겠네. 21:55

희 : 나 가슴 좀 떨리게 하지 마. 21:56

훈 : 또 충격 먹은 거야? 21:58

희 : 이 나이에 이런 멋진 말을 듣다니… 응, 충격이야. 21:59

희 : 난 행복한 여자야. 내가 첫사랑을 제대로 했어. 21:59

훈 : 우리 중학교 땐 다들 고작해야 좋아한다는 말이었고, 표현하기도 힘든 시대였지만 사실은 그게 사랑이었잖아? 난 그 사랑 표현도 이제야 한 거구… 21:01

훈 : 니가 행복해하고 첫사랑을 제대로 했다니 정말 좋다. 나도 행복한 사람임. 22:02

희 : 훈아, 건강해야 돼. 몸을 너무 혹사시키지 말라고… 22:05

훈 : 알았어. 걱정 마. 너도 아프지 말고 맘 편히 가져. 알았지? 22:06

훈 : 희야, 나 이제 잘게. 22:06

훈 : 우는 거 아니니? 22:07

희 : 아니야. 왜 울어? 노력할게. 맘 편히 갖도록… 잘 자, 훈아. 내 꿈 꿔. 22:07

훈 : 그래, 니 꿈 꿀게. 잘 자. 22:08

8/26 (火)

훈 : (글 전송) 22:16

　　진정한 사랑

　　가까이만 있다고 다 사랑이 아니라오
　　곁에서 지켜만 본다고 다 사랑이 아니라오
　　당신의 코 고는 소리에 당신의 고단함을 느끼고
　　당신의 이 가는 소리에 당신의 근심을 느낄 때
　　비로소 당신을 사랑한다 하겠소

　　내 허물을 당신이 덮어주고 당신의 부족함을 내가 채워주며
　　서로를 이해하고 배려해야만 진정한 사랑이라오

　　내 말만 듣기를 바라는 욕심을 버리겠소
　　당신은 오직 내 여자라는 집착을 버리겠소
　　당신이 아프고 슬플 때 내가 슬프고 아픈 것처럼
　　따뜻한 가슴으로 사랑하겠소

　　우리는 서로의 소유물이 아닌 살아있는 동안

고락을 함께하며 진실한 사랑을 나눠야 할 동반자니까…

- 2013년 9월 19일 경주에서

희 : 훈아, 너가 지은 시야? 22:19

훈 : 응, 시라기보다 그냥 생각나는 대로 경주에 있을 때 습작했던 거야. 22:21

희 : 그래, 좋은 말이야. 22:23

훈 : 진정 사랑하는 사이라면 이렇게 사랑하는 것이 진정한 사랑이 아닐까 싶은 생각에… 22:23

희 : 왜 안 자니? 22:25

훈 : 니 생각 또 나서… 그래서 작년 다이어리 뒤적여봤어. 작년 이맘때 너가 사무치게 보고 싶을 때였어. 너 생각하면 눈물도 났었어. 22:26

희 : 아, 훈아… 니가 나를 이렇게 생각하는 줄은 몰랐어. 22:29

훈 : 얼마 전 우리 만난 다음날 너 가슴이 답답하고 터질 거 같아 병원에 가려고 했다고 했었지. 난 작년 이맘때 정말 미치는 줄 알았어. 내가 니 이름 부르며 온 세상을 찾아 헤매고 싶은 심정이었어. 22:31

희 : 이제는 나 찾았잖아? 이젠 힘들어하지 마. 22:34

훈 : 이젠 널 만나서 널 안고 널 느끼고 널 사랑할 수 있어서 꿈만 같아. 사랑한다, 행복하다 수만 번을 외쳐도 부족할 만큼… 22:34

희 : 내가 뭐라고… 과분해. 22:37

훈 : 그래, 힘들어하지 않을게. 널 만났으니까. 너도 힘들어하지 않을 거지? 고마워, 희야. 22:38

훈 : 과분하긴… 그런 말 우리 사이엔 어울리지 않아. 22:40

훈 : 희야? 22:42

희 : 응. 22:42

훈 : 이제 자야겠어. 너도 자야지? 22:43

희 : 자려고 방으로 들어왔어. 내 옆에 너가 있다고 느끼면서 잘 거야. 잘 자, 훈아♡♡ 22:44

훈 : 나도 그럴게. 잘 자. 사랑해♡♡ 22:45

희 : 고마워. ㅠㅠ 22:46

8/28 (木)

훈 : (사진 전송) 출근 잘했어? 이 달맞이꽃은 어때? 09:09

희 : 와~ 이렇게 이쁜 달맞이꽃은 처음 봐. 넘 이쁘다. 09:10

훈 : 난 벌써 오전 새참시간인데 커피 한 잔 먹고 잠깐 쉬고 있어. 이뻐? 니가 이쁘다니 좋다. 09:11

희 : 난 이제 시작이야. 오늘 날씨 좋은데 햇볕이… 크림 발랐지? 듬뿍 바르고 일해. 09:12

훈 : 그래, 날씨 넘 좋다. 응 발랐어. 근데 오전엔 그늘 밑에서 일해. 일 시작 잘하고 행복한 하루 되세요. 아씨! 09:15

희 : ㅎㅎ 09:17

훈 : 일 마감 잘 돼가나요? 난 오늘도 야근이야. 오후엔 많이 더웠어. 땀 좀 흘렸지. 저녁에 통화해요♡ 17:22

훈 : (충주 현장 발판 위에서 찍은 사진 2컷 전송) 17:22

희 : 알았어, 수고해. 17:25

희 : 훈아? 21:22

훈 : 응, 좀 늦었지. 5분만 기다려줘. 21:25

희 : 응. 21:26

훈 : 미안! 산책하고 왔어? 21:33

희 : 갔다 왔어. 21:36

훈 : 집이겠네? 통화는? 21:37

희 : 괜찮아. 21:37

훈 : 너를 그리워했던 35년 세월이 아쉽고 안타까웠지만 우여곡절 많았던 풍파를 견디고 살아있으니까 너를 만나고 얘기하고 웃고 행복한 나날을 보내는 순간들이 내 삶에도 있다는 생각을 하니까 세상은 정말 살만하다는 생각이 들어. 내가 살아있기에 감사하고 즐겁고 너를 다시 만났기에 행복하고 살맛 나. 언제까지라도 지금처럼 행복한 순간이 지속되길 바랄 거야. 언제까지라도 널 떠나지 않을 거야. 나 죽는 날까지… 잘 자, 희야. 사랑해♡ 23:11

희 : 가슴이 뭉클해지네. 고마워, 잘 자, 훈아♡ 23:12

9/1 (月)

훈 : (들꽃 사진 전송) 09:33

훈 : 출근 잘했어요? 월요일 아침 이름 모를 들꽃을 그대에게 선물로 바칩니다. 행복한 하루 되세요♡ 09:35

희 : 고마워. 오늘은 더 보고 싶다♡ 09:37

훈 : 미투~ 나중에 해♡ 09:38

훈 : 희야, 이틀 쉬고 나와서 오늘 힘들지 않았어? 야근 없어서 지금 식당 가고 있어. 퇴근 잘하고 이따가 만나♡ 17:38

희 : 괜찮았어. 이따가 연락할게♡ 17:39

훈 : 네♡ 17:50

희 : 훈아? 20:05

훈 : 네. 20:09

훈 : 오늘도 난 희야 너 때문에 행복한 하루를 보냈어. 너를 보면서 하루를 열고, 너와 얘기하다 웃음 짓고, 진지하다 또 웃음 짓고… 행복이 무엇인지 이젠 알 거 같아. 살아있어야 할 이유를 이젠 알 거 같아. 내가 살아있기를 참 잘했다는 생각을 하게 됐어. 이젠 내가 애타게 찾고 그리워했던 사람과 영원히 함께하리라. 혹여 아픈 사랑일지라도, 혹여 슬픈 사랑일지라도 우리 사랑은 누구라도 함부로 말할 수 없는 참사랑, 진정한 사랑이라네. 편하게 잘 자, 희야♡ ♡ 21:59

9/2 (火)

희 : 훈아, 나 땜에 행복하다니 정말 고마워. 훈이가 살아있기를 잘했다는 생각은 내가 아니라도 충분한 많은 이유들이 있어. 그러니

꼭 살아있어야 된다고. 나도 우리의 사랑이 영원하기를 빌 거야. 오늘도 일 조심히 하고 홧팅♡ 05:57

훈 : 고마워~ 그렇게. 지금 출근하고 있어. 일 열심히 할게요. 희야도 행복한 하루 잘 보내♡ 06:13

훈 : (난꽃, 야생화 2컷 전송) 09:12

훈 : 굿모닝! 출근 잘했지? 얘는 꽃은 작고 오히려 이파리가 이뻐. 오늘도 행복한 하루 함께 보내자♡ 09:14

희 : 안녕? 점심 맛있게 먹었어? 잎이 예뻐서 난꽃 화분에 많이 심더라. 우리 집에도 있는데 훈이가 보내준 사진이 훨 예쁘다. 12:22

훈 : 이게 난꽃이구나. 꽃 이름이 예쁘다. 사진이 잘 나왔나봐. 내가 잘 찍은 건가? ㅋㅋ 밥 잘 먹고 한숨 잤어. 너도 점심 맛있게 먹었어? 12:43

희 : 밥 먹고, 사과 먹고, 이제 회사 가려고 해. 12:45

훈 : 잘했어. 오후에도 행복해. 나도 일 시작해. 저녁에 봐♡ 12:46

희 : 응. 12:46

희 : 훈아, 야근해? 18:24

훈 : 아니요. 비 와서 끝나고 밥 먹고 들어왔어. 거긴 비 안 오니? 저녁은 먹었어? 18:32

희 : 여기도 비 와. 밥은 아직… 18:34

희 : 좀 있다 연락할게. 18:35

훈 : 알았어. 난 씻을게. 18:35

희 : 훈아, 나 밥 먹고 있어. 20:20

훈 : 알았어요. 천천히 밥 먹고 다시 해. 20:22

희 : 응. 20:22

훈 : (물봉선화 사진 1컷 전송) 22:05

훈 : 물봉선화꽃이래. 저녁에 밥 먹으러 간 식당 앞에 피어 있었어. 편하게 잘 자. 좋은 꿈 꾸고♡ 22:07

희 : 나를 위해 꽃 사진을 이렇게 매일 보내주니 고마워. 사랑해. 잘 자♡ 22:21

훈 : 응♡♡♡ 22:22

9/3 (水)

희 : 훈아, 점심 먹었어? 난 회사에서 맛있게 먹었다. 거기도 비 오지? 저녁에 봐♡ 12:18

훈 : 맛있게 먹었어요? 잘했어요~ 비 많이 와서 일 못했어요. 조금 있다가 염색하러 가려고. 수고하고 저녁에 봐♡ 12:23

훈 : (백일홍 사진 1컷 전송) 12:24

희 : 백일홍? 12:25

훈 : 어제 그 식당 앞에 있던 백일홍이야. 12:25

희 : 이뻐. 12:25

훈 : 어릴 때 보고 첨 봤어. 백일홍 너무 이뻐. 12:27

희 : ㅎㅎ 나도 이뻐. 12:27

훈 : 희야, 너 때문에 요즘 내가 꽃에 관심이 많아졌어. 12:28

희 : 좋지 뭐. 이쁜 거 보면 마음도 이뻐진다구요. 12:29

훈 : 그럼 꽃 같은 사나이가 되는 건가? ㅎㅎ 12:30

희 : 그렇지. 부드러우면서 강한 남자. 12:31

훈 : 와~ 쉽지 않겠는 걸. 노력해볼게요. 12:33

희 : 염색 멋지게 해. 12:35

훈 : 네, 아씨. 다녀올게요♡ 12:36

희 : 훈아? 20:13

훈 : 어, 산책했어? 어디야? 20:14

희 : 산책하고 왔어. 집. 20:15

훈 : 저녁에 비 안 왔구나. 밥은 먹었어? 20:16

희 : 비 좀 왔지. 우산 쓰고… 고구마 먹고 있어. 20:17

훈 : 고구마? 어디 고구마야? 여기 천둥산 속 노란 고구마 맛 좋다던데… 20:18

희 : 밤고구마. 20:19

훈 : 그럼 고구마로 저녁 끝이야? 20:20

희 : 응, 야채하고 과일 갈아서 먹었어. 20:20

훈 : 그래? 그 정도면 괜찮겠다. 염색했어 나. 20:22

희 : 젊어 보이지? 20:23

훈 : 약간 그런 거 같긴 한데 잘 모르겠어. 20:23

희 : 거긴 얼마야? 20:24

훈 : 컷트 7천 원, 염색 8천 원. 20:25

희 : 싸다. 20:25

훈 : 밥값은 비싼데 이발비는 싼 편이야. 20:30

희 : 훈아, 자니? 21:30

훈 : 아니요. 21:31

훈 : 딸은? 21:32

희 : 딸 알바하는 거 동의서 써주었어. 21:33

훈 : 잘했어. 딸을 믿어. 잘할 거야~ 21:34

희 : 그럴려고. 21:35

훈 : 그래. 희야, 꽃 사진 보낼 테니까 아는 꽃인지 봐. 21:36

희 : 그래, 또 찍었구나. 보내봐. 21:36

훈 : (실부추꽃 사진 5컷 전송) 21:37

희 : 진짜 이쁘다. 못 보던 꽃이야. 21:38

훈 : 이 꽃이 무슨 꽃일까요? 21:38

희 : 모르겠네요. 21:39

희 : 첫 번째 사진이 젤 이쁘다. 21:40

훈 : 어쩜 이렇게 이쁜 꽃이 숙소 옆에 있었는데 오늘 봤어. 식당 아줌마한테 물어보니까 "실부추꽃"이래. 너무 신기하고 이쁜 거 있지? 21:41

훈 : 난 세 번째 사진이 좋아. 21:42

희 : 실부추꽃 처음 본다. 21:43

훈 : 너도 처음 봤지? 나도 이름도 생소하고 신기할 따름이야. 너무 예뻐서… 우리 셀 예쁜 거 골라서 가독 홈에 장식할까? 21:45

희 : 그럴까? 21:46

훈 : 물론 달맞이꽃 다음으로… 21:46

희 : 근데 어떻게 하는지 잘 모르겠어. 21:47

훈 : 아씨가 모르면 어떡해요? 21:48

희 : 훈이가 잘하던데? 달맞이꽃이 뒤로 갈 거 같다. 21:49

훈 : 우선 달맞이꽃을 삭제하고 실부추꽃을 올린 다음에 다시 달맞이꽃을 올리면 돼. 21:51

훈 : 아님 그냥 뒀다가 토요일날 같이 하자. 21:52

희 : 아, 그래? 해봐야지. 어떤 거 올릴 건데? 21:52

희 : 토요일에 할까? 21:53

훈 : 그래, 같이 엎드려서 사진도 고르고 올리자. 21:53

희 : 그래, 그러자. 21:54

희 : 딸은 독서실에 짐 가지러 갔어. 21:55

훈 : 오케이~ 밤에 혼자 갔구나. 21:56

희 : 친구들 있으니까. 21:56

훈 : 그럼 안심이고. 첫 번째 꽃이 젤 좋아? 21:57

희 : 응. 21:58

훈 : 알았어요. 그걸로 합시다요. 21:59

희 : ㅎㅎ 재밌다. 21:59

훈 : 미투♡ 22:00

희 : 난 지금 된장찌개 만들고 있어. 22:00

훈 : 딸애 먹일려고? 참 잘했어요. 22:01

희 : ㅎㅎ 내가 어린애야? 22:02

훈 : ㅎㅎ 그럼 카톡하느라 된장찌개 태우지 말고 집중하세요. 딸 오면

맛있게 같이 먹어. 난 잘게요. 22:04

희 : 아니야, 내일 먹을 거야. 훈이가 졸리다면 그만해야지. 잘 자♡ 22:05

훈 : 마님, 쇤네 자도 돼요? 22:06

희 : 자라고… 22:06

훈 : 네! 사랑하는 마님 꿈 꾸면서 잘게요. 잘 자, 희야. 사랑해♡♡♡ 22:08

희 : 응, 잘 자. 훈아♡♡♡ 22:08

9/4 (木)

훈 : (빗물 머금은 달맞이꽃 사진 전송) 09:04

훈 : 출근 잘했지! 아침에 빗물을 머금은 달맞이꽃이 너무 싱그러워~ 오늘도 근무 잘하고 행복해♡ 09:06

희 : 어쩜 거기는 꽃들이 생기가 넘치네. 우리 함께 행복하기♡ 09:10

희 : 혼자 야근하니? 20:06

훈 : 끝나고 밥 먹고 있어. 숙소 가서 씻고 나면 9시쯤 될 거 같아. 그때 찾아주세요. 희야 씨♡ 20:09

희 : 알았어요. 20:09

희 : 훈아, 다 씻었어? 21:10

훈 : 네, 차에서 내리하고 있었어요. 21:12

희 : 훈아, 이틀 있으면 훈이 얼굴 보겠네. 21:49

훈 : 나도 희야. 얼굴 다시 보게 되니까 설렌다. 21:50

훈 : 혹시 딸이 도서관 안 가고 집에 있으면 어떡하니? 21:52

희 : 밥 주고 산책 간다고 나와야 되는데 생각해봐야 되겠네. 21:54

훈 : 그럼 조금 일찍 나오는 게 어떻겠니? 21:55

희 : 왜? 21:55

훈 : 아참, 보통 니가 산책 나오는 시간이 7시쯤인가? 21:57

희 : 응. 21:57

훈 : 그럼 그 시간에 나와야겠네. 딸 저녁 차려주고. 딸도 외출하면 좋을 텐데… 내 욕심인가? 21:59

희 : 산책 갔다가 아줌마들 만났다고 하면 될 거 같아. 22:00

훈 : 알았어. 그렇게 하자. 22:01

희 : 훈아, 우리가 왜 이렇게 됐을까? 22:01

훈 : 넘 그리워했잖아? 보고 싶어 하고 사랑하니까. 22:03

희 : 알았어. 졸립지? 22:04

훈 : 아직은요. 22:05

훈 : 그대는요? 22:06

희 : 나도 아직이요. 22:06

훈 : 누가 뭐래도 우린 순수하고 아름다운 사랑을 하고 있다고 생각해. 22:08

희 : 나도 그렇게 생각하지만… 22:10

희 : 그냥 난 내 감정에 충실할 뿐이야. 22:13

훈 : 니 맘 알아… 니 맘 편치만은 않다는 거… 서로를 향한 마음이 예나 지금이나 한결같고 순수하다는 것으로 위안 삼자. 22:14

희 : 훈이가 점점 좋아지니 어떡하지? 22:15

훈 : 미투~ 우리 서로 평정심 잃지 말고 평범하게 지내면 돼. 22:17

희 : 평범하게? 알았어요. 22:19

훈 : 너무 많은 생각, 깊은 생각 하지 말자. 우린 정말 아름다운 사랑을 할 수 있을 거야. 그런 사랑을 위해 같이 고민하고 얘기하고 살아 보자. 22:23

훈 : 희야? 22:24

희 : 응, 졸려? 22:25

훈 : 응. 22:25

희 : ㅎㅎ 잘 자고 내일 만나♡♡♡ 22:26

훈 : 너도 잘 자고 좋은 꿈 꿔♡♡♡ 22:27

9/5 (金) ────────────────────────────

훈 : (애기나팔꽃 사진 전송) 09:08

훈 : 굿모닝! 출근 잘했나요? 꽃은 예쁜데 이름을 모르겠네! 오늘도 꽃처럼 이쁘고 행복한 하루 보내♡ 09:10

희 : 애기나팔꽃이래. 09:56

훈 : 나팔꽃도 종류가 많은가 보네. 이번엔 탐스러운 맨드라미예요. 10:42

훈 : (맨드라미 사진 1컷 전송) 10:42

희 : 고마워. 탐스러워. 10:43

훈 : 저녁에 봐♡ 10:45

훈 : 희야, 난 숙소에 왔어. 씻고 저녁 먹을 거야. 넌 오늘 시장 봐야겠네. 일 다 보고 한가해지면 연락해. 퇴근 잘하고♡ 17:27

희 : 훈아, 사랑해. 잘 자♡ 22:08

훈 : 나도 사랑해. 희야, 너도 잘 자♡♡♡ 22:10

제2부

20○○年 9月 8日~
12月 5日

9/8 (月)

희 : 훈아, 나 가고 있어. 14:16

훈 : 응, 사각형으로 만든 뚝방 위 정자에 있어. 아줌마들이 몇 명 있으니까 바로 옆 계단 아래 차에 있을게. 14:18

희 : 알았어. 14:18

희 : 들어가. 19:57

훈 : 가는 거 보고… 19:58

희 : 좀 기다려야 되니까 들어가. 19:59

훈 : 알았어. 가서 카톡해 그럼♡ 20:00

희 : 훈아, 잘 도착했어. 20:41

훈 : 잘 들어갔구나. 미안, 답장이 늦어서… 푹 쉬어~ 21:49

훈 : 혼자 있어? 21:50

희 : 응. 21:50

(보이스톡)

9/9 (火)

희 : 훈아, 잘 잤니? 뭐하고 있어? 10:20

훈 : 나야 잘 잤지. 희야, 넌… 아무 일 없었니? 걱정됐어. 10:21

희 : 난 괜찮아. 보고 싶어. 10:22

훈 : 정말 괜찮은 거지? 지금 막 버스 출발했어. 나도 보고 싶어. 그래도 조금 참자. 희야, 마음 처지지 말고 밥 잘 챙겨 먹고. 알았지? 10:26

희 : 알았어, 고모님 만나러 가는구나? 잘 만나고 와. 10:29

훈 : 그래~ 푹 한숨 자, 희야. 오후에 다시 하자♡ 10:31

희 : 알았어♡ 10:32

희 : 훈아, 어디야? 14:47

훈 : 응, 지하철 타고 다시 할게. 14:52

훈 : 한숨 잤어? 지금 헤어져서 신촌역에서 전철 탔어. 14:58

희 : 좋았겠네. 14:59

훈 : 어, 시간 가는 줄 몰랐어. 고모랑 누나도 너무 좋아했어. 15:00

희 : 넘 반가웠겠다. 고모님은 건강하셔? 15:01

훈 : 건강하신 편이야. 15:03

희 : 갈아타는 곳 놓치지 마. 15:03

희 : 나중에 할까? 15:03

훈 : 그러자. 4시 정도면 천호역에서 버스 타고 가고 있을 거 같은데… 15:05

희 : 응, 알았어. 15:07

훈 : 천호역에서 버스 탔어. 저녁에 충주 내려가려고… 혼자 있니? 버스 내려서 통화할까? 15:55

희 : 아니, 가족들 있어. 나가면 연락할게. 16:01

훈 : 알았어. 16:02

희 : 훈아, 출발했니? 17:37

훈 : 응, 20분 정도면 도착해. 운전 중이라 길게 못하겠네. 17:39

희 : 벌써 했구나. 도착하면 톡해. 17:40

훈 : 응. 17:40

훈 : 잘 도착했어. 지금도 가족 있어? 18:34

희 : 아니, 산책 나왔어. 18:36

훈 : 혼자? 18:36

희 : 응. 18:36

(보이스톡)

훈 : (고모, 누나랑 찍은 사진 1컷, 꽃 사진 2컷 전송) 19:31

훈 : 아직 안 봤네? 빨리 보고 옮겨요. 20:16

희 : 이제 좀 있으면 들어가. 20:21

훈 : 아직 안 들어갔구나. 조심해서 잘 들어가. 고모하고 누나야. 나 웃는 거 어색한가? 어때? 20:23

희 : 사진 잘 나왔네. 20:33

훈 : 종업원이 잘 찍어줬어. 가고 있니? 20:34

희 : 집에 왔어. 아까 집에 오는데 친한 분이 걷자고 해서 또 걸었어. 20:35

희 : 사진 중에 젤 잘 나왔어. 고모님도 멋쟁이시다. 20:36

훈 : 정말? 고마워~ 씻고 푹 쉬어. 20:37

희 : 왜? 잘 거야? 20:38

훈 : 아직 안 자지요. 20:39

희 : 난 어제도 혼자 잤어. 20:40

희 : 난 씻고 푹 쉴게. 훈이도 잘 자. 20:43

훈 : 그랬어? 그럼 어젠 차라리 혼자 잔 게 다행이다. 알았어. 푹 잘 자

♡ 20:44

9/10 (水)

희 : 훈아, 좋은 아침! 아침부터 햇살이 뜨겁네. 카톡에 올린 사진들 봤어. 훈이의 모습이 달라진 거 같아. 웃는 모습이 보기가 좋아. 좀 젊어진 염색의 효과도 있겠네? 훈아, 내가 살면서 행복한 해가 있었어. 19○○년, 19○○~19○○년, 그리고 20○○년 올해는 잊지 못할 거야. ○○년하고 올해 둘 다 훈이하고 함께해서 행복한 거네. 고마워… 08:40

훈 : 잘 잔 거 같아 좋다. 나도 마찬가지야. 너로 인해 더 살맛이 나고, 너로 인해 더 행복해서 너무 좋아. 스토리에 글 몇 개 올렸는데 못 봤지? 어젯밤에 누워 있는데 떠올라서 몇 줄 써봤는데… 08:46

희 : 못 봤지. 가입을 안 했으니. 08:55

훈 : 가입해야 되는 거구나. 카톡으로 보내줄까? 08:56

희 : 응. 08:57

훈 : 조금만 기다려. 독수리 타자 쳐야 되니까. 08:57

희 : 복사하면 될 텐데요. 08:58

훈 : 복사? 그런가? 해볼게. 08:58

달맞이꽃 (1)

나의 발은 달맞이꽃

뿌리가 되고

나의 다리는 달맞이꽃

줄기가 되고 싶다

나의 손은 달맞이꽃

이파리가 되고

나의 뺨은 달맞이꽃

꽃잎이 되고 싶다

나의 입술은 달맞이꽃

꽃술이 되고

나의 눈은 달맞이꽃을 바라보는

달이 되고 싶다 09:01

달맞이꽃 (2)

달맞이꽃은 어디에나

피어 있지만

아무 가슴에나 담기지

않는다

달맞이꽃은 어디서든

피지만

아무 가슴에나 활짝 피어

안기지 않는다

오랜 기다림과 그리움을

순수하게 오롯이 간직한

연인들의 가슴에만

눈물겹도록 활짝 핀다 09:01

달맞이꽃 (3)

달맞이꽃을 처음 본 날

첫사랑을 알았고

첫사랑을 내 가슴 한켠에

담았을 때

달맞이꽃은 내 심장에 담겨

영원히 지지 않는 꽃이 되었다 09:02

달맞이꽃 (4)

첫사랑을 만났을 때

달맞이꽃은

유난히도 예뻤었다

계절이 서른다섯 번

바뀌고 난 후

충주에서 본 달맞이꽃은

예전과 다름없이

예쁠 따름이었다

그렇게 35년을 달맞이꽃은

지지 않고 예쁘게

피어 있었다 09:03

희 : 훈아, 멋지다. 내 마음속에 간직할 거야. 09:05

훈 : 너를 생각하며 달맞이꽃을 제목으로 계속 생각나는 대로 시리즈로 써볼까 해. 잘 써질지 모르겠지만⋯ 09:06

훈 : 정말 괜찮아? 읽을 만해? 09:07

희 : 정말 괜찮지. 넘 좋은데. 09:07

희 : 계속 읽을 거야. 외워질 때까지⋯ 09:08

훈 : 고마워 희야. 니가 예전의 내 습작 감성을 깨워줬어. 09:08

희 : 그런 재능이 부럽네. 09:09

희 : 이제 너를 생각하면 지금의 너의 모습이 떠오르기 시작했어. 지금 모습이 점점 좋아지고 있어. 09:12

훈 : 고마워요 마님. 나도 마님이 미치도록 좋아요. 09:14

희 : ㅎㅎ 농담 아니지? 09:15

훈 : 미치도록 사랑한다구요. 09:15

희 : 나도요. 09:16

희 : 오늘은 뭐할 거예요? 09:16

훈 : 어, 친구가 영화 보자고 그랬는데 다시 확인해보고 나가 볼까 해. 생필품 살 것도 있어서 마트에도 가야 하고… 09:18

희 : 그래, 재밌게 보고 잘 지내. 저녁에 연락할게♡ 09:20

훈 : 알았어. 오늘은 집안일 많이 하지 말고 내일 일해야 하니까 푹 쉬세요. 09:21

희 : 알았어요. 09:22

훈 : 저녁에 보자♡♡♡ 09:22

희 : 응♡♡♡ 09:22

희 : 훈아, 전화해도 돼? 19:41

훈 : 어디니? 잠들었었어. 전화해도 돼. 20:12

(보이스톡)

75

달맞이꽃 (5)

물안개 자욱한 허공에
달맞이꽃이 이슬을
머금고 피어 있다

보이지 않는 달을
쫓아가는가
나를 달에게 인도하는가

아~ 달맞이꽃을 잡고
달에게 가고 싶다 21:50

희 : 사랑해♡ 잘 읽었어. 22:01
훈 : 나도… 잘 자♡ 22:02

9/11 (木) ─────────────────
희 : 훈아, 오늘 잘 지냈어? 20:42
훈 : 그럼, 잘 보냈지. 산책 중이니? 20:44
희 : 갔다가 지금 왔지. 야근 안 했어? 20:44
훈 : 응, 일찍 들어왔어. 20:45
훈 : 졸지 않고 근무 잘했어? 20:46

희 : 안 졸았어. 일 열심히 했어. 20:47

훈 : 그랬어. 잘했네. 이쁜 우리 애기. 20:48

(보이스톡)

훈 : 나도 모르게 눈물이 났네. 미안해… 앞으로 우리의 행복한 일만 생각할게. 우리의 아름다운 사랑만 생각할게. 희야, 사랑해. 잘 자 ♡♡♡ 21:30

희 : 훈이가 너무 좋아. 이젠 울지 마. 잘 자요♡♡♡ 21:31

9/12 (金)

달맞이꽃 (6)

달맞이꽃은 일출이

못내 아쉽다

달을 보기 위해 피어서

달과 함께 밤을 지새기

때문이다

달이 없는 날에도

오직 달만 기다리며

밤새 피었다가

눈물 같은 이슬을 글썽이며

거부할 수 없는 日出에

꽃잎을 접는다 12:09

훈 : 출근할 때 쓴 거야. 점심 맛있게 먹고 오후에도 행복하게 아자아 자!♡♡♡ 12:11

희 : 잘 읽었어요. 훈이도 아자아자!♡♡♡ 12:14

희 : 훈아, 뭐해? 20:26

훈 : 오늘 잘 보냈어? 산책 끝났니? 20:30

희 : 응, 집이야. 20:31

훈 : 산책하고 저녁 먹고? 20:32

희 : 산책하고 저녁 먹었어. 훈이는? 20:33

훈 : 나도 먹었지. 니가 해준 잡채 생각난다. 20:34

희 : 맛없었잖아? 20:35

훈 : 넘 맛있었어. 20:35

훈 : 또 먹고 싶어. 20:35

희 : 담엔 바로 한 거 먹여주고 싶어. 20:36

훈 : 그럼 좋지~ 근데 그럴려면 최소한 1박 2일은 만나야겠는데. 20:37

희 : 그러게. 그런 날이 왔으면 좋겠다. 20:38

훈 : 같이 시골장에 가서 재료 사서 만들어 먹으려면… 그런 날 오겠지! 20:39

희 : 뭐하고 있었어? 20:40

훈 : 명상~ 20:40

희 : 아무 생각 없이 앉아 있는 거? 20:41

훈 : 내 명상은 달라. 반 누워서 다리 운동하고 머리로는 희야 생각하고⋯ 20:43

희 : 아~ 어떻게 하는지 알겠다. 나도 해봐야지. 오늘 힘들었지? 20:45

훈 : 조금~ 달라이 라마 스님처럼 명상하고 기도하기엔 장소가 마땅치 않아. 20:45

훈 : 집에 누가 있니? 20:46

희 : 아니. 20:47

9/14 (日)

희 : 훈아, 잘 잤어? 날씨가 서늘해졌네. 옷 잘 챙겨 입었지? 오늘도 함께 홧팅♡ 06:37

훈 : 너도 잘 잤니? 아침 먹고 쌀쌀해서 겉옷 챙겨입고 나왔어. 좀 있다 체조하고 일과가 시작돼. 조심해서 일할게. 희야도 일요일 잘 보내. 저녁에 봐♡♡♡ 06:41

희 : 훈아? 19:34

희 : 끝났니? 19:34

훈 : 응, 미안. 고모랑 카톡 금방 끝내고 할게. 19:37

훈 : 미안, 산책 중이야? 19:47

희 : 끝내고 학교에 왔어. 19:48

훈 : 혼자년 전화할게. 19:49

훈 : (붉은 고추 사진 1컷, 어린 호박꽃 사진 2컷 전송) 20:47

훈 : 고추가 넘 귀여워. 무슨 꽃인지 알겠어? 20:49

희 : 호박꽃. 20:54

훈 : 아네~ 근데 이쁘지 않아? 20:57

희 : 이뻐. 근데 시들어 보인다. 20:58

희 : 내가 찍은 거 달맞이꽃이 아닌가봐. 보낼게. 20:59

희 : (큰 흰 꽃 사진 1컷 전송) 20:59

훈 : 꼭 조화 같다. 달맞이꽃 아닌데! 꽃술이 다르잖아? 21:00

희 : 그러니까 다르네. 어쩐지 넘 크더라. 21:01

훈 : 나도 처음 보는데 넘 크니까 꽃 같지가 않다. 외래산 꽃인가봐. 21:03

희 : 모르겠네… 아까 통화한 거 지운다는 게 너 전화번호를 지웠어. 번호 알려줘. 21:05

훈 : 집에 안 들어갔으면 전화할게. 21:06

희 : 집이야. 21:07

희 : 그럼 내일 전화해. 21:08

훈 : 알았어. 이 번호야. 21:08

희 : 훈아, 저장했어. 21:13

훈 : 잘했어요. 잊지 말아요. 나도 그대를 잊지 않을 거예요♡ 21:15

희 : ㅎㅎ 오늘 힘들었으니 쉬어야겠지. 나도 씻고 일찍 잘게. 21:16

훈 : 응, 좋은 꿈 꾸고 편히 잘 자. 뽀뽀♡♡♡ 21:18

희 : 잘 자. 쪽~♡♡♡ 21:19

달맞이꽃 (7)

달맞이꽃이 달을

맞이하기 위해

꽃잎을 펼친다

그 꽃잎 속으로 달빛이

스며들고

사랑하는 내 님의

체취가

꽃잎 속에서 흘러나온다

그리고 나의 피가

줄기 속으로 흐른다

노랗게 노랗게... 21:36

9/15 (月)

훈 : 잘 자고 출근 잘했어? 난 이상하게 여러 번 깨고 뒤척였어. 밤에 달맞이꽃 7편 보내놓고 봤나 안 봤나 확인하다 잠들었다 깼다 자다 했어. 샤워하느라 늦게 봤으려니 했어. 오늘도 행복한 하루 보냅시다. 수고해요♡♡♡ 09:31

희 : 훈아, 너가 보내준 카톡은 무슨 일이 있어도 꼭 본다. 어젠 10시 반

쯤 보았고 잘 읽었어. 최고야. 오늘 잘 보내자♡♡♡ 10:31

훈 : 잘 읽었다니 흡족해요. 점심 맛있게 드세요. 난 먹고 잠깐 쉽니다. 행복 만땅♡♡♡ 12:01

희 : 나도 지금 식당에서 먹었어. 넘 많이 먹었나봐. 배불러. 잘 쉬세요 ♡ 12:13

훈 : 내가 배 문질러 줄게. 슥슥~ 배 꺼져라! 소화돼라! 주문을 외웠어. 괜찮아질 거야. 저녁에 봐♡♡♡ 12:59

희 : ㅎㅎ 재밌어. 고마워♡ 13:01

희 : 자기야~ 20:19

훈 : 미안, 늦었지? 씻느라고… 산책 중이니? 20:36

희 : 야근했나 보네. 집에 왔어. 20:38

훈 : 자기야~ 넘 좋아. 듣기~ 20:39

희 : 그래? 계속 부를까? 20:40

훈 : 희야, 그럴 수 있겠어? 자기야 소리를 들어본 적이 없어서 그런지 듣기 좋네. 정말 좋아. 20:42

희 : 자기야~ 오늘 힘들지 않았어? 20:44

훈 : 괜찮았어. 20:45

훈 : 자기는? ㅋㅋ 20:46

훈 : 점심 소화 잘 됐어? 원격 마사지했는데… 20:49

희 : 난 쫌 힘들었어. 그래서 점심에 집에 안 가고 식당에서 먹었는데 빨리 먹어서 소화가 안 돼서… 훈이가 주문을 외워서 좀 나았지. 20:49

훈 : 정말 괜찮은 거야? 20:51

희 : 가슴이 좀 아팠는데 괜찮아졌어. 20:52

희 : 내일부터는 집에 와서 먹어야지. 20:53

(보이스톡)

9/17 (水) ─────────────────

훈 : 좋은 아침! 출근 잘했나요? 작업장 옆에 있는 아직 덜 익은 방울토마토인데 이쁘게 찍어봤어. 행복하게 보냅시다. I Love You♡♡♡ (방울토마토 사진 3컷 전송) 09:15

희 : 귀엽다. 자기 닮았네. 잘 지내. 09:16

희 : ♡♡♡ 10:59

훈 : 반짝반짝 이마 닮았다는 고야? 11:00

희 : 아니, 귀여워서. 11:01

훈 : 그런 거야? 역시 자기는 안목이 있어. 나중에 할게. 수고해♡♡♡ 11:02

훈 : (구운 밤 사진 1컷 전송) 15:54

희 : 자기야~ 눈이 아파 쉬고 있어. 남은 시간 마무리 잘해. 저녁에 보자고♡ 15:55

훈 : 눈 아파서 조퇴한 거야? 병원은? 15:56

희 : 아니, 사부실에서 쉬고 있다고… 밤이야? 15:56

훈 : 응, 새참시간에 밤 구워 먹었어. 병원 안 가도 돼? 15:57

희 : 모니터 안 보면 괜찮아. 15:58

훈 : 알았어. 쉬어. 저녁에 봐♡♡♡ 15:59

희 : 그래♡ 15:59

훈 : 사무실에 사과 있어? 티스푼으로 곱게 긁어서 눈에 넣으면 좋아. 그리고 얼음으로 냉찜질해주고. 우리 용접하다 아다리 되면 안약 대신 그렇게 처방하거든. 16:15

희 : 훈아? 20:19

훈 : 응, 어디야? 괜찮아? 20:20

희 : 집. 괜찮지. 딸이 있어서 통화는 안 되겠네. 20:21

훈 : 눈 괜찮은 거야? 걱정됐어. 20:22

희 : 아프단 말을 못하겠네. 모니터 안 보면 괜찮다니까. 20:22

희 : 안과에서는 온찜질하라고 해서 할려고. 20:23

훈 : 얼음찜질 좀 해봐. 눈 양옆에 마사지도 하고… 내가 해주고 싶어도 해줄 수 없으니 미안하고 답답하네. 20:26

희 : 훈이가 왜 미안해… 알았어. 냉찜질할게. 20:27

희 : 밤 맛있었어? 20:29

훈 : 생밤은 별로인데 구워 먹으니까 맛있어. 20:29

희 : 맞아, 군밤이 맛있지. 20:30

희 : 거기는 토마토밭이 있나? 20:31

훈 : 희야, 니가 불편한데 옆에 있을 수가 없으니까 내 맘이 편치 않아서 그래. 어디라도 아프지 마. 20:31

희 : 알았어. 안 아플게. 걱정 안 해도 돼요. 20:33

훈 : 너 아프면 나도 아파. 20:33

희 : 왜 그래? 별거 아닌데… 20:34

훈 : 암튼 어디든 아프지 말아. 알았지? 나도 그럴 거니까. 20:36

희 : 응. 훈아, 웃어. ㅎㅎㅎ 20:36

훈 : 하하하. 좋아요~ 20:37

희 : 토마토밭이 있냐고요? 20:38

훈 : 희야, 진시몬의 "애원"이란 노래 혹시 알아? 20:38

희 : 모르는데요. 20:39

훈 : 토마토밭 있고요. 많아요. 20:39

훈 : 들깨, 고추, 고구마, 인삼, 벼 등등등. 20:40

희 : 밭 천지네요. 애원 노래가 좋아? 20:41

훈 : 차에서 그 노래 배우느라 부르고 있었어. 보내줄게. 들어봐. (진시몬의 "애원" 전송) 20:43

희 : 들었어. 처음 듣는 노래야. 20:48

훈 : 어때? 나도 얼마 전에 안 곡이야. 20:49

희 : 좀 슬프잖아? 신나는 곡을 불러봐. 20:50

훈 : 그렇긴 한데 난 왠지 이런 곡이 와닿아. 이 노래도 배워서 불러줄게. 20:51

희 : 그래, 불러줘. 듣고 싶네. 20:51

희 : 나중에. 20:52

훈 : 신나는 곡? 내 18번 소찬희의 "Tears". 이 노래는 춤추면서 불러줄게. 20:53

훈 : 소찬휘지? 20:54

희 : 그렇게 어려운 곡을 부른다고? 음이 높은데… 20:54

희 : 나도 연습하고 있어. 왁스의 화장을 고치고 알아? 20:55

훈 : 남자 키로 부르면 됩니다. 잘은 못해도… 20:56

훈 : 알지, 나도 좋아하는 곡이야. 20:56

훈 : 같이 불러보자. 나 혼자 불러본 적 있는데 어렵더라. 20:57

희 : 불러본 적 없는데 연습하면 되겠지. 20:58

훈 : 10월에 동미리 뚝방 갔다가 노래방 가야겠네! 안 불러봤니? 그래도 몇 번 따라 부르면 희야는 금방 잘할 거야. 21:00

희 : 노래방 가본 지가 오래돼서 잘 부를지 모르겠네요. 21:02

훈 : 못 부르면 어때요. 우리 끼린데… 21:03

희 : 아, 봄에 중학교 친구들하고 갔었구나. 21:03

훈 : 심사위원도 없는 우리 둘만 있는 노래방인데… 그랬었니? 그럼 10월에 가보자. 21:05

희 : 그래, 갈 곳이 많네. 뚝방, 노래방, 북한산에. 바쁘겠다. 21:06

훈 : 아, 그날이 기다려진다. 21:07

희 : 나도요. 21:07

훈 : 10월에 두 번 만날까 그럼? 나눠서 여러 군데 가게. 21:08

희 : 어떻게 만나야 하나? 21:10

희 : 두 번 만나기가 그런데… 21:12

훈 : 알아, 마음대로 하기가 쉽지 않은 거… 내가 많이 보고 싶어서 그냥 해본 소리니까 넘 맘에 담지 마. 나중에 나중에… 21:15

희 : 우울해지려 해. 21:17

훈 : 미안해, 희야. 우리 즐거운 얘기하자. 울다가 웃으면 거시기에 뭐 난다~ 21:19

희 : 안 웃겨… 21:20

훈 : 나 영구다! 넌 누구니? 21:20

희 : 안 웃긴다고요. ㅋㅋ 21:21

희 : 훈아, 오늘 그만해도 되지? 찜질도 해야 되고, 경비실에서 등기 왔다고 가지러 오라고 하네. 내일 또 하자. 21:24

훈 : 옛날에 훈이하고 희야가 살았었는데 글쎄 둘이… 둘이 말야 동미리 뚝방에서 손잡고 달맞이꽃 보면서 놀았대 글쎄… 21:25

희 : ㅎㅎㅎ 정말 옛날 얘기다. 21:26

훈 : 바보같이 뽀뽀도 못하고… 그러다 35년 만에 사랑을 했드래요. 21:27

희 : 훈아, 재밌어. ㅠㅠ 근데 왠지 슬퍼. 21:28

9/27 (土)

희 : 훈아, 잘 잤어? 일하느라 바쁘지? 오늘도 행복 바이러스가 우리 자기에게 갑니다. 이제 나도 일 시작할 거야. 우리 함께 열심히 일하자♡ 18:35

9/28 (日)

희 : 훈아, 일 끝났니? 17:31

훈 : 막 식당에 왔어. 밥 먹고 할게. 미안♡ 17:32

희 : 8시쯤 할게. 17:47

훈 : 밥 다 먹었어. 간만이네. 별일 없었지, 자기야? 17:48

희 : 벌써 먹었어? 별일 없지. 17:49

훈 : 응, 산책 중이야. 집이야? 17:49

희 : 산책 아까 일찍 하고 왔어. 집이야. 딸이 있어 통화는 힘들겠네. 17:51

훈 : 알았어요. 샤워하고 나면 7시 30분쯤 될 거야. 그쯤 자기가 카톡 해♡ 17:53

희 : 응. 17:53

훈 : 아까 시간을 잘못 봤네. 6시 30분으로 봤네. 다 씻었어. 뭐하세요? 18:28

희 : 훈아? 19:20

훈 : 네. 19:21

희 : 시간 잘못 봤구나. 19:21

훈 : 응, 어제 제사 잘 모셨어? 19:22

희 : 잘했지. 몸이 여기저기 쑤신다. 19:23

훈 : 혼자 애를 너무 많이 썼구나. 내가 마사지를 해줄게. 내일⋯ 19:24

희 : 괜찮아, 마사지할 정도는 아니야. 낼 오는 거야? 19:26

훈 : 그럼, 오후에 형 집에 갔다가 자기 퇴근시간 맞춰서 가 있을게. 19:27

희 : 그래, 우린 월욜에만 만나네. 19:28

훈 : 그러네. 4주 만이네. 19:29

희 : 3주 만인데… 19:29

훈 : 그런가? 19:29

훈 : 무지 오래된 거 같은데 그거밖에 안 됐나? 19:31

희 : 훈이랑 둘이 있는 건 좋은데 거기 들어가는 건 기분이 별로야.
19:31

훈 : 아무래도 낯설고 익숙한 곳이 아니라 그렇지? 19:33

훈 : 근데 딴 사람들 눈에 띄지 않게 둘이 있을 만한 곳이 없잖아?
19:35

희 : 그러게요. 19:37

훈 : 낼 저녁밥 대신 샌드위치 사갈까? 자기 저녁 못 먹고 오게 되잖아?
19:39

훈 : 샌드위치 먹을 거지? 19:40

희 : 먹을게. 작은 걸로… 19:41

훈 : 네, 준비할게요. 19:42

훈 : 알았어, 보고 싶다 자기야. 자기도 보고 싶어? 19:49

희 : 나도 보고 싶지. 그래 내일 만나… 19:51

훈 : 응, 내일 만나. 희야, 미안. 야구 결승전 중계 좀 보고 이따가 다시
해♡ 19:53

희 : 알았어. 19:54

훈 : 희야? 21:56

희 : 응. 21:56

훈 : 넘 오래 기다렸지? 미안. 21:57

희 : 아니야, 울 나라가 이겼지? 21:57

희 : 낼 일은 하는 거야? 21:57

훈 : 응, 오전만. 21:58

희 : 일하고 오려면 힘들겠다. 21:58

훈 : 요즘은 크게 힘든 일 없어서 괜찮아. 21:59

희 : 그래, 아침에 일찍 일어나려면 자야지. 22:01

훈 : 자기 만나는데 힘들게 뭐 있어♡ 22:01

훈 : 희야? 22:03

희 : 응, 왜? 22:03

훈 : 사랑해♡ 22:04

희 : 나도 사랑해♡ 22:04

훈 : 고마워. 잊지 않아서… 22:05

희 : 뭘 잊어? 22:05

훈 : 내가 널 그리워하고 사랑했던 거! 니가 그랬듯이 나도 널 영원히 사랑할 거야. 22:07

희 : 근데 슬프고 힘들어. 22:08

훈 : 희야, 많이 힘들어? 22:09

희 : 응. 22:09

훈 : 내일 만나서 얘기하자, 희야. 22:10

희 : 그래. 22:11

훈 : 희야, 오늘은 이만 자자. 그럼 좋은 꿈 꾸고 내일을 위해서… 내 사랑 희야, 잘 자♡♡ 22:13

희 : 훈이도 잘 자♡♡♡ 22:14

훈 : ♡♡♡ 22:15

9/29 (月)

훈 : 잘 자고 출근 잘했나요? 월요일이라 바쁠 거 같아 안 하려다 했어. 거긴 비 안 와? 여긴 새벽부터 많이 와서 숙소에 있어♡ 10:09

희 : 여긴 비가 그쳤어. 점심 먹었어? 난 밥 먹고 이제 왔어. 13:01

(보이스톡)

훈 : 자기야, 형 집에 도착했어. 퇴근하고 전화해요♡ 14:33

희 : 응. 14:34

희 : 훈아, 잘 도착했어. 집에 잘 갔지? 고마워, 날 사랑해줘서⋯ 행복하다, 훈아♡♡♡ 22:22

훈 : 미안, 이제 봤네. 나도 고마워. 그리고 미안해. 행복하고⋯ 그땐 너무 어렸어. 몰랐던 사랑을 이제야 알겠어. 보잘것없지만 널 위해 남겨둔 내 사랑을 받아줘. 우린 다시 사랑해야 해♡♡♡ 23:16

희 : 훈아, 잘 자♡♡♡ 23:30

9/30 (火)

희 : 훈아, 아직 자니? 너가 시흥에 있다 생각하니 또 보고 싶다. 통화하고 싶어. 08:13

훈 : 잘 잤어? 난 이제 일어났어. 08:39

희 : 푹 잤네. 언제 내려가? 08:40

훈 : 11시쯤. 08:43

희 : 난 이제 출근하려 해. 혼자 있어? 08:44

훈 : 응. 08:44

희 : 훈아, 뭐해? 10:53

훈 : 피곤하지 않아? 아직 형 집이야. 그냥 누워 있어. 10:55

희 : 훈이 피곤해? 충주 가지 마. ㅠㅠ 10:59

훈 : 조금 피곤해. 가지 말고 여기 있으라고? 11:01

희 : 가지 않았으면 좋겠다는 거지… 11:02

훈 : 시흥에 방 하나 얻을까요 마님? 11:03

희 : 그러게나. 11:04

훈 : 그럼 마님 매일 오실 수 있어요? 11:04

희 : 매일 갈게요. 11:05

훈 : 어떤 방이면 좋을까요? 11:06

희 : 아무 방이나 괜찮아요. 11:07

훈 : 원룸이 딱이겠네요. 11:08

희 : 딱이네 원룸이… 11:09

훈 : 근데 난 여기서 무슨 일 하죠? 회사 경비 볼까요? 11:09

희 : 그게 문제네요. 휴~ 11:10

희 : 훈아, 내가 좋아하는 사진 앞으로 빼줘. 뒤로 가면 안 보여. 11:11

훈 : 나중에 전원주택 지으면 그때 마음껏 오세요. 알았어, 앞에 놓을 게. 11:12

훈 : 자기야, 사진 올렸어♡ 11:16

훈 : 잠깐 좀 씻을게. 11:16

희 : 알았어. 훈아, 푹 쉬고 조심해서 내려가. 도착하면 연락해주고…
내 사랑 잘 가요♡♡♡ 11:16

훈 : 자기야, 출발했어. 점심 맛있게 먹어. 도착해서 톡할게♡♡♡
11:47

희 : 운전 조심♡♡ 11:47

훈 : 응. 11:48

훈 : 자기야, 이천에서 점심 먹고 지금 도착했어. 힘내고 일 잘하고 많이 보고 싶다고 힘들어하지 말고 잘 참아내자. 마음도 아프지 말고 몸도 아프지 말고… 남편한테 예전처럼 대해줘. 폰도 숨기지 말고 자유롭게 두고… 겨울까지 편안하게 기다리자. 그때 다시 얼굴 보자, 알았지? 희야, 내 사랑♡♡♡ 14:52

희 : 잘 도착했네. 점심 먹으면서 우울했어. 나 다시 마음 잡고 잘 지낼게. 훈아, 고마워. 잘 쉬어요♡♡♡ 14:58

훈 : 응, 우리 함께 견디며 잘 지내자♡♡♡ 15:01

희 : 사랑해♡♡♡ 15:02

훈 : 나도 희야♡♡♡ 15:03

희 : 훈아, 뭐해? 20:28

훈 : 오늘 잘 보냈어, 자기? 산책했어? 20:30

희 : 응, 잘 보내고 자기가 준 스프레이 갖고 산책 샀나 왔시요. 20:31

훈 : 잘했어. 피곤하지 않아? 20:32

희 : 좀 피곤한데 괜찮아. 자기는 허리 아프지 않아? 20:33

훈 : 내가 마사지 더 해줬어야 했는데… 허리 괜찮아요? 간만에 달맞이
꽃 쓰고 생각 중이었어. 20:35

달맞이꽃 (8)

달맞이꽃이 울었다
늘 달만 바라보며
울고는 있었지만
오늘은 나를 보고 울었다

나는 슬퍼도 슬프지
않은 척
아파도 아프지 않은 척
달맞이꽃을 안아주었다

이젠 울지 말라고
이젠 아프지 말라고

달맞이꽃은 언제 어디나
늘 피어 있을 것이다

바람 찬 겨울에도

시들지 않고

내 곁에 피어 있을 것이다 20:36

훈 : 희야? 22:39

희 : 응. 22:39

훈 : 읽었어? 22:40

희 : 읽었지. 잘 썼어. 22:40

희 : 맘이 통했어. 22:40

훈 : 좀 우울한가? 22:41

희 : 아니, 난 위로가 되는데. 22:41

희 : 요즘 시를 안 쓴다고 생각했는데… 22:43

훈 : 그래? 고마워. 와서 누워 있으려니 떠올랐어. 시라고 할 건 없고 그저 끄적거리는 거지 뭐. 22:44

희 : 어제 허리 아프다고 했는데 정말 괜찮아? 근데 달맞이꽃은 나야? 22:46

훈 : 허리 괜찮아요. 아니요~ 당신이 달이고 내가 달맞이꽃이지. 때로는 내가 달이고 당신이 달맞이꽃이지. 우린 달이면서 달맞이꽃이야. 22:50

훈 : 우리는 서로의 달맞이꽃이야. 난 그렇게 생각하며 살 거야♡ 22:55

희 : 그렇구나. 나도 그렇게 생각하며 살게. 훈이가 설마 운 건 아니지?

22:56

훈 : 용감하게 참았어. 울지 않으려고… 약해지지 않으려고… 22:58

희 : 훈이 보면서 생각했어. 나보다 한참 어른 같다고. 내가 좀 참아야 하는데 너를 맘 아프게 한 거 같아 미안해… 23:01

훈 : 그래서 달맞이꽃을 계속 쓸 거야. 자기 아니 당신을 위해서, 당신을 잊지 않기 위해서… 우리가 그리워했던 35년 세월을 잊지 않기 위해서라도 달맞이꽃을 써야 해. 23:02

희 : 훈아 훈아, 그리운 훈아, 내가 계속 영원히 읽을 거야. 너를 생각하며 읽을 거야. 23:06

훈 : 어떨 땐 나 땜에 힘들어하는 당신 생각하면 내가 이러면 안 되는데 그러다가도 또 당신이 보고 싶어 그리워지면 나도 어쩔 수 없이 널 찾고 널 부르게 돼. 달맞이꽃이 그래서 내가 가는 곳마다 있는 거 같아. 23:08

희 : 힘들다고 해서 미안해. 내가 참아볼게. 23:12

희 : 훈아? 23:16

훈 : 친구한테 전화 와서 통화했어, 희야. 23:20

희 : 깜짝 놀랐어. 23:21

훈 : 나도 놀랬어. 23:22

희 : 넌 왜 놀래? 23:23

훈 : 자기한테 진지하게 톡하고 있는데 전화가 와서 김샜어. 23:23

희 : ㅎㅎ 난 우는 줄 알았다. 23:24

훈 : 사실 울었어. 울었다기보다 그냥 눈물이 저절로 흘렀어. 23:26

훈 : 혼자 있어? 23:28

희 : 내가 그럴 줄 알았다. 내 맘이 아프다. 힘들지만 잘 참을게. 혼자 있어. 23:28

훈 : 잠깐 나가서 전화할게. 23:29

희 : 훈아, 차 안이야? 23:12

10/1 (水) ─────────────

훈 : 자기야, 좋은 아침! 잘 자고 출근 잘했어요? 아침에 떠올라서 써봤어. 오늘도 우리 행복하자♡♡♡ 09:03

달맞이꽃 (9)

나 어릴 적 달맞이꽃은

첫사랑을 기억해야 할

추억의 꽃이었다

나이가 조금 들었을 때

나에게 달맞이꽃은

보고 싶어도 보이지 않는

그리움의 꽃이었다

세월이 흘러 오십이 넘은 지금

나에게 달맞이꽃은

죽을 때까지 잊을 수 없는

사랑의 꽃이 되었다 09:03

희 : 간만에 푹 잘 자고 출근 잘했어. 잘 읽었어. 자기 마음이 그대로 보이네. 오늘도 함께 행복할 거야♡♡ 09:10

훈 : 자기야, 밥 맛있게 먹어. 뽀뽀해줄게♡♡ 11:59

희 : ㅎㅎ 자기도 뽀~ 오늘도 함께해요♡♡ 12:14

희 : 훈아? 20:45

훈 : 응, 자기야. 20:47

희 : 좀 늦었지? 반찬 하느라고… 오늘 일 잘했어? 20:47

훈 : 산책은 했어? 반찬 하느라 팔이 아프겠네? 20:49

희 : 산책했지. 팔은 괜찮아. 20:50

훈 : 주물주물 마사지~ 마사지~ 자기 팔 주무르고 있어. 아프지 말고 저리지 말라고… 20:52

희 : 이젠 안 아픈데. ㅎㅎ 자긴 괜찮아? 20:53

훈 : 그럼, 난 아픈 데 없지요. 자기만 아프지 않으면 난 괜찮아. 20:58

희 : 3일에 경주 간다고 했나? 20:58

훈 : 응. 20:58

훈 : 희야? 20:58

희 : 응. 20:59

훈 : 내가 경주 가도 희야는 내 가슴속에 자리 잡고 있잖아. 21:00

희 : 알고 있어. 거기서도 일과는 똑같아? 21:02

훈 : 지금보다 멀어져도 우린 더 가까워지는 거. 21:02

훈 : 보고 싶다. 희야, 사랑해♡ 21:05

훈 : 내가 너보다 더 바보인가 봐. 그치? 21:06

희 : 나도야 훈아, 보고 싶어. 왜 자꾸 바보라 그래? 21:08

훈 : 내가 먼저 자기한테 인내하고 평정심 잃지 말라고 하면서 자기 앞에서 눈물 보이고 약하게 보여서… 21:10

훈 : 근데 달맞이꽃 생각하면 마음이 달라져. 마음이 약해지다가도 정신이 바짝 들어. 21:15

희 : 그럴 수도 있는 거지. 바보라서 그런 건 아니에요. 딸이 갑자기 방에서 나와서 깜짝 놀랐네. 21:15

희 : 오늘 달맞이꽃은 내 맘에 쏘~옥 들어왔어. 21:16

훈 : 딸이 있었구나. 괜찮아? 정말? 21:16

희 : 제일 잘 쓴 거 같아. 21:17

훈 : 쑥스럽구만. 고마워요♡ 21:19

희 : 내일도 일해요? 21:20

훈 : 자기 맘에 젤 와닿았어? 21:20

희 : 응, 4편하고… 21:22

훈 : 4편? 뭐였지? 자기가 말해줘. 21:23

희 : (달맞이꽃 4 전송) 21:24

달맞이꽃 (4)

첫사랑을 만났을 때

달맞이꽃은

유난히도 예뻤었다

계절이 서른다섯 번

바뀌고 난 후

충주에서 본 달맞이꽃은

예전과 다름없이

예쁠 따름이었다

그렇게 35년을 달맞이꽃은

지지 않고 예쁘게

피어 있었다

희 : 어제 것도 좋았어. 21:24

훈 : 와우~ 누가 썼는지 정말 좋아. 잘 썼네. ㅎㅎ 21:25

희 : 누가 쓰긴요… 내 님이 썼지요. 21:26

희 : 난 한 편도 못 쓰는데 자기는 아홉 개나 쓰니 멋져요. 21:26

훈 : 그렇게 지지 않고 예쁘게 피어 있었어. 35년 동안… 내 곁에서…
아니 내가 당신 곁에서 바보같이 서 있었어… 근데 이젠 난 바보

같지 않아. 자기 손을 잡았고, 자기를 안았고, 자기를 온전히 사랑했으니까. 당신을 내 안에, 내 숨결 속에 품었으니까. 21:33

희 : 훈아, 사랑해♡ 내가 힘들어도 날 도와줘. 21:38

훈 : 자기가 못 쓰는 게 아냐. 희야는 그냥 마음으로, 눈빛으로 날 보는 것만으로도 날 행복하게 하니까 난 그것으로 좋아. 21:39

훈 : 나도 사랑해♡ 21:42

희 : 훈이 피곤해? 21:45

훈 : 아니, 왜? 21:45

훈 : 자기 사진 봤어. 21:46

희 : 어떤 사진? 21:46

훈 : 우리 깍지 낀 사진. 21:47

희 : ㅎㅎ 갤러리에 내 사진 꽤 많겠다. 21:48

훈 : 많지요. 근데 더 많아야 해. 갤러리 찰려면 아직 멀었어. 21:50

훈 : (깍지 낀 사진 1컷 전송) 21:50

훈 : 두 방 찍었는데 그중 하나 젤 잘 나온 겁니다. 보관하기 어려우면 보고 지우세요. 21:53

희 : 아유~ 깜짝! 지금 자기 손잡고 있는 거 같아. 21:53

희 : 내 손이 더 커 보여. 21:54

훈 : 난 계속 자기 손잡고 있는데! 자기 많이 크고 날 더 사랑하니까. 21:56

희 : 잉~ 내 손이 자기 손 안에 폭 파묻혀야 하는데 내 손을 크게 찍었어. 21:58

훈 : 아니야. 이게 더 극적이고 아름다운 거야. 우리가 일체가 된 모습이야. 단지 자기 손이 뒤로 보였을 뿐이야. 우리가 합체된 모양 넘 아름다워. 22:02

희 : 자긴 모든 게 긍정 대마왕. 22:03

훈 : 담엔 내 손등이 앞에 오게 찍어보자. 그럼 색다른 모습이 나오겠지? 22:04

희 : 대마왕은 어떤 모습일까요? 22:06

훈 : 대마왕? 왕은 왕이네~ 그럼 자기는 대마왕비네. 22:06

희 : ㅎㅎ 어떤 모습인지 생각 안 해봤는데… 왕비? 생각만 해도 좋은데… 22:07

희 : 훈아? 22:08

훈 : 응. 22:08

희 : 나 졸려. 22:08

희 : 씻지도 않았어. 22:09

희 : 씻고 나면 잠이 깰 텐데… 씻고 나서 다시 할까? 22:10

훈 : 내가 재워줄게. 알았어. 얼릉 씻고 자. 내 꿈 꾸면서. 나도 자기 꿈 꿀게. 22:10

희 : 알았어. 자기야, 잘 자♡♡ 22:11

훈 : 응, 잘 자. 안고 뽀뽀해줄게♡♡ 씻고 나서 잠 안 오면 뽀뽀해줘. 22:14

희 : ♡♡♡ 22:51

10/4 (土)

희 : 훈아, 어디야? 20:14

훈 : 난 여기 신안군 압해도에 와서 저녁 먹고 방 청소하고 씻고 나왔어 ♡ 20:21

희 : 압해도면 섬이야? 20:24

희 : 얼마나 들어가? 20:25

훈 : 목포 바로 건너편 섬인데 지금은 다리가 연결돼서 목포에서 차로 15분 정도 거리야. 20:25

희 : 아, 그렇구나. 형님하고 친구도 있어? 20:26

훈 : 아니, 충주서 룸메이트했던 형님은 경주에 남았고, 어제 오셨던 형님은 다시 충주로 갔고, 친구는 내일 내려올 거야. 목포에서 찍은 압해대교 모습이야. 20:28

훈 : (노을 지는 압해대교 사진 3컷 전송) 20:29

희 : 멋지네. 20:30

훈 : 근사하지? 집이지? 누가 있나? 20:31

희 : 내가 나가서 전화할게. 20:33

훈 : 알았어, 나도 살 게 있어서 마트 가야 돼. 쫌 멀어~ 20:34

희 : (좀전에 보낸 사진 클로즈업해서 다시 전송) 21:04

훈 : 뽀뽀했어 ♡ 21:06

희 : 들어왔어. 21:24

훈 : 날 보면서 활짝 웃는 거 같아. 21:26

훈 : 옷도 예쁘네, 자기. 21:28

희 : 자기 보면서 웃는 거야. 자기 생각했거든. 중학교 때 ○○중학교 보면서 훈이 생각했던 생각하면서… 21:28

훈 : 그랬지? 나도 내려오면서 산에 잘 갔을까? 친구들하고 즐겁겠지? 내 생각하고 있겠지? 그런 생각하며 왔어. 21:30

희 : 훈아, 멀리 갔더라도 내가 있으니 힘내야 돼. 21:33

훈 : 알아, 고마워. 힘낼게. 난 긍정 대마왕이잖아? ㅋㅋ 자기가 있는 한 건강하고 더 열심히 일할 거야. 21:35

희 : 맞아, 긍정 대마왕. 아이들이 많이 쓰는 말이야. 자기는 잘할 거야. 21:37

훈 : 왕비님, 자기도 나 보고 싶어도 조금만 참아. 겨울에 볼 거니까. 추우면 더 꽉 안을 수 있잖아? 오래도록 떨어지지 않고… 21:38

희 : 네, 기다릴게요. 12월을… 21:40

훈 : 12월은 금방 돌아와. 나도 잘 참고 있을게요. 압해대교 건너서는 달맞이꽃을 못 봤어. 바닷가라 그런가 원래… 21:42

희 : 이제 질 때가 아닌가? 아쉬워도 내년이면 다시 필 테니… 21:45

훈 : 그렇겠지. 내일 차 타고 압해도를 돌아봐야겠어. 처음 와본 섬이고, 어떤 곳인지 둘러보고 싶어. 그러다 풍광 좋은 곳 있으면 사진도 찍고 사색하고 싶어. 자기가 옆에 있다 생각하면서… 21:48

희 : 그래, 한 번 둘러봐. 그 대신 바닷물 조심하고… 나중에 같이 가볼 날이 있었으면 좋겠다. 21:51

희 : 그럼, 여기가 아니더라도 자기하고 가보고 싶은 데가 너무 많아. 같이 먹고 싶은 것도 많고. 그런 편한 시절이 우리에게 언제나 오

러나? 21:56

희 : 언제 올지는 모르겠지만 그런 날이 왔으면… 21:59

훈 : 설령 오지 않더라도 실망하거나 아쉬워 말자. 혹시 잠깐 잠깐 얼굴 보는 것이 우리의 사랑이라면 그렇게 받아들여야지. 그것만으로도 난 충분히 행복할 수 있어. 죽을 때까지 잠시라도 당신만 볼 수 있다면… 22:03

훈 : 사랑해, 희야♡ 22:09

희 : 훈이가 그렇게 생각한다면 나도 그렇게 받아들일 거야. 훈이하고 작은 일에도 행복해할 거야. 사랑해♡ 22:11

훈 : 내가 늙고 당신도 늙고 우리가 언젠가 할배, 할매가 되겠지. 세월이 우리를 늙게 하겠지만 우리의 마음과 사랑은 세월도 어쩌지 못할 거야. 자기 자신 있지? 우리 사랑 영원히 간직하고 나눌 수 있다는 거? 22:16

훈 : 자기야, 졸리면 말해. 22:20

희 : 우리 사랑 영원히 간직하고 나눌 수 있을 거야. 그 대신 내가 힘들어할 때 자기가 날 도와줄 수 있지? 22:21

훈 : 어떨 때를 말하는 거야? 22:23

희 : 마음이 힘들 때… 22:23

훈 : 내가 당신 몸과 마음을 위로해주고 지켜줘야지. 왕비님! 건강하고, 왕비는 죽을 때까지 보필할 호위무사가 있으니까 걱정 마세요♡ 22:27

희 : 고마워요. 혼자 자는 거야? 22:28

훈 : 고맙긴요~ 아니요. 여자하고요. 22:30

희 : ㅎㅎ 자기는 센스도 있어. 22:31

훈 : 질투하지 마세요. 요렇게 생긴 여자하고 사랑을 나눌 거니까. 22:33

훈 : (클로즈업한 사진에 하트 넣고 뽀샵한 사진 전송) 22:34

희 : 또 시작이에요. ㅋㅋ 22:35

훈 : 자기가 혼자 자냐고 물어봐서 난 대답을 했을 뿐이에요. 22:37

희 : (북한산과 아파트가 보이는 사진 1컷 전송) 22:37

훈 : 누군지 디게 이쁘지? 22:38

훈 : 아파트만 없으면 경치가 더 좋으련만… 22:39

희 : 실물보단 별로인데요. 맞아, 북한산 멋있지? 22:40

훈 : 맞아, 실물이 훨 이뻐. 내가 죽을 때까지 껴안고 잘 사람 이름… 사랑해, 달맞이꽃 희야♡ 22:43

희 : 귀여운 훈이, 어렸을 적 날 보며 웃어주던 그 모습 잊지 못해… 사랑해요♡♡♡ 22:47

훈 : 사랑해♡♡ 자기 자야겠다. 그치? 22:49

희 : 자기도 졸립지? 22:49

훈 : 자기도 날 보며 쑥스러워하면서도 많이 웃어줬어. 자기 하얀 얼굴 웃는 얼굴에 반해서 지금까지 당신을 사랑하는 거야. 22:52

훈 : 희야? 22:55

희 : 앞으로도 많이 웃을 거야. 주름이 보여도 싫어하지 말고… 자기도 많이 웃어야 돼. 22:55

희 : 응? 졸립다고? 22:55

훈 : 아니, 자기 졸립잖아요? 22:56

희 : 참을 만해. 22:56

훈 : 그럼 좀 더 할까? 22:56

희 : 응. 22:56

훈 : 사랑해. 뽀뽀. 22:57

희 : 뽀~ 22:57

희 : 자기야? 22:59

훈 : 당신은 날 사랑하는 희야, 난 희야를 사랑하는 훈이고… 응? 22:59

희 : 딸한테 전화 좀 하고 있어? 23:00

훈 : 가끔 통화해. 23:01

희 : 그래, 자기가 카톡하면서 자주 연락해. 23:02

훈 : 응, 자기야? 23:04

희 : 왜요? 23:04

훈 : 지금 자기 얼굴 보고 싶은데 보여주면 안 될까? 23:05

희 : 어떻게? 23:06

희 : 나 지금 얼굴이 엉망이야. 23:07

훈 : 사진밖에 안 되잖아? 사진으로라도 지금 모습 보고 싶어. 23:07

훈 : 자기는 화장 안 한 얼굴이 더 이뻐. 23:09

희 : 훈아, 미안해. 아까 사진도 화장 거의 안 한 거야. 23:10

훈 : 알고 있어요. 23:11

희 : 지금은 눈도 반쯤 감겨 있어. 다른 날 보낼게. 23:13

훈 : 알았어요. 그럼 자기야, 푹 자. 나도 잘게♡♡♡ 23:14

희 : ㅎㅎ 잘 잘게. 자기도 잘 자요♡♡♡ 23:16

10/8 (水)

희 : 훈아, 오늘 바빴나 보네. 저녁 맛있게 먹어♡ 17:09

훈 : 당신 피곤하지 않았어? 조금 바빴어요~ 이제 끝나고 배 기다리고 있어. 당신 산책 다녀와서 시간 되면 통화하자. 목소리 듣고 싶어 ♡♡♡ 17:34

희 : 갔다 와서 전화할게. 17:36

훈 : 알았어. 지금 배 타고 출발합니데이♡ 17:43

희 : 차 안이야? 21:24

훈 : 아니, 들어왔어. 21:25

훈 : 아들은 나갔어? 21:26

희 : 이제 나가려 해. 21:27

훈 : 배웅해줘야지. 21:27

희 : 알았어. 카톡하지 마? 21:29

훈 : 아니요. 뭔 말씀을. 21:29

희 : 훈아, 친구는 자니? 21:38

훈 : 안 자요. TV가 안 나와서 각자 스마트폰 생활 중이야. 21:40

훈 : 아들 나갔나 보지? 21:42

희 : 응, 나갔어. 딸은 방에 있고… 21:42

희 : 낼모레가 우리 데이트하기로 한 날이었는데… 아쉽다. 그치? 21:44

훈 : 올라가오리까 마님? 21:44

희 : 올라오지도 못할 것을… 21:45

훈 : 보고 싶어 미치겠지만 상황이 어쩔 수 없네. 참고 기다릴 수밖에… 21:49

희 : 그래, 할 수 없지. 참을 수밖에요. 안 졸려요? 21:52

희 : 훈아, 왜 답을 안 해? 화났어? 21:59

훈 : 아직이요. 내가 처음 토목일 시작한 게 전남 부안의 위도라는 섬이었다는 얘기했었지? 그곳에서 삶과 죽음의 기로에 서 있을 때 당신이 그립고 보고 싶고 정말 미칠 지경이었어. 여러 가지 복잡한 사정들이 내가 살 수 있었던 이유였지만 당신을 다시 못 보고 죽는다는 게 너무 서글프고 아쉬워서 죽지 못한 이유도 있었어. 5년의 세월이 흐르고 당신을 만나고 다시 전라도의 섬에 오니까 감회가 새로워. 당신 만난 게 넘 행복하고 여보라고 부를 수 있어서 꿈만 같고 좋아♡ 21:59

훈 : 화날 이유가 없죠~ 긴 글 쓰느라 쪼까 늦었당게요. 22:02

희 : 정말이야? 그때부터 날 보고 싶었어? 당신 생각하면 내 가슴이 싸~ 하다. 마음이 아퍼. 22:06

10/12 (日)

희 : 훈아, 안녕~ 일 살했어? 섬심 맛있게 먹어. 오후노 즐섭시 일해요♡ 12:00

훈 : 응, 밥 먹고 할게요♡ 12:01

훈 : 자긴 밥 먹었어? 12:19

희 : 먹으려고. 12:22

희 : 아침을 늦게 먹어서. 12:23

희 : 밥 맛있게 먹었어? 12:24

훈 : 식당 음식 잘하네. 내 입맛에 맞아. 12:28

희 : 잘 됐네. 점심시간 몇 시까지? 12:29

훈 : 내일 전국적으로 비 온대. 여긴 많이 온대. 비 와서 일 못하면 당신 더 보고 싶을 텐데 사진이라도 보내줘♡ 12:29

희 : 비 온대? 일은 괜찮아? 12:30

훈 : 1시까지… 근데 여긴 마땅히 쉴 곳이 없네. 12:30

훈 : 별로 힘든 일 아냐. 12:31

희 : 좀이라도 쉬어야 할 텐데… 12:31

훈 : 이제 시작된 현장이라 미비한 게 많네. 근로자 휴게실을 제일 먼저 갖춰야 하는데 아직 없어. 12:33

희 : 처음 시작이라 그렇구나. 점점 좋아지겠지… 12:35

훈 : 응, 사진하고 노래 녹음해서 보내주면 안 될까요? 마님♡ 12:35

희 : 알았어. 조금이라도 쉬어요. 12:36

훈 : 알았어. 저녁에 봐요♡♡♡ 12:38

희 : 응♡♡♡ 12:39

희 : ("화장을 고치고" 녹음한 거 전송) 17:14

훈 : 녹음했구나? 일 끝나고 밥 먹고 숙소 가고 있어. 가서 들을게. 집에 혼자 있어? 17:16

희 : 응, 못 불러도 잘 들어줘. ㅋ 17:17

희 : (코 약간 빨간 사진 1컷 전송) 17:18

훈 : 숙소까지 10분쯤 걸려. 노래 듣고 전화할게♡ 17:19

훈 : 자기야, 코가 빨개 보여. 타서 그런가? 17:24

희 : 어제 땡볕에서 걸어서 탔나봐. 17:26

훈 : 하얀 이쁜 얼굴이 타서 우야노~ 17:27

희 : 괜찮아, 탄 얼굴이 건강해 보여. 17:29

훈 : 너무 환상적이야. 노래 반주에 맞춰 부르면 죽이겠는데요! 끝에 "훈아 사랑해" 멘트는 더 환상적이야. 감동 먹었어. 자기야, 고마워. 나도 당신 무지 사랑하는 거 알지? 당신은 얼굴 나처럼 태우지 마. 당신은 하얀 얼굴이 매력이야♡ 17:49

희 : 괜찮았어? 고마워. 17:54

훈 : 좋아~ 아주 좋아요~ 담에 만날 땐 노래방을 꼭 가서 제대로 들어야겠어. 나도 내 노래 들려주고. 17:56

희 : 오늘 빨리 끝났어? 17:57

훈 : 응, 여긴 좀 빨리 끝나네. 4시 40분쯤 끝내고 정리정돈하고 식당 가면 5시야. 17:58

훈 : 산책은? 저녁 안 먹었지? 17:59

희 : 지금 야채 주스 먹고 산책 가려고. 17:59

훈 : 그럼 나중에 통화할까? 룸메이트 두 사람은 씻고 나면 집에 갈 거야. 낼 비 온다고… 그럼 나 혼자야. 오늘은 독수공방이야. 이럴 때 당신이 옆에 있으면 얼마나 좋을까나… 18:02

희 : 그분들은 집이 부산인가봐. 어쩌냐? 나중에 산책 갔다 오면서 전화할게. 18:04

훈 : 응, 알았어. 한 사람 나오면 나 씻을 차례야. 조심해서 다녀와요♡ 18:05

희 : 네, 스프레이 있잖아? 18:07

훈 : 그렇지! 어떤 놈이고 우리 희야 건드리면 다 죽어. 18:08

희 : ㅎㅎㅎ 18:09

훈 : 희야♡ 22:30

희 : 응, 잘 만나고 왔어? 22:31

훈 : 응, 잘 만나고 숙소에 왔어. 딸래미 왔어? 22:32

희 : 왔지. 22:32

훈 : 내 사랑은 뭐하고 계셨나요? 22:33

희 : 테레비… 중장년 취업시켜 주는 프로를 보는데 힘들게 사는 사람들이 많네요. 22:35

훈 : 내 일자리 알아보려구요? 22:36

희 : 그냥 보는 겁니다요. 22:38

훈 : 그랬어요? 당신 내일 일하려면 자야 되는구나. 졸립지 않아? 22:38

희 : 아직은… 자기는? 22:39

훈 : 그럼 11시까지 할까? 22:40

희 : 그래. 22:40

훈 : 보고 싶어요♡ 22:40

희 : 나도요. 22:40

훈 : 뽀뽀해줘요♡♡ 22:41

희 : ♡♡♡ 22:41

훈 : 아, 달콤해라. 22:42

희 : 정말이요? 22:43

훈 : 그럼, 자기 입술 느낌이 팍 왔어. 달콤하게~ 자기야, 우리 혹시 주책인가? 22:46

희 : 아니, 남이 알면 그러겠지. ㅋ 22:46

희 : 술 마셨어? 22:47

훈 : 남들은 아마도 그러겠지. 한 병이요. 22:47

희 : 기분이 좋겠네. 22:48

훈 : 적당한 상태~ 당신하고 사랑 이야기 나누니까 기분이 업돼서 흥분됩니다요♡ 22:49

희 : 자야 될 시간에 흥분되면 안 되는데… 22:50

훈 : 그럼 당신 더 꽉 껴안고 자면 되지. 죽을 때까지 안 떨어지게… 22:51

희 : 그렇게 해서 안 떨어질 수 있다면 수백 번을 꽉 껴안고 있겠어. 22:55

훈 : 당신 마음도 그렇지? 우리 마음과 가슴으로는 죽을 때까지 떨어지지 말자. 22:57

희 : 그래, 훈이가 내 곁에 있다고 생각하니 든든해. 22:59

훈 : 나도 당신이 내 곁에 있어서 말할 수 없이 행복해. 언제까지나 당

신 곁에 내가 있을게. 사랑해♡ 23:01

훈 : 이제 자, 여보. 내가 재워줄게♡ 23:02

희 : 자기 졸려? 어떻게 재워줄 건데? 23:03

훈 : 나한테 안기는 상상을 해봐. 그럼 난 당신을 안는 생각을 할 거야. 그럼 교감이 돼서 서로 안고 있는 게 되는 거야. 그러면 사랑하는 사람 품에 안겨 잘 잘 수 있어. 23:06

희 : ㅎㅎ 매일 생각해. 잘 때도… 지금 안 졸린데. 23:07

훈 : 더 할 수 있어? 23:08

희 : 당신만 괜찮다면… 23:08

훈 : 난 좋지요~ 그럼 지금부턴 뽀뽀를 해볼까요~ 찐하고 달콤하게♡♡♡ 23:10

희 : 아까 했잖아? 안아줘. 23:11

훈 : (토끼가 안는 큰 이모티콘 전송) 이거 맞나? 23:12

희 : ㅎㅎㅎ 맞아요. 23:12

훈 : 더 멋있는 거 없나? 23:13

희 : 더 멋있는 건 돈 주고 사야 돼요. 23:14

희 : 지금 비 와? 23:14

훈 : 네, 비 와요. 23:15

훈 : 거기는? 23:15

희 : 안 오지. 23:15

훈 : 빗물 타고 시흥으로 갈거나? 23:16

희 : 자기하고 같이 자면 얼마나 행복할까나? 23:16

희 : 자기가 내 이불도 잘 덮어주겠지? 23:17

훈 : 그럼 당근이지! 11월에 만나면 그러자. 23:18

희 : 잘 수는 없잖아? 23:19

훈 : 아니, 밤새워 자는 게 아니고 당신 월차 내고 출근하듯이 오고, 난 새벽에 서울 도착해서 자고 있으면 당신이 와서 같이 자다가 저녁에 당신은 집에 가면 돼. 23:21

희 : 그럼 하루종일 모텔에서? 23:22

훈 : 그렇지 않으면 둘이 거리를 활보할 수도 없잖아? 23:23

희 : 그건 나중에 생각하고 11월에 올 수 있어? 23:25

훈 : 응, 올라갈게. 23:26

훈 : 날짜는 당신이 정해. 23:26

희 : 넘 무리하지 말고 12월에 와. 멀어서 안 돼. 23:27

훈 : 일단 11월 접어들면 다시 생각하자. 근데 난 11월에 가고 싶어. 23:29

희 : 알았어, 다시 생각해. 근데 훈이 주소는 어디에 있는지 물어봐도 돼? 23:31

훈 : 주소? 내 주민등록상 주소? 23:32

희 : 응. 23:32

훈 : 5년 전 이 일 시작하게 되면서 동서 형님한테 부탁해서 거기로 해 놨어. 왜 궁금해? 23:34

희 : 응, 동서 형님이면 부인 언니네? 23:35

훈 : 응. 23:35

희 : 갑자기 생각나서 물어본 거야. 23:36

훈 : 그랬구나. 그땐 채권자들 하며 각종 압류 우편물 때문에 어디다 부탁할 데가 없었어. 동서하고 처형한테 신세 진 거는 평생 갚아야 돼. 23:39

희 : 또 궁금한 게 있는데 그건 나중에 물어볼게. 나 이제 잘게. 23:41

훈 : 지금 물어봐. 내가 궁금하네. 23:42

희 : 자기 집안 경제를 힘들게 한 이유 말하기 싫으면 안 해도 되고요. 23:44

훈 : 아, 그 일~ 카톡으로 넘 긴 얘기야. 만나서 얘기하자. 그 얘긴. 23:45

훈 : 이제 우리 자자. 당신 자야지? 23:46

희 : 응, 알았어. 내가 물어본 거 기분 안 좋은 거 아냐? 23:47

훈 : 아니, 괜찮아. 23:47

희 : 나 잘게. 자기도 잘 자요♡♡♡ 23:48

훈 : 응, 잘 자. 편하게. 내가 안아줄게. 사랑해♡♡♡ 23:50

10/14 (火)

훈 : 굿모닝! 내 사랑 잘 자고 나왔나요? 오늘 날씨가 너무 좋다. 상쾌해. 낮엔 쫌 더울 거 같기도 하고… 열심히 일하고 행복합시다. 수고해♡♡♡ 09:06

희 : 안녕? 점심 맛있게 먹었어? 난 좀 바빴어. 여긴 아침에 추웠는데 지금은 따뜻하네. 오후도 잘 보내, 훈아♡♡♡ 12:55

훈 : 맛있게 먹었구나! 여기도 일하기 딱 좋은 햇볕에 알맞은 바람이 좋아. 이제 일할게. 자기도 수고해♡♡♡ 12:58

희 : 훈아, 잘 지냈지? 요즘 날씨가 청명해서 기분이 아주 상쾌해. 어제부터 전화가 많이 와서 좀 바쁘게 일했어. 짬짬이 당신 생각도 하면서… 근데 부산에서 일할 때도 발을 다쳤었구나. 얼마나 아팠을까? 넘 안됐어. 이젠 절대 다치지 마, 알았지? 20:22

훈 : 알았어. 다치지 않을게. 고마워, 내 사랑. 당신밖에 없네. 이젠 나에게… 20:43

희 : 뭐했어요? 20:46

훈 : 나 신고식 했어. 족발 두 개, 소주 10병 먹었어. 20:47

희 : 뭐? 20:48

희 : 소주 10병 혼자서? 20:48

훈 : 12명이 먹었어. 2차 가자는 거 난 안 가고 있는 거야. 20:49

훈 : 지금 계속 전화 온다. 나오라고. 20:50

훈 : 우야면 좋겠노? 자기야. 20:51

희 : 어떡할 건데? 가지 마. 20:51

훈 : 안 나갈 거야. 당신하고 톡해야 되는데… 친구한테 전화 와서 통화하느라 늦었어, 미안. 21:10

훈 : 사랑해. 21:12

희 : 고마워. 21:12

희 : 술 많이 먹어 어떡해? 21:12

희 : 속은 괜찮아? 21:13

훈 : 당신도 나 무지 사랑하지? 당신과 얘기하려고 안 나갔어. 21:14

훈 : 응. 21:14

희 : 당신 무지 사랑해요. 고마워요. 21:15

훈 : 나도 고마워♡ 21:16

희 : 낼은 더 춥대요. 21:17

훈 : 춥지 않게 내가 당신 안아줄게♡ 21:18

희 : 당신하고 처음 연락한 게 봄이잖아? 이젠 훈이하고 사계절을 다 느끼겠구나. 21:19

훈 : 그럼, 앞으로 늘 우리 사랑하면서 세월을 음미할 거야. 영원히… 자기야, 통화돼? 21:22

희 : 나가야 돼요. 21:22

희 : 할 얘기 있어요? 21:23

훈 : 당신 목소리 듣고 싶어서. 근데 추우니까 나가지 마. 21:25

희 : 오늘 저녁에 어디 갔다 오느라 좀 떨었거든. 내일은 통화하자. 21:28

훈 : 오케이! 알았어요. 낼 목소리 듣자. 당신, 잘 자. 나도 잘게. 사랑해♡♡♡ 21:32

희 : 오늘 일찍 자네. 자기 2차 나가려는 거 아니야? 21:33

훈 : 나간 사람들 벌써 들어왔어. 2차도 아닌데 괜히 법석들 떨었어. 21:35

희 : ㅎㅎ 알았어요. 잘 자♡♡♡ 21:36

훈 : 희야♡ 21:36

희 : 응. 21:36

훈 : 사랑해♡ 당신도 나랑 함께할 수 있지? 21:37

희 : 나도 사랑해요. 근데 뭘 함께해요? 21:39

훈 : 죽음이 우리를 갈라놓을 때까지… 21:41

희 : 어제 말했잖아? 영원히… 죽음이란 말은 하지 마. 무서워… 21:42

훈 : 알았어요. 21:48

10/16 (水)

훈 : 자기야, 안녕! 또 밝은 태양이 웃으며 떴네. 오늘은 당신 스트레스 받는 일 없기를 기도할게. 오늘도 활기차게 보내고 행복합시다. 사랑해요♡♡♡ 09:10

희 : 오전에 바빠서 답장도 못했네. 난 밥 먹고 있어. 점심 맛있게 먹고 오후도 잘 지내♡♡♡ 12:23

희 : 훈아, 이 가을이 가는 게 아쉽네. 걸어오는 길을 보니 제법 단풍이 많이 물들었어. 넘 이쁘다. 훈이도 잠깐이라도 주위를 둘러보며 가을을 만끽해요♡ 12:45

훈 : 점심이 늦었네. 단풍이라? 단풍보다 난 당신 얼굴 보는 게 더 좋아. 당신 가슴에 물들고 싶어. 저녁엔 팀원들하고 전어 먹기로 했어. 전어철이잖아? 당신하고도 먹어야 되는데 아쉽다. 내 사랑, 오후에도 슬겁게 행복합시다♡♡♡ 12:52

희 : 훈아, 전어 맛있었어? 20:54

훈 : 미안해, 나만 먹어서. 자기, 집이야? 20:56

희 : 응. 20:56

희 : 술도 한 잔 했겠네? 20:57

훈 : 응, 당신 노래 듣고 있었어. 20:57

훈 : 희야? 20:59

희 : 왜요? 20:59

훈 : 사랑해요. 21:00

희 : 우리는 하루에 사랑해요 진짜 많이 한다. 그치? ㅎㅎ 21:01

훈 : 당근! 매일 매일 해도 모자라지요~ 21:02

훈 : 희야, 나 쫌 취했어. 미안해. 21:03

희 : 그래, 많이 마셨구나. 얼만큼 마신 거야? 21:05

훈 : 당신 또렷이 기억할 만큼… 우리 하루라도 사랑하지 않으면 안 되잖아? 당신 노래 듣고 얼굴 보니까 행복해♡ 21:07

희 : 술을 자주 많이 마시는 거 같아서 걱정된다. 21:08

훈 : 당신 걱정할 정도는 아니야. 21:09

훈 : 희야♡ 21:11

희 : 응. 21:11

훈 : 나 건강하고 튼실하니까 넘 걱정 마. 21:12

희 : 그래. 21:13

훈 : 희야? 21:13

희 : 응. 21:14

훈 : 사랑한데이~ 21:14

희 : 나도. 21:14

희 : 지금 일터는 적응이 된 거야? 21:15

훈 : 응, 잘하고 있어. 고마워 희야, 사랑한다♡♡ 21:17

희 : ㅎㅎ 왜 그래? 훈이 정말 취했구나. 21:18

훈 : 쫌… 희야, 우리 사랑 앞에 다른 장애물도, 힘든 다리도 없어. 설령 있더라도 손잡고 가슴 안고 건너면 돼. 21:22

희 : 알았어. 훈아, 오늘은 일찍 자렴. 내일을 위해서… 21:24

훈 : 희야, 나 잘게. 미안해. 이젠 잠 오네. 당신도 잘 자. 사랑해♡♡♡ 21:26

희 : 그래, 푹 잘 자♡♡ 21:26

훈 : 응♡♡♡ 21:27

10/19 (日)

희 : 내 사랑~ 잘 자고 일 잘하고 있지? 오늘도 웃으며 즐겁게 하루를 보내요. 참 맛있게 먹고요♡♡♡ 09:05

훈 : 내 사랑 굿모닝~ 당신도 잘 잤어? 열심히 일하고 있어. 참도 먹고 잠깐 쉬었다 일할 거야. 당신도 휴일 잘 보내고 행복하고 사랑해 ♡♡♡ 09:14

희 : 사랑해요♡ 저녁에 봐요♡♡♡ 09:18

훈 : 지금껏 살면서 이렇게 사랑한다는 말 많이 자주 한 적이 없었어. 낭신하고 수고받으니까 하늘을 날고 있는 기분이야. 이렇게 행복한 적도 없었어. 넘 행복하고 좋다. 사랑해♡♡♡ 09:22

희 : 훈아, 나도 마찬가지야. 중학교 때 못했던 말들을 지금 많이 하고

싶고 하면서 살 거야. 그래서 행복해. 사랑해, 훈아♡♡♡ 09:27

훈 : 그래, 우리 그러자. 언제까지나… 우리 함께하자♡♡♡ 09:29

희 : ♡♡♡ 09:31

훈 : ♡♡♡ 이제 일할게. 저녁에 만나자♡♡♡ 09:32

희 : 훈아, 색소폰 언제 끝나? 목소리 듣고 싶어. 19:33

훈 : 저녁 먹었어? 어떻게 지냈어 오늘? 19:38

희 : 어디야? 19:39

훈 : 지금 숙소 왔어. 아무도 없어. 산책들 갔나봐. 당신은? 19:40

희 : 자기야, 통화 더 하고 싶었는데… 아쉽다. 20:25

훈 : 딸이 왔구나. 금방 끊기질 않아서 딸 목소리 들었어. 안 끊겨서 재부팅했어. 나도 아쉽다. 톡으로 하지 뭐♡ 20:27

희 : 그랬구나. 내가 끊질 않아서 안 끊겼나봐. 20:29

훈 : 맞아. 조심하세요. 20:30

희 : 잉~ 보고 싶다. 20:31

훈 : 나도~ 20:31

희 : 안고 싶어. 20:32

훈 : 어떻게 해줘야 하나? 우리 애기~ 알몸 사진을 보낼 수도 없고… 20:33

희 : 사진은 안 돼. 실물로 봐야 돼. ㅋ 20:34

훈 : 정말이에요, 마님? 20:35

희 : 나 봤잖아~ 20:35

훈 : 다시 자세히 오래 보고 싶어 나도~ 20:36

희 : 나도 오래 보고 싶어~ 당신 카톡 사진 왜 이리 잘생겼을까? 20:38

훈 : 나도 당신 사진 보면 꼭 우리가 함께 사는 집에서 찍은 거 같아. 넘 이쁘고 사랑스러워♡ 20:40

희 : 당신 사진 보면서 사랑하고 싶어. 노래 들으면 내 가슴이 마구 흔들려. 당신한테 달려가고 싶어. 20:43

훈 : 조금만 참아, 희야. 착하지 우리 희야. 20:45

희 : ㅎㅎ 잉~ 당신이 나 이뻐해주니 행복해. 20:46

훈 : 항상 행복하게 해줄게. 20:48

희 : 고마워요. 아~ 행복하다. 낼은 일 안 해요? 20:49

훈 : 아침에 비 안 오면 일단 나갔다가 비 오면 들어와. 6~9시 사이에 비 예보가 있더라구… 20:51

희 : 그렇구나. 20:52

훈 : 모레 오전까지 비소식이 있어. 그럼 나 무지 외로울 거 같아. 당신이 더 보고 싶어지겠지? 그럼 당신한테 사랑의 메시지를 보낼게♡ 20:54

희 : 외로우면 마구마구 보내. 비 올 때 당신을 만나야 되는데… 20:56

훈 : 알았어. 보낼게. 비 올 때 그리움, 외로움을 잘 견뎌야 우리가 만날 때 더 행복하겠지? 그래야 우리 사랑이 오래 갈 거고… 20:59

희 : 그러겠지. 근데 우리가 이렇게 사랑하는데 멀리 떨어져 있는 게 넘 가혹해. 21:01

훈 : 이런 시련을 견뎌야 해, 우리~ 그래야 우리 사랑이 단단해져. 21:04

희 : 그럴까? 내 가슴이 아프고 힘듭니다. 21:05

희 : 훈아, 신경 쓰지 않아도 돼. 잘 참으면 되니까… 21:09

훈 : 조금만 참고 견뎌. 당신 그럴 수 있잖아? 그럴 수 있어야 해. 늘 당신 옆에 내가 있을 거니까 조급하게 생각 말고 마음 내려놓고 기다리다 보면 더 행복한 날 올 거야. 21:09

희 : 네, 알겠습니다. 21:10

훈 : 고마워, 사랑해♡ 21:12

희 : 나도요♡ 21:12

희 : 당신하고 나하고 아기가 있었으면 어떻게 생겼을까? 21:13

훈 : 엄청 이쁘고 인형 같았겠지요. 21:14

희 : 훈이가 잘생겼으니… 21:16

희 : 훈아, 졸려요? 21:16

훈 : 미안, 팀원들 와서… 희야, 낼 할게. 잘 자. 사랑해♡♡♡ 21:17

희 : 그래, 자기 잘 자요♡♡♡ 21:17

훈 : ♡♡♡ 21:18

희 : 당신 노래 듣고 잘게♡♡♡ 21:19

훈 : 나도♡♡♡ 21:20

10/20 (月)

훈 : 점심 맛있게 먹어~ 집에 갔나? 구내식당인가? 난 비 와서 쉬고 있어. 이제 밥 먹으러 가려고… 월요일이라 오전에 바쁠 거 같아서 톡 안 했어. 쉬엄쉬엄 일하고 행복합시다요♡♡♡ 12:13

희 : 비 와서 식당에서 먹었어. 쉬는 중이야. 회사 앞 단풍이 예쁘게 물들었어. 점심 맛있게 먹어요♡ 12:25

희 : (회사 화단 단풍 사진 2컷 전송) 12:26

훈 : 그러네, 많이 물들었네. 쉬었다가 일에 집중하고 저녁에 봐요. 내 생각하느라 실수하지 말고♡♡♡ 12:28

희 : 네, 알겠습니다♡ 12:29

희 : 훈아, 오늘 잘 지냈어? 20:52

훈 : 그럼, 늦어서 걱정했어. 별일 없는 거야? 20:53

훈 : 비 왔지? 어디야? 20:53

희 : 별일 없지? 일 좀 하느라고… 집이야. 그쳤는데 내일 또 온다네. 20:54

훈 : 그러게, 여긴 모레까지 온대. 자연생태공원 갔었어. 사진 보내줄게. 20:56

희 : 계속 쉬겠네. 자연생태공원? 좋았겠다. 20:58

훈 : (창원 자연생태공원 사진 20컷 전송) 20:58

훈 : 당신이 사준 모자 쓰고… 잘 어울려? 20:58

희 : 아~ 좋다. 모자 여름 건데 귀엽네. 잘 어울리네. 21:01

훈 : 그럼, 누가 사준 건데요~ 딸 있어? 21:02

희 : 응, 나갈까? 21:02

훈 : 춥지 않을까? 쓰레기? 21:03

희 : 응, 쓰레기 ㅋ 기다려. 21:04

훈 : 당신이 부산에 오는 상상을 했다니까. 해운대 쪽에도 아담한 홈을

125

마련해야겠네. 돈 무지 벌어야겠다. 22:08

희 : 한 가지만 하세요. 황토집, 캠핑카, 아파트 중에 하나만. 22:12

훈 : 당신이 골라봐. 22:12

희 : 고르면 할 거야? 22:13

훈 : 그래야죠. 몇 년 후가 될진 모르겠지만… 22:13

희 : 젤 돈이 적게 들어가는 게 아파트일 텐데… 22:15

훈 : 그런가? 암튼 가장 효율적이고 당신 만나는 데 젤 좋은 거로 해야겠네. 22:17

희 : 지금은 성실히 일하면 돼요. 서로가 연락하는 것만으로 만족하며 지내야지. 22:19

훈 : 알았어. 그래도 미래의 꿈은 가져야지. 우리의 행복한 날을 위해서… 22:21

희 : 맞아, 꿈은 꿀 수 있으니… 혼자 자는 거야? 22:22

훈 : 응, 당신 옆에 있다 생각하고 자야지 뭐. 22:23

희 : 조용히 푹 잘 수는 있잖아? 22:23

훈 : 그렇지, 편하게 잘 수 있어. 당신 자야지 이제? 22:24

희 : 자기 졸려? 22:24

훈 : 아니, 괜찮아. 당신은? 22:25

희 : 아직은. 22:25

훈 : 그래, 좀 더 하자. 졸리면 얘기해. 22:25

희 : 응, 근데 어제 딸 얘기 들어보니 당신도, 딸도 맘고생이 엄청 많았겠어. 22:26

훈 : 인생이 그런 거지 뭐~ 난 과거 일 잊고 사는데 딸애가 마음의 상처 잊고 성숙하고 마음 넓은 어른으로 살아가길 바랄 뿐이야. 22:30

희 : 딸도 아직 어려서 힘들 거야. 좀 더 지나면 성숙해질 거야. 22:31

훈 : 응, 난 딸래미 믿어. 22:32

희 : 좋은 아빠야. 근데 맘이 넓어지기가 쉽지 않아. 나도 속이 좁아터졌거든. 22:33

훈 : 마음 먹기 달렸어. 당신도 그럴 수 있어. 22:34

희 : 노력은 하고 있어. 22:35

훈 : 그래, 그러면 돼. 그렇게 어려운 일도 아냐. 우리가 아기를 낳았으면 어떻게 생겼을까 물어봤지? 당신은? 22:38

희 : 이쁘고 잘생겼단 소리는 듣지 않았을까? 22:40

훈 : 그랬겠지? 당신처럼 피부도 하얗고 예뻤을 거야. 22:41

희 : ㅎㅎ 어떤 아이일까 궁금하다. 22:42

훈 : 궁금하면 낳아보면 되지. 22:43

희 : 무슨… 자신 있어? 22:43

훈 : 당신은? 22:44

희 : 말도 안 돼요. 22:44

훈 : 우리 정말 재밌다 그치? 엉뚱한 거 같기도 하고… 22:45

희 : ㅎㅎ 둘이 똑같아. 22:45

훈 : 그러니 천생연분이지 뭐. 22:46

훈 : 카톡 관리 잘하고 있지? 22:46

희 : 네. 22:46

희 : 내가 보낸 어릴 적 사진하고… 22:47

희 : 고모님 만나서 찍은 사진하고 비슷하다. 22:48

희 : 다른 사진들하고 많이 다르다. 22:48

훈 : 알았어. 계속 신경 잘 써요. 맞아, 많이 닮았어. 22:49

희 : 당신도 느꼈어? 22:49

훈 : 당신이 얘기해서 생각해보니 그러네. 22:50

훈 : 우리 이제 잘까? 22:51

희 : 그래 자자. 22:51

훈 : 편하게 잘 자, 희야. 사랑해♡♡♡ 22:52

희 : 자기도 잘 자요♡♡♡ 22:53

10/22 (水)

훈 : 자기야, 수고 많지? 바쁘지 않아? 15:02

희 : 지금 잠깐 쉬고 있어. 15:03

희 : 뭐하고 있어? 15:06

훈 : 응, 점심 먹고 바람 쐬고 들어왔어. 사진 찍었는데 지금 보내줄까? 15:08

희 : 보내줘. 15:09

훈 : 당신 일해야 되지 않아? 15:28

희 : 그렇구나. 이제 일하러 갈게. 저녁에 봐요. 15:28

훈 : 알았어요. 수고하고 저녁에 봐요♡♡♡ 15:29

희 : (집에서 카키색 자켓 입고 찍은 사진 1컷 전송) 19:16

희 : 훈아, 밥 먹었어? 19:20

훈 : (낮에 받은 사진 뽀샵 "사랑해 희야", "달맞이꽃 내 사랑 희야" 2컷 전송) 19:20

훈 : 이쁘다. 당신 내 옆에 있는 거 같아. 산책했어? 19:20

훈 : 먹었어. 당신은? 새로 한 사람 내려와서 다 함께 중국음식 시켜서 일찌감치 먹고 방 옮겼어. 새로 온 사람하고 한 방 쓰려고… 나보고 침대 쓰라고 해서 지금 침대 위에 있어. 19:23

희 : 아직 못했어. 학교 운동장 걸으려고. 나 일 갔다 왔다고 인사하는 거야? 잘 됐네. 오늘부턴 편히 자겠네. 19:24

훈 : 그러면 좋겠어. 좀전에 보낸 사진이 젤 자연스럽고 보기 좋고 이쁘다. 뽀샵 사진 봤지? 좀 애들스럽나? 19:26

훈 : 누가 찍어준 거 같은데? 19:27

희 : 재밌는 걸… 집에 오자마자 찍은 거야. 식탁에 놓고 셀카야. 19:27

훈 : 셀카 전문가 다 됐네. 배고프지 않아? 19:28

희 : 먹는 중이야. 아까 너무 신기했어. 19:29

훈 : 집이구나~ 뭐가 신기했는데? 19:30

희 : 사무실 가도 볼일만 보고 나오는데 아까는 볼일 보고서 창문 밖을 보니 단풍이 넘 이쁘잖아? 사진 찍고 쇼파에 앉아서 쉬고 있었는데 자기한테 톡이 온 거야. 내가 쉬고 있을 때 연락 온 게 신기하다고요. 19:33

훈 : 텔레파시가 통했네~ 우린 어쩔 수 없는 커플인가봐. 19:34

희 : 그런가봐. 19:35

희 : 훈이한테 내 사진 많지? 19:36

훈 : 제법 많아졌어. 그래도 더 보내줘. 19:38

희 : 매일 찍으라고? 똑같은 얼굴인데. 19:39

훈 : 아니, 매일은 말고 가끔이요~ 19:41

희 : 당신만 보세요. 19:41

훈 : 당근이지. 당신을 아무한테나 보여줄 수 있나요? 19:42

희 : 나 이제 걸으러 나갈 건데 오늘은 일찍 잘 거지? 내일부터 일하니까. 19:43

훈 : 지금 나간다고? 알았어요. 조심하고… 톡은 괜찮아… 넘 늦지 않게 톡 좀 하자. 19:44

희 : 알았어. 갔다 올게… 19:47

훈 : 집에 들어갔지? 20:40

희 : 들어왔어. 20:41

희 : 야구 보고 있어? 20:43

훈 : 당신 사진만 따로 빼서 보관하려면 어떻게 해야 하는 거야? 20:44

희 : 저장하면 갤러리에 카톡에서 다운받은 거만 모아지는데… 20:45

훈 : 갤러리에는 모든 사진이 다 있잖아? 갤러리에 있는 당신 사진만 따로 빼서 옮길 수 없냐는 거지. 20:47

희 : 알겠는데 설명하기가… 20:50

훈 : 복잡해? 20:51

희 : 복잡하지 않아. 20:51

훈 : 설명하기 힘들면 만나서 당신이 해줘. 20:52

희 : 알았어. 20:52

훈 : 샤워해야 되지 않아? 20:53

희 : 그만할까? 20:54

훈 : 아니. 20:54

훈 : 우리 둘 다 서로에게 푹 빠졌다. 그치? 20:55

희 : 나도 너도 빠졌어. 20:56

훈 : 35년 세월이 우리에게 한을 남겼나봐. 그러니 우리가 그 세월 동안 하지 못했던 사랑을 푹 빠져 하는 거 같아. 20:58

희 : 한까진 아니라도 옛날 그 마음이 다시 살아난 거 같아. 20:59

희 : 나도 이렇게까지 될 줄은 몰랐어. 21:00

훈 : 당신 말이 맞아. 이젠 더 빠져도 상관없어. 21:00

희 : 훈아, 난 이런 생각도 들었어. 21:02

훈 : 어떤 생각? 21:02

희 : 우리가 육체적으로 관계를 갖지 않았으면 좋은 친구가 될 수도 있다고… 21:03

희 : 근데 그게 쉽지가 않아. 21:05

훈 : 그렇지… 하지만 육체적인 거는 필연적이었어. 21:05

희 : 이성적으로는 친구로 지내야만 하지만 내 감정이 그렇질 않아. 21:06

훈 : 난 그렇게 생각해. 육체적인 사랑은 우리가 마음이 통하지 않았다면 가능하지 않았을 거야. 우린 어쩌면 그 옛날에도 육체적인 사랑을 갈망하고 원했었는지도 몰라. 단지 서로 용기를 못 내고 다

가가지 못했을 뿐이지. 21:10

희 : 훈이 말이 맞아. 난 손 못 잡고 너하고 첫키스 못한 것이 후회가 많이 됐었어. 21:12

훈 : 우린 오래전에 이미 서로를 원하고 갈구하며 살았던 거야. 서로 처한 현실 때문에 그런 감정이 희박했다가, 솟았다가, 때론 잊혀지는 듯하면서 세월이 흘렀던 거야. 가슴속 한 곳에 불씨 하나가 꺼질 듯, 꺼질 듯하면서도 꺼지지 않고 있었던 거야. 그 불씨가 이제 다시 살아나고 우리의 순수했던 갈망과 그리움이 이렇게 사랑으로 피어난 거야. 21:17

훈 : 당신이나 나나 그때 손 한 번 못 잡고 키스 한 번 못한 것이 후회스럽다는 것이 우리의 사랑을 증명하는 거야. 21:19

희 : 훈아, 시를 쓰는 거같이 글을 잘 쓰는구나. 그래, 꺼질 듯하면서 꺼지지 않는 그 불씨가 있었기 때문이야. 21:21

훈 : 당신도 공감하지? 21:21

희 : 노래가사 같은 사랑의 불씨~ 공감해요. 21:22

훈 : ㅎㅎ 우린 한마음이니까♡♡ 21:23

희 : 훈이 좋아해♡ 21:24

훈 : 자기야, 우리 자신을 갖자. 우리 소위 탈선해서 오다가다 만나 불륜을 저지른 사람들하고는 부류가 달라. 우린 최소한 순수하게 첫사랑을 간직하고 살아온 35년의 세월이 있잖아? 21:28

훈 : 아름답게 우리 사랑 이어가며 영원히 간직하자. 21:30

희 : 응, 그래. 우리가 항상 말하듯이 즐겁게 행복하게 잘 지내면 되는

거야. 21:30

훈 : 맞아, 그러면 되는 거야. 21:31

훈 : 이제 잘까? 21:35

희 : 졸리지? 21:36

훈 : 조금. 21:36

희 : 그래, 잘 자고 내일 봐요♡♡♡ 21:37

훈 : 자기도 잘 자. 좋은 꿈 꾸고~ 사랑해♡♡♡ 21:38

희 : 나도 사랑해요♡♡ : 21:38

10/23 (木)

훈 : 방에 혼자 있어? 21:06

희 : 거실. 딸은 방. 21:06

희 : 자기한테 이쁘단 소리 백 번은 들은 거 같아. 21:07

훈 : 나 속이 미식거려. 형님 방에 가서 커피 먹고 와서 할게. 기다릴 거지? 21:08

희 : 힘들면 그냥 쉬어. 21:08

훈 : 희야? 21:23

희 : 좀 괜찮아? 21:26

훈 : 응, 좋아졌어. 커피 먹고 양치하니까 개운해. 21:27

희 : 나행이네. 걱정했는데… 21:28

훈 : 당신 이쁘단 말 천 번 하려면 얼마나 걸릴까? 21:28

희 : ㅎㅎ 글쎄… 십 년 걸리려나? 21:29

훈 : 무슨 10년까지나? 백 번 하는 데 5개월이면 천 번이면 50개월…
4년 2개월이면 되네. 21:30

훈 : 그럼 반으로 뚝 잘라 2년에 천 번 채우면 되겠다. 숫자 잘 헤아려
자기. 21:32

훈 : 이뽀~ 사랑해♡♡ 21:33

희 : 천 번 채우려고 막 남발하는 거 아냐? 21:33

희 : 훈이가 있으니 정말 행복하다♡ 21:34

훈 : 그런가? 다 채우면 2천 번을 채우고, 또 다 채우면 만 번을 채우게
해야겠지. 21:35

훈 : 앞으로 35년, 40년을 그렇게 당신 사랑하며 살고 싶어. 온전히 이
쁜 당신만을 위해서 살고 싶어. 21:38

희 : 훈아, 고마워. 나도 당신하고 함께하고 싶어요. 아까 점심 때 자기
가 "길게 아주 길게" 했을 때 밥 먹다 밥풀이 다 날아갔어. 21:40

훈 : 왜 웃겨서? 21:40

희 : 응. 21:40

훈 : 당신 톡 보니까 나도 웃기다. 21:42

희 : 밥풀 줍느라고 답장도 못했어. 시간도 없고 해서. 21:43

훈 : 밥풀 앞사람한테 안 날라갔어? 밥풀 떼주면서 훈이가 웃겨서 그랬
어요 그러지 왜? 21:44

희 : 집에서 혼자 먹었거든요. 21:44

훈 : 그랬어? 무지 웃기다. 밥풀 다 주웠어? 깨끗하게? 21:45

훈 : 이뽀~ 사랑해♡♡ 백두 번. 21:46

희 : 그럼, 다 주웠지. 자기는 날 위해주고 이뻐해주는 것이 느껴져. 그래서 행복해. 21:47

희 : 자기도 내가 좋아하는 거 느껴져? 21:48

훈 : 당신이 행복하다니 나도 행복하고 좋아. 내 생애 이런 날이, 더구나 당신하고 이런 행복을 함께 누릴 수 있으리라고 상상만 했었지 정말 현실이 될진 몰랐어. 21:50

훈 : 당연히 느껴지지요. 옛날에도 당신이 날 더 좋아했잖아? 지금도 똑같이… 근데 지금은 내가 더 당신 사랑하는 거 같지 않아? 21:53

희 : 나도 그래. 꿈을 꾸는 거 같아. 영원히 꿈에서 깨어나지 않았음 좋겠어. 21:54

훈 : 우리 함께 꾸는 꿈은 깨어나지 않을 거야. 21:55

희 : 나도 만만치 않게 훈이 사랑하는데… 21:55

훈 : 알아, 우린 같아. 덜하고 더하고를 얘기한다는 게 바보 같은 거지. 서로의 가슴속에 영원한 사랑으로 남아 있을 거니까. 그건 무의미하지… 21:59

훈 : 희야? 22:00

희 : 응, 잘까? 22:01

훈 : 응, 졸리네. 미안해. 22:01

희 : 아니야, 나도 졸려. 우리 같이 잘 자자♡♡♡ 22:02

훈 : 그럼 당신 편하게 잘 자. 사랑해♡♡♡ 22:03

희 : ♡♡♡ 22:04

10/24 (金)

훈 : 자기 잘 자고 나왔어? 난 이제 속 괜찮아. 방 옮긴 뒤로 잠도 잘 자고. 오늘도 우리 일 열심히 하고 변함없이 행복합시데이. 사랑합니데이♡♡♡ 09:13

희 : 햇살이 따뜻하고 싱그러워. 속이 괜찮아서 다행이야. 오늘도 행복 가득~ 나도 사랑합니데이♡♡ 09:19

희 : 훈아, 점심 맛있게 먹었어? 속은 괜찮지? 이쁜 단풍을 보니 자기하고 같이 보고 싶다♡ 이제 회사 가려고 해. 저녁에 만나요. 12:39

훈 : 응, 맛있게 먹었어. 속은 괜찮아. 단풍 너무 보면 더 보고 싶은 거 아냐? 저녁에 봐♡♡♡ 12:52

희 : (회사 가는 길 단풍 사진 1컷 전송) 20:24

희 : 회사 가는 길이야. 걸어가면서 찰칵! 저녁밥 잘 먹었어요? 20:27

훈 : 응, 자기야! 산책 끝났어? 사진은 낮에 찍은 거지? 20:36

희 : 점심 먹고 가는 길에 찍은 거야. 오늘은 산책 제대로 했어. 20:37

훈 : 잘했네요. 산책로에 있는 갈대가 좀 더 멋있어졌나? 보기 좋던데… 20:39

희 : 밤이라서 갈대가 잘 안 보여. 20:41

훈 : 집인가요? 당신은 저녁 잘 먹었어? 또 혼자 먹은 거야? 지금 산책 중이야? 20:42

희 : 집에 왔지. 혼자 먹었어. 20:43

훈 : 거의 매일 당신 혼자 먹는구나… 그런 생각하니 내 맘이 괜시리 서글프네. 20:45

희 : 난 괜찮아. 아들 군대 가고부터 혼자 먹기 시작했어. 난 좋은데⋯ 20:47

희 : 오늘 별일 없었어? 일 잘했어? 20:50

훈 : 당신이 지은 밥에, 당신이 버무린 김치에 가끔은 별식으로 잡채도 먹고⋯ 소박한 상차림에 당신과 마주 앉아 밥 먹는 상상을 하곤 해. 아들이 군대 가면서 뭔가 일이 생겼구나⋯ 그럼, 일 잘하고 잘 먹고 했지~ 20:51

희 : 그래, 상상이 현실이 됐으면⋯ 20:53

훈 : 상상만 해도 행복하고 좋아. 20:54

희 : 맞아, 난 지금 행복해. 20:55

희 : 색소폰 연습은 잘하고 있어요? 20:56

훈 : 희야! 지금처럼 우리 조급해하지 말고 욕심부리지 말고 지금의 행복함에 감사하며 살자. 그리고 정말 아름답고 순수하게 사랑하자. 연습 잘 돼가고 있어요. 20:58

희 : 그래, 당신이 말했듯이 이것이 운명이라면 받아들이고 사랑하며 살아가야지. 욕심내지 말고⋯ 이렇게 카톡으로 연락하는 것만으로도 감사할 거야. 21:02

훈 : 응, 당신 사진이 늘 있고, 톡하고 전화하니까 얼마나 좋은지 모르겠어. 발전된 세상이 우리에겐 너무나 고맙고 행운이야. 예전에 당신 보려고 버스정류장에서 시간 가는 줄 모르고 기다리고 이제나 볼까 저제나 볼까 애태우던 생각하면 지금 세상은 정말 너무 행복한 세상이야. 21:08

훈 : 그렇게 내가 보고 싶고 그리워하던 당신이 내 옆에 있고, 당신과 매일 얘기할 수 있어서 좋다. 앞으로 더 35년, 아니 50년이라도 당신과 얘기하고 노래하고 손잡고 사랑하면서 살고 싶다. 21:15

희 : 자주 만나지 못해도 변하지 않는 거지? 약속하는 거지? 돌아서지 않는 거지? 21:17

훈 : 당신 그런 걱정하면 흰머리 늘고 나처럼 머리 빠져요. 21:20

희 : 알았어, 쓸데없이 걱정하는 건 시간 낭비지. 거긴 날씨 춥지 않아? 21:22

훈 : 그럼, 그래야지. 두 번 다시 당신한테 마음의 상처 주지 않을 거야. 이젠 당신 내 옆에 둘 거야, 영원히… 21:26

훈 : 안 추워. 아침에 햇님 올라오면 겉옷 벗어야 돼. 21:27

훈 : 계속해~ 양치하고 올게. 21:27

희 : 같이 방 쓰는 동료는 괜찮아요? 21:28

훈 : 응, 점잖아. 21:34

희 : 훈아, 색소폰 갔다 와서 씻고 나면 몇 시 정도 되는 거야? 앞으로는 그 시간에 맞춰서 카톡할게. 내가 빨리 한 거 같네. 21:35

훈 : 내일 주말인데 친구 있으면 단풍 구경할 겸 바람 좀 쐬지. 21:35

희 : 내일은 모임 있어서 점심에 나가야 돼. 21:37

훈 : 모임 있구나. 좋은 시간 가져. 음~ 다음 주부터는 8시 30분에서 9시 사이에 숙소에 오게 될 거야. 동생한테 전화가 와서 좀 늦었어. 미안해, 자기야. 21:46

희 : 다음 주부터는 9시쯤 하면 될까? 동생은 잘 있어? 21:48

훈 : 그 정도면 될 거 같아. 그 전이라도 당신 톡 보내면 답장할게. 언제라도 보내. 괜찮아, 여동생 아니고 경주에서 같이 일하던 동생이야. 21:50

희 : 그렇구나. 자기 자야지? 21:52

훈 : 응, 자야겠어. 희야, 나 재워줘. 21:53

희 : 자장~ 자장~ 우리 훈이~ 잘도 잔다~ 우리 훈이~ ㅋ 내 가슴에 안겼다고 생각해요. 21:55

훈 : ㅎㅎ 넘 좋다~ 당신 가슴에 안겨 당신 노래 듣고 자야겠다. 희야, 편히 잘 자. 사랑해♡♡♡ 21:53

희 : 잘 자요, 내 사랑♡♡♡ 21:56

훈 : ♡♡♡ 21:57

10/25 (土)

훈 : 달맞이꽃(Evening Primrose) 꽃말 - 기다림, 말 없는 사랑 21:49

훈 : 옛날 그리스의 호숫가에 별을 사랑하는 요정들 사이에 달을 사랑하는 요정이 살고 있었다. 어느 날, 별을 사랑하는 요정들이 별이 떠 있는 밤에도 달을 사랑하는 요정이 있다고 제우스에게 일러버렸다. 제우스는 화가 나서 그 요정을 달이 없는 곳으로 쫓아버렸다. 달의 신 "아르테미스"가 이 일을 뒤늦게 알고 그 요정을 찾아다녔지만 제우스의 방해로 찾지 못했다. 그 사이 달을 사랑하던 요정은 죽고 말았다. 아르테미스는 요정을 안고 슬퍼하다가 언덕 위에 고이 묻어주었다. 그 후 제우스는 미안한 생각이 들어 죽은 요

정을 달맞이꽃으로 만들어 달을 따라 꽃을 피우게 했다. 이 때문에 달맞이꽃은 달이 없는 밤에도 행여나 달이 뜰까 기다리며 홀로 외로이 꽃을 피운다. 21:51

희 : 사랑해, 훈아♡♡♡ 21:58

훈 : 나도 희야. 잘 자♡♡♡ 22:00

10/27 (月)

희 : 훈아, 잘 자고 일어났어? 무슨 일 있는 건지 걱정된다. 혹시 다친 건 아니야? 궁금해. 10:33

훈 : 늦어서 미안해. 잠이 또 쏟아져서 깼다가 또 자고 그랬어. 안 다쳤어. 어제 그제 좀 힘든 일을 해서 많이 피곤해서 그런 거니까 걱정 안 해도 돼. 자기 점심시간이네? 맛있게 먹고 일하고 행복하자. 나도 밥 먹으러 나왔어. 밥 먹고 영화 보려고. 수고해, 사랑해♡♡♡ 12:04

희 : 힘든 일을 했었구나. 영화 잘 보고 점심 맛있게 먹어. 숙소 가서 푹 쉬고♡♡ 12:22

훈 : 알았어요. 수고해요♡♡♡ 12:23

희 : 훈아, 야구 보니? 20:47

훈 : 응, 산책하고 집이야? 20:48

희 : 산책 못했어. 집이야. 20:49

희 : 오늘 잘 쉬었어? 20:49

희 : 야구 좀 볼래? 20:50

훈 : 왜? 집안일했어? 응, 잘 쉬었어. 아냐. 야구는 뭐 결과 보면 되는데 뭐. 20:51

희 : 반찬 좀 하느라고… 20:52

훈 : 무슨 반찬? 맛있는 거 했어? 먹고 싶다. 20:53

훈 : 여기 식당 반찬이 점점 안 좋아져. 밥맛이 별로 없어. 20:55

희 : 멸치볶음, 된장찌개, 겉절이… 왜? 맛있다고 했잖아? 20:55

훈 : 와~ 정말 그립다. 당신이 만든 거 정말 먹고 싶다. 20:56

희 : 나도 해주고 싶어. 20:56

훈 : 언제나 먹을 수 있으려나? 기다려지네요, 김 여사님. 20:58

희 : 방에 혼자 있어? 20:59

훈 : 응, 당신은? 20:59

희 : 나도. 전화해도 돼? 20:59

훈 : 내가 할게. 21:00

훈 : (카키색 자켓 입고 찍은 사진 뽀샵 "사랑해 희야" 1컷 전송) 22:04

훈 : 잘 자, 희야~ 당신 꿈 꾸고 싶다. 사랑해♡♡♡ 22:06

희 : 나도 당신 꿈 꾸고 싶어. 빨리 보고 싶어. 잘 자, 훈아♡♡♡ 22:08

훈 : ♡♡♡ 22:09

희 : ♡♡♡ 22:10

10/28 (水)

훈 : 굿모닝 자기야! 잘 자고 나왔어? 빨간 단풍으로 홈을 장식했네. 이쁘고 곱네. 좋다. 오늘 하루도 행복하게 즐겁게 보냅시데이. 사랑

합니데이♡♡♡ 09:06

희 : 훈아, 안녕? 요즘 햇살이 너무 좋다. 아침의 싱그러움이 하루종일 이어가길… 사랑해, 훈아♡♡♡ 09:29

희 : 훈아, 오늘 잘 지냈어? 21:03

훈 : 난 잘 보냈지. 당신은요? 오늘 산책했어? 쌀쌀하던데… 21:06

희 : 학교 운동장 30분 걷고 왔어. 21:07

훈 : 오늘도 혼자 저녁 먹었어? 21:07

희 : 응. 21:08

훈 : 멸치볶음에다? 21:08

희 : ㅎㅎ 응. 굴 또 사와서 같이 먹었어. 21:09

훈 : 굴? 맛있었겠다. 21:10

희 : 아니, 멸치볶음하고 같이 먹었다고. 21:12

훈 : 잘했어요~ "참 잘했어요" 도장 꽝 찍어줄게. 21:15

훈 : 요즘은 사무실 바쁘지 않아? 21:16

희 : 약간 바빠. 21:17

훈 : 그렇구나, 난 오늘 일이 어중간해서 시간 보내는 데 좀 지루했어. 21:18

희 : 힘들진 않았어? 21:19

훈 : 일이 없어 시간 보내는 게 더 힘들어. 21:20

희 : 맞아, 일이 있는 게 훨씬 나아. 바쁘니 시간이 금방 가니까 좋다. 21:21

훈 : 그럼, 적당히 바쁘고 땀을 흘려야 시간도 잘 가고 좋은데 오늘은

거시기했어. 21:22

훈 : 여보? 21:24

희 : 응. 21:24

훈 : 여보 소리 들으면 어때? 혹시 부담스러운 건 아니지? 21:25

희 : 부담스럽진 않은데 난 희야가 좋다. 훈이한테는 여보라고 부른 사람이 있었잖아? 21:26

희 : 훈아, 뭐해요? 21:32

훈 : 부른 사람은 예전에 있었던 거구, 이젠 없어. 그 사람은 그냥 애 엄마로 있을 뿐이야. 희야, 언젠가 내가 그랬지? 난 이미 애 엄마하고 헤어지면서 앞으로 내 인생에 새로운 여자는 없을 거라고⋯ 21:33

희 : 그건 알지. 훈이가 여보라고 부르고 싶으면 불러. 내가 싫다고 하진 않았잖아? 근데 난 여보라고 부르기가 좀 그래 아직은⋯ 21:39

희 : 내가 여보라고 하면 남편 생각이 나니 부르기가 싫은 거지. 날 이해해줘. 21:39

훈 : 알아, 당신 맘~ 그게 뭐 중요하겠어? 난 그저 편하게 부르려다 보니까 자연스럽게 여보 소리가 나온 거야. 혹시 당신 듣기 거북하면 자제할게. 21:42

희 : 훈이가 부르는 건 괜찮다고 했잖아? 21:43

훈 : 알았어, 여보. 사랑해. 21:44

훈 : 괜찮아유? 21:44

희 : 그래요, 괜찮아유~ 21:45

희 : 근데 20○○년에 찍은 사진 중에 손에 든 동그란 거는 뭐야? 21:46

훈 : 아, 그거~ 매물도에서 주운 돌이야. 오리알처럼 생겼는데 넘 이뻐서 들고 다녔지. 희야, 동미리 뚝방에서 어떤 이벤트 하면 좋을까? 21:48

희 : 이벤트 안 해도 돼요. 그냥 가서 옛 추억을 되새기는 거지. 21:49

훈 : 섬에서 돌 반출이 불법이래서 두고 왔지. 그럴까? 옛 추억을 되새기는 시간 갖는 거만 해도 행복한 일이겠지. 21:51

희 : 이쁜 돌이네. 잘 두고 왔네. 시흥은 오늘이 젤 추웠어. 거기도 추웠지? 21:53

훈 : 여긴 남쪽이잖아? 아직은 안 추워. 21:54

희 : 남쪽이라 다르구나. 훈아, 이제 자도 될까? 21:56

훈 : 그래, 내일을 위해 자자. 좋은 꿈 꾸면서 잘 자. 사랑해, 희야♡♡♡ 21:57

희 : 그래, 훈이도 잘 자요. 내 사랑♡♡♡ 21:58

10/30 (木)

훈 : 자기야, 점심 먹었어? 오늘은 아침 인사를 못했네. 우리 일 잘하고 행복하자. 사랑합니데이♡♡♡ 12:22

희 : 자기도 잘 먹었지? 난 다 먹고 회사 가려 해. 오후도 즐겁게 보내요. 사랑합니데이♡♡♡ 12:39

희 : 훈아~ 20:48

훈 : 응, 자기야, 산책했어? 혹시 비 오지 않아? 20:55

희 : 안 오는데… 거긴 비 와? 20:55

훈 : 빗방울 조금씩 날리네. 당신 오늘 잘 보냈어? 20:57

희 : 바쁘게 잘 보냈지. 자기는 힘들지 않았어? 20:57

훈 : 당신은 오늘도 바빴구나. 난 오전에만 좀 바빴고 오후엔 한가했어. 20:59

희 : 그랬구나. 내일은 비가 온다네. 그럼 쉬겠네? 21:00

훈 : 여긴 낼 아침부터 비 예보가 있어. 모레는 전국적으로 비 온대. 응, 또 비 땜에 쉴 거 같아. 당신은 비 와도 내일은 일해야지? 21:02

희 : 난 일해야지. 자기는 비 땜에 자주 쉬겠네. 또 영화 보겠네. 21:03

훈 : 글쎄… 볼만한 거 있으면 보고… 21:08

훈 : 희야! 우리 사진 매치시킨 거 나도 해보려고 해봤는데 모르겠어. 당신 젊을 때 부케 들고 찍은 사진하고 당신이 좋아하는 내 젊었을 때 사진하고 매치시키면 좋을 거 같은데… 21:08

희 : 그건 어플 다운받아서 해야 하는데… 내가 해볼게. 자기 사진 보내줘. 21:09

훈 : 내 사진만 보내면 되는 거야? 21:10

희 : 응. 21:11

훈 : 알았어. 지금 보낼게. 21:12

훈 : (젊을 때 사진 전송) 21:13

희 : 기다려봐. 21:13

훈 : 네, 마마~ 21:13

희 : (매치시킨 사진 전송) 어때요? 21:21

훈 : 쥑이네요. 21:22

희 : 나도 같은 생각했었는데. 21:23

훈 : 이때 우리가 만나서 사랑했으면 얼마나 좋았을까? 21:23

희 : 그러게요. 그때 연애했으면 맘껏 했을 텐데… 만나고 싶을 때 만나고… 21:26

훈 : 이렇게 이쁘고 날 기다리고 그리워한 당신을 저버리고 배신한 날 용서해. 희야, 이젠 당신만을 사랑하며 살 거야. 늘 당신 곁에 있을 거야. 21:27

훈 : 희야? 21:30

희 : 응. 21:30

훈 : 이해해줘서 고마워. 사랑한다, 희야. 21:32

희 : 그래, 우리 매일 사랑하잖아? 21:32

훈 : 그땐 왜 사랑한다는 말 못했을까? 왜 손 한 번 잡지 못했을까? 이제야 우리 진한 사랑하려고 그때 미뤘었나봐. 21:34

희 : ㅎㅎ 그런가봐. 21:34

훈 : 그치? 그런 거 같지? 21:35

훈 : 희야, 우리 가슴속에 그리운 불씨가 꺼지지 않고 분명 남아 있었던 게 분명하지? 21:38

희 : 그러니까 이렇게 매일 톡하고 만났잖아? 21:39

희 : 자긴 아닌 거 같아? 21:40

훈 : 그러게~ 그 긴 세월을 꺼지지 않고 있었기 때문에 우리가 이렇게 더 절실하게 사랑하는 거라 믿어. 21:41

희 : 훈아, 낼 저녁엔 예전 회사 친구들 만나기로 했어. 21:44

훈 : 알았어요, 만남 잘하세요. 그러고 보니 오늘도 통화 못했네? 21:47

희 : 통화할까? 복도야? 난 나가야 돼. 21:48

훈 : 난 방인데 당신 나가야 되면 나가지 마. 21:49

희 : 동료는 안 자? 21:50

훈 : 시간 늦었으니까 나가지 마세요, 아씨! 응, 집에 갔어. 21:51

희 : 집이 가까우니 다들 가는구나. 당신 혼자 외롭겠다. 21:52

훈 : 외롭긴… 당신 사진 늘 보고 당신하고 얘기하는데 뭐. 지금 난 얼마나 행복한지 몰라. 당신과 이렇게 사랑하고 보고파 하고 얘기하고 걱정해주고… 이런 날이 이렇게 갑자기 오리라곤 생각을 못했었지. 21:57

희 : 다 당신 때문이에요. 나한테 연락하고 내 감정을 두들겨 놓았잖아? 22:01

훈 : 희야, 고마워. 날 받아주고 사랑해줘서. 22:01

희 : 우리 힘든 일이 있어도 서로 위로하며 잘 지내자. 22:03

훈 : 그럼 그래야지. 서로의 버팀목, 의지처, 사랑하는 맘 하나로 살아가자, 희야. 22:06

훈 : 희야, 자야지? 22:07

희 : 훈이도 피곤하지? 22:07

훈 : 응, 솔리네요. 22:08

훈 : 희야? 22:08

희 : 응. 22:08

훈 : 자야지, 내 사랑. 22:09

희 : 잘 자♡♡♡ 22:09

훈 : 당신도 잘 자. 내 꿈 꿔. 나도 희야 꿈 꿀게. 사랑해♡♡♡ 22:11

훈 : (부케 든 젊을 때 희야 사진 뽀샵 "영원히 내 가슴에… 희야) 전송 22:24

훈 : 영원히 내 가슴, 내 마음속에 니가 있을 거야. 나 죽을 때까지… 행복하다, 사랑한다♡♡♡ 22:27

희 : 내 마음속에도 항상 훈이가 있었어. 앞으로도 계속 있을 거야. 영원히… 22:33

훈 : ♡♡♡ 22:37

훈 : 잘 자, 희야. 사랑한데이♡♡♡ 22:38

희 : 나도 사랑해요♡♡♡ 22:39

훈 : ♡♡ 22:40

11/1 (土)

훈 : 며칠 있으면 우리 만나는 거지? 20:37

희 : 만나기로 했잖아? 20:37

훈 : 꼭 시골 촌놈 서울 상경 기다리며 가슴 설레임에 들떠 있는 기분이야. 20:39

희 : 귀여운 훈이, 어린이 같아. 20:40

훈 : 내가 아직도 귀여운 건 아니지? 20:41

희 : 귀여우니까 말하는 거지. 20:41

훈 : 이 나이에 나도 당신한테 그런 얘기 들으니까 좋긴 좋다. 우린 정

말 못 말려. 그치? 이쁜 희야. 20:43

희 : ㅎㅎ 그래, 혼자 있어? 20:45

훈 : 응, 어제 비 온다고 다들 대구 집에 갔어. 내일 온대. 20:46

훈 : 당신은? 20:46

희 : 내가 나가서 전화할게. 20:47

훈 : 알았어요. 20:47

훈 : 희야, 훈이가 그토록 애타게 찾던 희야~ 고마워, 날 다시 만나줘서… 널 그리며 살았던 세월, 이젠 우리가 함께 살아야 할 세월보다 짧다는 거… 그리움에 지쳐 보냈던 시간을 이젠 아름답고 행복한 우리만의 시간으로 보내고 싶어. 고마워, 희야. 사랑해, 희야♡♡♡ 23:26

희 : 아직도 안 잤어? 23:27

훈 : 자기도 안 잤네. 23:27

희 : 카톡 보고 있었어. 뭐하고 있었어? 23:28

훈 : 사진 봤어. 23:28

희 : 나도 사진 편집하느라고 씨름했는데… 23:29

훈 : 그래? 또 다른 사진 뽀샵하려고요? 기대됩니다요. 23:30

희 : 보내볼까? 졸립지? 23:31

훈 : 했으면 보내. 보고 자게. 23:31

희 : (카키색 입고 찍은 희야와 영종도에서 찍은 훈이 사진 전송) ㅎㅎ 재밌지? 23:34

훈 : 와~ 눈물 난다. 23:34

희 : 정말? 23:35

훈 : 응. 23:35

희 : 우린 맘이 통하나봐. 같은 시간에 똑같이 보고 있으니… 23:37

훈 : 그럼, 우린 보통의 연인들하고는 레벨이 다르잖아? 23:38

희 : 낼 일하지? 23:39

훈 : 응. 23:39

희 : 그럼 자야지. 일찍 일어나야잖아? 23:40

훈 : 이 사진 만천하에 공개하고 싶다. 당신하고 나 이렇게 사랑하고 있다고… ㅎㅎ 23:40

희 : 좀 참으세요, 자기야. 23:41

훈 : 휴~ 그럼 어디에다 소문낼까나? 23:42

희 : 자기하고 나만… 23:43

훈 : 희야하고 훈이만! 23:43

희 : 응, 훈이♡희야. 23:44

훈 : 오케바리~ 우리만의 비밀스런 아름다운 사랑? 알았어. 희야, 나도 그럴 거야. 우리의 영원한 사랑을 위해… 23:47

훈 : 희야? 23:48

희 : 네. 23:48

훈 : 나 이제 잘게. 당신도 자야지? 23:48

희 : 네, 주무세요♡♡♡ 굿나잇! 23:49

훈 : 좋은 꿈 꿔~ 사랑한다, 희야. 사랑해♡♡♡ 23:52

희 : 사랑해요, 훈아♡ 23:52

11/2 (日)

희 : 훈아, 점심 맛있게 먹었어? 여긴 날씨가 잔뜩 흐렸다가 개었다가 변덕스럽네. 오후도 같이 즐겁게 지내요. 사랑합니데이♡♡ 12:27

훈 : 잘 먹었어. 당신은? 여기도 날씨가 그래. 저녁에 봐, 희야. 나도 사랑한데이♡♡♡ 12:54

희 : 나도 잘 먹었지. 보고 싶다. 저녁에 봐요. 12:57

희 : 훈아? 20:30

희 : 어제 늦게 잤는데 오늘 힘들었지? ㅎㅎ 단풍 구경은 뭐야? 20:34

훈 : 힘들지 않았어. 즐겁게 일했습니다. 아~ 단풍 구경? 톡하려니까 그렇고 문자로 싸인을 보내야 되는데 마땅한 문구가 생각나지 않아서… 휴일 잘 보냈어, 희야? 20:40

희 : 잘했어. 그렇게 문자 하면 돼요. 집에서 하루종일 보냈지. 훈아, 오늘이 무슨 날인지 알아? 20:43

훈 : 11월 2일… 글쎄? 20:45

희 : 너를 마지막으로 본 날이야. 20:45

훈 : 너 결혼하기 전 명동에서 만난 날? 20:46

희 : 아니, 그 후에 또 봤잖아? 20:47

훈 : 명동에서 단둘이 만난 날 얘기하는 거 아냐? 20:48

희 : 음… 미안. 일 끝나고 뭐했어? 색소폰 갔다 왔어? 20:50

훈 : 아니, 오늘 못 갔어. 형님들이 집에 갔다 왔다고 고기 사와서 삶아서 안주해서 한 잔 했어. 근데 왜 미안~이야? 그날이 아니었나? 20:54

희 : 그랬구나. 지금 여긴 추워지고 있어. 거기도 추운가? 20:56

훈 : 아니, 추운 정도는 아냐. 그날이 무슨 날인데? 내 기억을 깨워줘. 나 머리가 나쁘니까. 20:58

희 : 잉~ 아니야. 우리 만나는 날은 안 추웠음 좋겠다. 21:01

훈 : 혹여 추우면 우리 안으면 되잖아? 체온을 느끼게… 21:03

희 : 그래, 그러자. 그날 어디서 내려서 잘 거야? 21:05

훈 : 동대문 당신 괜찮지? 21:06

희 : 괜찮아. 21:09

훈 : 희야? 21:13

희 : 응. 21:13

훈 : 나 자야겠어, 미안해. 통화가 됐으면 할 얘기가 있는데 내일 얘기 해줄게. 내일 통화해. 21:14

희 : 그래, 피곤하구나. 잘 자고 내일 봐♡♡♡ 21:15

훈 : 응, 사랑한데이. 희야♡♡♡ 잘 자. 21:16

11/3 (月)

훈 : 굿모닝? 자기야! 아침 인사가 늦었네. 출근할 때 추웠지? 여기도 쌀쌀했어. 옷 잘 입고 나왔지? 숙소 근처 동사무소에 서류 떼러 잠깐 나왔어. 월요일 근무 잘하고 스트레스 없는 하루가 되길 바랄게. 오늘도 행복한 하루, 그리운 사람에게 사랑을 주고받는 하루 됩시다. 사랑한데이, 희야♡♡♡ 09:51

희 : 훈아? 19:26

희 : 오늘 잘 지냈어? 난 감기 기운이 있어서 일하기가 힘들었어. 머리가 무겁고 목도 약간 아프고 해서 뜨거운 물 많이 마셨어. 색소폰 갔니? 훈이도 감기 조심해. 19:34

훈 : 운전 중이었어. 형님하고 작업복 사러 갔었어. 감기 땜에 많이 힘들었구나. 어쩌지 자기! 병원 갔었어? 19:44

희 : 병원 안 가고 약만 사왔어. 약 먹고 일찍 자려고… 19:46

희 : 자긴 잘 지냈지? 오늘 통화하려 했잖아? 할 말 있다고… 19:53

훈 : 응, 그랬지. 오다가 생굴 사와서 같이 좀 먹어야 돼서… 미안~ 9시쯤이면 당신 안 잘까? 19:59

희 : 9시에 하자. 20:00

훈 : 알았어. 20:00

희 : 굴 맛있게 먹었어? 21:02

훈 : 응, 많이 먹었어. 미안해, 당신은 아픈데 혼자 먹어서… 21:04

희 : 뭐가 미안해? 그런 말 하지 마. 훈이는 좋은 거 먹어야 돼. 21:05

훈 : 약 먹고 좀 어때? 21:06

희 : 아직 머리가 무거워. 코가 막히고… 자고 일어나면 괜찮겠지. 21:07

훈 : 우리 애기 어째야 쓸까? 내가 옆에 있어야 간호를 할 텐데… 21:10

희 : 그래, 옆에 훈이가 있어주면 얼마나 좋을까? 잠도 잘 잘 거 같아. 21:11

훈 : 그래서 우린 정말 아프면 안 돼. 둘 중 하나 몸이 안 좋고 아프면 마음도 아프니까. 희야, 오늘은 톡 그만하고 일찍 푹 자. 내일 몸

추스르고 통화하자. 21:14

훈 : 아침에 컨디션 봐서 힘들면 하루 쉬어. 무리하지 말고… 전화해서 아프다고 말하고 쉴 수 있지 않나? 21:16

희 : 알았어. 졸립지는 않지만 잘게. 자기도 잘 자♡♡♡ 21:17

훈 : 알았어. 아침에 당신이 먼저 톡해줄래? 당신 몸 괜찮은지… 21:19

희 : 알았어, 먼저 할게. 21:19

훈 : 응, 아무 생각 말고 무심으로 잠자리에 들어. 잘 자. 편히… 내일은 괜찮을 거야. 희야, 내 꿈 꿔~ 내가 아프지 않게 해줄게. 사랑해, 희야♡♡♡ 21:23

희 : 자기야, 고마워. 사랑해, 훈아♡♡♡ 21:26

11/4 (火)

희 : 훈아, 잘 잤니? 나도 잘 자고 일어났지. 감기는 어제보단 좋아졌어. 걱정은 안 해도 돼요. 오늘도 행복하게♡♡ 08:39

훈 : 정말 괜찮은 거야? 출근했어? 좋아졌다니 다행이야. 더 아프지 말아, 희야. 오늘은 다 나으라고 빌게. 무리하지 말고 수고하고 행복하자. 사랑해♡♡♡ 09:01

희 : 출근 잘했어. 감기는 금방 안 낫잖아? 훈이도 감기 조심해♡♡ 09:20

훈 : 자기야, 나 밥 먹으러 간다. 당신도 잘 챙겨 먹고 약 먹어. 오후엔 다 나아야 돼. 알았지? 안 그러면 맴매할 거야. ㅋㅋ♡♡♡ 11:45

희 : 밥 먹고 약도 먹었어. 맴매 안 맞을려고… 코가 막혀서 불편할 뿐

이야. 자기 오후도 수고해요♡♡ 12:23

희 : 훈아? 20:21

훈 : 자기야, 좀 나았어 감기? 20:22

희 : 좀 괜찮아. 20:23

훈 : 내가 많이 기도했어. 집이야? 저녁 먹고 약 먹었어? 20:24

희 : 집이야. 나가서 전화할게. 20:25

훈 : 당신 나가면 추울 텐데… 20:26

희 : 기다려. 20:27

훈 : 응. 20:27

희 : 훈아, 나 들어왔어. 21:58

훈 : 잘 자. 난 잠이 몰려와서 자야겠어. 당신도 푹 자고 감기 떨쳐내. 사랑해♡♡♡ 22:00

훈 : 이불 피다 뭐가 잘못 눌렸는지 좀전에 보낸 게 삭제됐네! 희야? 22:02

희 : 잘 자, 훈아♡♡♡ 22:02

11/6 (木)

훈 : 자기야, 점심 먹고 일 잘하고 있지? 2시 10분 버스 서부산에서 막 출발했어. 저녁에 시간 되면 톡하자♡♡♡ 14:11

희 : 훈아, 좀 바빴어. 잘 오고 있는 거지? 저녁에 연락할게. 16:05

훈 : 네~ ○○휴게소에 막 도착했어. 잠깐 쉬었다 올라가. 저녁에 전화해요. 을지로5가로 만남 장소가 바뀌었어. 16:10

희 : 훈아, 아직 친구들하고 있지? 난 졸려서 자야겠어. 낼 통화하자. 22:34

훈 : 그렇지 않아도 톡하려 했는데… 22:35

훈 : 피곤하지? 22:35

희 : 아니, 졸릴 뿐이야. 어디? 22:35

훈 : 응, 지금 논현동 가는데 약수역 근처에 잡을 테니까 5호선 청구역에서 3호선 갈아타면 돼. 아침에 알려줄게. 22:38

희 : 논현동은 친구들하고 가는 거야? 22:39

훈 : 그럼, 드럼 치는 친구가 계속 전화 와서 안 갈 수가 없네. 다섯 명이 가고 있어. 22:41

희 : 그래, 즐겁게 보내고 내일 봐♡♡ 22:42

훈 : 응, 잘 자, 자기야. 내일 봐. 사랑해♡♡♡ 22:43

11/7 (金)

훈 : 희야? 08:40

희 : 응, 어디 있어? 08:42

훈 : 3호선 약수역 1번 출구. 출발했어? 08:43

희 : 응, 버스 안. 약수역 가서 전화할게. 08:44

훈 : 응, 1번 출구로 나와서 전화해. 08:45

희 : 응, 알았어. 08:45

11/17 (月)

희 : (갈색 티 입고 찍은 사진 1컷 전송) 20:42

희 : 옆에 있는 거 같지? 20:43

희 : 훈아, 뭐해요? 20:49

훈 : 계속 톡 쓰고 있었죠. 예쁘다 당신. 넘 이뻐. 20:54

희 : 그만 써. 눈 아파. 20:55

훈 : 응, 그만해야겠어. 오늘 많이 썼네. 20:56

희 : 그래, 그만해. 잘 준비해요. 20:57

훈 : 알았어요. 당신은 더 있다 잘 거지? 20:59

희 : 난 좀 있어야지. 당신은 일찍 자요. 21:00

훈 : 응, 잘게. 당신도 잘 자. 꿈속에서 만나~ 사랑해♡♡♡ 21:00

희 : 사랑하는 훈아, 잘 자고 내일 만나요♡♡♡ 21:01

11/18 (火)

희 : 훈아, 밥 맛있게 먹었어? 20:37

훈 : 응, 당신은 먹었어? 먹고 걸어가는 중이야. 혼자야? 20:38

희 : 응, 혼자 나도 먹었어. 20:39

훈 : 희야? 21:32

희 : 응? 21:32

훈 : 지금 사진 보내주려고… 21:33

희 : 보내줘. 21:33

훈 : 응, 기다려. (김해 생태공원, 압해도, 충주, 젊을 때 사진, 어릴 적 사진

등 20컷 전송) 21:36

훈 : 당신하고 나하고 뽀샵한 사진도 다 날아갔어? 없어졌으면 그것도 보내줄까? 21:41

희 : 다 날아갔지. 보내줘. 21:43

훈 : (뽀샵 사진 2컷 전송) 21:45

희 : 어렸을 때 사진도. 21:45

훈 : (뽀샵 사진 2컷, 어릴 적 사진 10컷 전송) 21:48

희 : 와~ 못 보던 사진이네? 21:49

훈 : 다 보내줬던 거 같은데. 21:49

희 : 첨 본 거야. 21:50

훈 : 그랬나? 21:50

희 : 훈이 돌사진이야? 21:51

훈 : 두 번째 사진에만 엄마고, 다 막내고모님이야. 응, 돌사진. 덜 자라서 앉아서 찍었나봐. 21:52

희 : 돌사진은 훈이 안 같아. 형도 잘생겼어. 21:53

훈 : 응, 형이 더 잘생겼어. 희야, 나 잘게. 당신도 자야지. 21:55

희 : 잘 자, 내 사랑. 쪽~♡♡♡ 21:56

훈 : 당신도 잘 자. 사랑해♡♡♡ 21:56

11/24 (月)

훈 : 출근 잘했어? 머리 아픈 건 좀 어때? 여긴 비 온다. 거기도 비 오니? 09:59

희 : 훈아, 밥 먹었어? 카톡이 이제 왔어. 머리 아픈 건 다 나았어. 여긴 비는 안 오고 잔뜩 흐려 있다. 나 도서관에 와 있다. 12:22

훈 : 자기야, 나 밥 먹고 들어왔어. 여긴 비가 제법 오네. 수고해 자기야. 난 카톡 쓸 거야. 저녁에 통화해. 사랑해♡♡ 14:20

희 : 이제 밥 먹었구나. 여긴 아직도 비가 오네. 쉬어가면서 카톡 쓰세요. 난 은행에 잠깐 와 있어. 저녁에 봐요♡♡♡ 15:06

희 : 자기야, 밥 먹었어? 20:11

훈 : 응, 먹었어. 당신은? 여긴 종일 비가 오네. 거긴 비 안 와? 20:13

희 : 여긴 안 와. 저녁을 많이 먹었나봐. 배가 나왔어. 20:15

훈 : 맛있게 많이 먹었나 보네. 뭐해서 먹었길래… 20:15

희 : 별거 없어. 배가 고프니 다 맛있는 거지. 자기 진짜 먹었지? 20:16

훈 : 그럼, 형님이 된장찌개를 잘 끓여. 밥도 잘하시고. 몸은 이제 다 나은 거지? 걱정 안 해도 되는 거야? 20:19

희 : 응, 괜찮아. 오늘 집에만 있어서 답답했겠네? 20:20

훈 : 답답하긴 하지. 그나마 카톡 쓰고 있어서 좋았어. 20:21

희 : 나도 카톡 짬짬이 읽었는데 새롭더라. 20:23

훈 : 그랬겠지. 당신 얼마나 속상해하고 애태웠어. 축하해 희야. 카톡 복구된 거. 사랑해♡ 20:25

희 : 너무 좋아. 지난 21주 동안 속상했는데… 또 자기가 글로 써서 준다니 넘 행복하다. 고마워, 훈아♡ 20:28

훈 : 열심히 쓰겠습니다. 당신 생일선물로 주면 어떨까? 괜찮아? 20:29

희 : 좋지요. 최고의 선물. 20:30

훈 : 그래, 그럼 준비 잘할게. 당신이 최고의 선물이라니… 당신한테 직접 주고 싶어 생일날… 1월달인데 그럴 수 있을지 모르겠지만… 20:34

희 : 어떡해든 만날 수 있는 방법이 있겠지. 생각해보자고요. 20:35

훈 : 응, 방법이 있겠지. 20:37

희 : 뭐하고 있었어? 20:38

훈 : TV 보고 있어. 20:38

희 : 난 컴퓨터 앞에 앉았어. 구글에 들어가서 마저 하려고. 20:41

훈 : 눈 아플 텐데 천천히 해. 20:42

희 : 응, 알았어요. 20:43

훈 : 혼자서 외롭게 작업해야 되잖아? 지금도 혼자지? 20:45

희 : 응, 외롭지 않아. 당신이 있잖아? 20:46

훈 : ㅎㅎ 고마워. 우린 서로 함께하고 있으니까. 그럼 작업해~ 그리고 톡해♡♡ 20:49

희 : 알았어. 테레비 보세요. 20:50

훈 : 응. 20:50

희 : 훈아, 10월 22일부터 카톡이 없네. 21:17

훈 : 그럴 리가? 확인해볼게. 그날 후부터 없다고? 그럼 어떡할까? 보내려면 한참 걸릴 텐데. 21:22

희 : 할 수 없지. 어차피 자기가 쓸 거잖아? 21:23

훈 : 왜 없을까? 이상하네. 그럼 10월 21일까지만 있는 거야? 21:24

희 : 응. 21:25

훈 : 아쉽네. 내가 빨리 써서 줘야겠네. 그래도 그 전 거라도 복구된 게 어디야? 21:26

희 : 맞아, 다시 읽어보니 우리 참 둘 다 절절했다. 21:27

훈 : 8월달은 다 썼어. 나도 읽으면서 쓰니까 더 생생하고 소설 읽는 느낌이야. 책으로 낼까? 21:29

희 : 책은 무슨… ㅎㅎ 우리 둘만의 얘기인 걸. 21:30

훈 : ㅋㅋ 나중에 당신 주면 잘 간직해줘. 같이 앉아서 읽어보자. 21:32

희 : 내가 간직 잘할게. 같이 읽으면 재밌겠다. 훈아, 난 아직도 꿈꾸는 거 같아. 21:35

훈 : 그럼, 그런 날을 기다릴 거야. 당신 생일은 1월 10일이고, 12월에 다 쓸 수 있을 거 같은데 12월에 만나서 줄 수 있으면 좋겠다. 희야, 나도 그래. 늘 당신을 품고 살아가고 있어. 21:37

희 : 훈이하고 연락하며 대화하고 사랑하고 전화하고 걱정해주고 정말 난 상상도 못했던 일이야. 널 생각하며 그리워했었지만… 21:39

희 : 12월에 월차 내서 만나면 좋겠는데 당신이 올라오기 힘들지? 21:43

훈 : 아련하게 그리워만 하고 보고 싶어도 찾을 수 없었던 때를 생각하면 너무 숨 막혀. 이젠 그럴 일 없을 거라 생각하면 얼마나 좋은지. 이젠 오로지 우리만의 사랑과 행복을 위해서 살 거야. 당신만을 위해서, 당신만을 사랑하며 살 거야. 올라갈게. 내가 어디로 일하러 가든… 21:45

희 : 당신 갈 곳 결정되면 생각해보자. 21:47

훈 : 날짜는 넉넉하게 잡자. 12월 중순 넘어로… 21:47

희 : 알았어요♡ 21:48

훈 : 남편은 계속 별 얘기 없나 보지? 딸은 아직 안 왔고? 21:49

희 : 응, 없어. 날 자유롭게 해줬으면 좋겠어. 딸은 알바 갔어. 21:50

훈 : 그러길 바랄 수밖에… 21:52

희 : 훈아, 졸려요? 21:54

훈 : 우선은 당신 맘 편하고 아프지 않은 게 내가 젤 바라는 거야. 알았어. 피곤하구나? 푹 자. 21:54

희 : 내가 물어본 거야. 21:54

훈 : 아, 나 졸리냐고? 아니. 당신은 괜찮아? 21:56

희 : 응, 아직은. 21:56

훈 : 나도 괜찮아. 보고 싶어 희야. 왔다 갔다 하다 보니까 당신이 더 보고 싶어. 미치도록… 21:57

희 : 나도 넘 보고 싶어. 안고도 싶어. 어떡하냐? 빨리 안정되게 일해야 할 텐데. 21:58

희 : 내 맘은 아주 편치는 않지만 처음보다는 많이 나아졌지. 몸도 작년보다는 건강해졌어. 걱정 안 해도 돼. 22:00

훈 : 사진을 보면 좀 위안이 됐다가도 폰을 덮으면 그리움이 사무쳐. 다행이야~ 그래도 난 잘 참고 있으니까 걱정 마. 다 잘 될 거라 믿으며, 당신과 행복한 날 올 거라 믿으며 견딜 거야. 22:02

희 : 그래, 우리 잘 견디자. 그래도 우리 연락할 수도 있고, 목소리 들을 수도 있고, 사진도 보고, 가끔 만나기도 하니까 괜찮잖아 그치?

22:05

훈 : 응, 사랑해. 희야♡ 너 그리워하며 애태웠던 세월보다 더 길게, 더 오래 너 사랑할 거야. 22:07

희 : 나도 그러고 싶어♡♡ 22:08

훈 : 우리가 간절히 염원하면 이뤄질 거야♡♡ 22:10

희 : 응, 간절히… 22:11

훈 : 당신 몇 살까지 살고 싶어? 어려워? 22:13

희 : 난 75~80 사이. 그때까지 살 수 있을지 모르겠어. 당신은? 22:14

훈 : 겨우~ 그 나인 금방인데~ 희야, 우리 90까지 살아보자. 22:14

희 : ㅎㅎㅎ 술 담배하면서 어떻게? 자기 자신 있어? 22:16

훈 : 건강해서 우리나라 구석구석 여행 다니고, 여건되면 외국도 가보고… 그럴려면 90까지는 살아야 되지 않겠어? 난 자신 있지! 우리 함께 있으면 가능할 거야. 22:17

희 : 그래, 훈이와 함께라면… 훈이 어깨에 기대어 90세까지 살고 싶네♡ 22:20

훈 : 좋았어~ 건강하게 멋지게 살아봅시다. 죽도록 사랑하며… 당신 카톡 정리하고 자야지 이제? 22:24

희 : 훈아, 지금 힘들어도 힘내. 내가 있으니 기운 내라고요. 응, 자야 될 거 같아. 당신도 자요. 22:24

훈 : 응, 나 내일은 경산 사시는 형님이 얼굴 좀 보재서 경산 갈 거야. 잘 자, 여보. 사랑해♡♡ 22:26

희 : 응, 낼 경산 잘 갔다 오고 잘 자요. 나도 사랑해♡♡ 22:27

11/27 (木)

희 : 훈아, 오늘 일 잘했어? 20:46

훈 : 응, 당신도 잘 보냈어? 왁스 노래 들으면서 기다리고 있었어. 요즘 추워서 산책 못하고 있어? 20:48

희 : 11월 들어서는 주말에만 겨우 하고 있어. 일은 몇 시에 끝났어? 20:51

훈 : 여긴 부산보다 늦어. 5시 30분쯤 현장에서 나와 숙소 오면 5시 45분쯤 돼. 20:53

희 : 일주일 만에 일하니 힘들었겠네. 괜찮아? 20:54

훈 : 응, 했던 일이고 같이 일했던 사람들하고 일해서 즐겁게 하루 보냈어. 당신이 가까이 있다고 생각하니까 시간 잘 갔어♡ 20:57

희 : 그랬구나. 다행이야. 좀 걸어야 하는데 못 걸으니 답답하네. 게을러졌어. 20:59

훈 : 아가씨, 그러다 똥배 나오는 거 아냐? 21:00

희 : 좀 나왔어. 21:00

훈 : 그럼 안 되지. 쌀쌀해도 산책 가. 당신한테 꼭 필요한 거야. 21:02

희 : 응, 내일부턴 다시 생각해야지. 21:02

훈 : 똥배 검사한다! 21:02

희 : ㅎㅎ 21:03

훈 : 맑은 공기 마시고 자연과 호흡하고 갈잎과 눈 맞추고 사색하다 보면 마음이 편하고 좋아질 거야. 21:05

희 : 근데 퇴근하고 나면 컴컴하고 사람이 많지 않아서 못 간 거야. 학

교 운동장이나 걸으려고… 21:07

훈 : 그렇게라도 해. 오랜만에 왁스 노래 들었어. 전율이 느껴질 정도야. 당신 끌어안고 목 터지게 부르고 싶어. 당신 체온 느끼면서 노래 부르고 싶어♡ 21:10

희 : 왁스 노래 들으면 나도 그래. 훈이 젊을 때 사진 보면서 들으면 왜 그리 슬픈지 넘 감성적이 돼. 21:14

훈 : 당신도 그렇지? 어제 얘기한 사진 지금 보내줄까? 2장이면 돼? 21:15

희 : 응, 보내줘. 21:16

훈 : (사진 2컷 전송) 사진 열려? 21:17

희 : 응, 열려. 21:17

훈 : 다행이다. 다른 사진은? 21:18

희 : 갤러리에 저장은 안 되네. 다른 건 괜찮아. 21:18

훈 : 그래? 그럼 드라이브에 저장할 수밖에 없겠네. 21:19

희 : 그러게요. 차 안이야? 21:20

훈 : 아니, 방. 당신은 혼자 있어? 아니면? 21:21

희 : 딸하고… 21:21

훈 : 딸은 딸대로 당신은 당신대로 그렇게 홀로 있구나. 21:23

희 : 훈아, 나 혼자 있는 거 괜찮아. 시부모님 모시고 살 때는 항상 집에 사람이 많아서 힘들어서 혼자 있는 걸 원했었다. 21:25

희 : 난 조용히 혼자 있는 거 좋아하고 즐겨요. 21:30

훈 : 당신은 그런 이유로 그랬고, 나는 나대로 혼자이고 싶었어. 당신

이나 나나 참 오랜 시간 외로웠던 거 같아. 홀로 속앓이하면서…
우리가 이렇게 만나서 사랑하려고 그런 세월이 있었나? 나도 혼자
많이 쏘다니고 고독을 즐겼다고 했잖아? 21:32

희 : 우린 공통점이 많은 거 같아. 성향도 비슷하고… 난 혼자 다닌 적
은 없지만 항상 혼자이고 싶었어. 21:37

훈 : "보잘것없지만 널 위해 남겨둔 내 사랑을 받아줘~ 어떻게든 우린
다시 사랑해야 해~" 너와 나 우리를 위한 노래 같아. 그래, 그런 점
들을 생각해보면 우린 서로의 가슴 깊숙한 곳에 서로를 그리고 애
타는 마음이 늘 자리하고 있었던 거야. 21:40

훈 : 희야? 21:44

희 : 그래 맞아. 널 생각하면 어떻게 지낼까 궁금했다가 그렇게 좋아했
는데 연애 한 번 제대로 못한 걸 아쉬워하다가 어떤 여자와 결혼했
는지 궁금해하면서 생각을 하곤 했어. 왜? 21:45

희 : 잘 때가 됐지? 21:46

훈 : 젊을 때 생각하면 당신한테 난 할 말이 없어. 미안하고 후회스러
워서… 아니, 졸린 게 아니고… 당신한테 물어보고 싶은 게 있어
서. 21:48

희 : 뭔데요? 21:48

훈 : 당신, 언젠가 혹시라도 혼자가 되면 서울 아닌 은평 뉴타운 아닌,
지방에 살 수 있어? 너무 갑작스런 질문이긴 한데 당장 답하지 않
아도 되고… 21:52

훈 : 미안해. 괜한 질문한 거 같다. 당신 그렇지 않아도 맘 편치 않은

데… 21:56

희 : 지금 맘 같아선 당신하고 함께하고 싶지만 여러 가지 상황들이… 21:57

훈 : 잊어버리고 자. 나도 잘게. 희야, 미안해. 21:57

희 : 미안해하지 마. 요즘 그런 상상 많이 했어. 당신과 사는 상상. 현실이었으면 하는 상상도 하면서… 하지만 지금은 연락하는 것만으로도 만족해야 할 거 같아. 사랑해, 훈아. 22:02

훈 : 나도 그런 상상이 가득해. 그런데 내가 참고 이겨내자 해놓고 당신한테 어리광 부리듯 하고, 심란한 당신 맘을 또 흐트러 놓는 거 같아서… 알았어, 희야. 내가 마음 다스릴게. 사랑해. 22:04

희 : 훈아, 자야지. 자장~ 자장~ 잘 자고 낼 또 봐요. 내 사랑♡♡♡ 22:05

훈 : 고마워. 당신도 잘 자. 사랑해♡♡♡ 22:06

11/28 (金)

훈 : 자기야, 근무 잘하고 있지? 여긴 비 많이 와서 점심 먹고 숙소 가고 있어. 점심 맛있게 먹고 시간 되면 전화해♡♡ 11:59

희 : 이따가 전화할게. 12:55

희 : 훈아, 밥 먹었어? 18:47

희 : 훈아, 뭐하니? 21:21

훈 : TV 보고 있었어. 당신은? 21:22

훈 : 사진 안 찍었어? 21:23

희 : 사진 안 찍었는데 낼 찍을게. 난 마사지팩하고 있어. 21:25

훈 : 알았어. 낼 친구 만나면 무슨 얘기 어떻게 해야 할지 생각해봤어? 마사지팩? 잘하고 있어요. 짝짝~ 21:26

희 : 할 얘기는 남편하고 당신 얘기… 어떻게 반응할지는 모르겠는데 말할려고. 21:30

훈 : 내 얘기는 안 하는 게 낫지 않을까? 21:37

훈 : 당신이 가정에만 얽매여 속앓이하면서 살았던 세월, 답답하게 살림만 하는 가정부 같은 숨 막히는 가정생활, 당신의 그동안 시집살이, 결혼생활 솔직히 얘기하고… 그러다가 친구 반응 봐서 정 답답하면 그때 내 얘기 조금 해도 될 거 같아. 21:49

희 : 그동안 내가 어떻게 살았는지는 친구도 잘 알고 있어. 나한테 항상 시집에 너무 얽매어 살지 말라고, 그렇게 힘들게 살 필요 없다고 말했거든. 21:51

훈 : 알고 있었구나. 그래도 내 얘긴 처음부터 하지 마. 21:52

희 : 처음부터는 안 하지. 자기 걱정돼? 21:53

훈 : 당신하고 교감이 가는 친구라니까 걱정은 안 돼. 단지 내 얘기는 친구 반응 봐서 얘기하자는 거지. 21:54

희 : 알았어. 내일은 속 시원할 거 같아. 21:56

훈 : 그런 친구니까 당신 감정 가는 대로 털어놔. 눈물나면 울고 속 시원하게 풀어버려. 21:58

희 : 그럴려고… 방은 따뜻해? 22:00

훈 : 응, 맘에 들어. 지글지글 끓어. 그래서 아침에 개운해. 22:00

희 : 아, 그래? 내 맘이 놓인다. 22:01

훈 : 당신도 침대보다 따뜻한 온돌에서 자면 좋을 텐데. 22:02

희 : 전기장판 켜고 자면 돼. 22:04

훈 : 전기보다는 온돌이 좋은데… 나중에 내 배 위에 재워줄게. 나 따뜻하거든. 22:06

희 : ㅎㅎㅎ 당신 숨 못 셔. 훈이 재밌어. 22:07

훈 : 입 맞추고 서로 호흡하면 되지요. 인공호흡 하듯이… 스릴 있고 더 달콤할 거야 아마~ 22:08

희 : 이렇게 말하니까 진짜 같아. 내 몸이 이상해. 22:10

훈 : 그럼 진짜지! 내 배 위에 있다 생각해. 편할 거야. 입술 길게 내밀어요, 아가씨! 22:12

희 : ㅎㅎ 훈아, 나중에 만나서… 22:14

훈 : ㅎㅎ 나중에 꼭~ 근데 똥배 많이 나왔으면 안 태워줄 고야. ㅋㅋ 와~ 웃긴다. 나도 웃기네. 22:16

희 : 나도 재밌어. 많이 웃었어. 22:16

훈 : 마사지팩 떨어진 거 아냐? 22:17

희 : 오래해서 아까 떼었어. 22:17

훈 : 그랬어? 사랑해♡ 22:18

희 : 응, 나도 사랑해요. 유머가 넘치네요. 22:20

훈 : 고마워 당신, 날 사랑해줘서… 늘 웃으면서 슬겁게 당신만 사랑하며 살고 싶어. 22:22

희 : 그래, 우리 즐겁게 웃으면서 살자고요. 당신 잘 시간이야. 22:24

훈 : 응, 자야겠어. 잘게. 당신도 자, 편하게… 내 배 위에서 잔다고 생각해. 그럼 난 당신과 입 맞추고 잘 거야. 잘 자, 사랑해♡♡ 22:26

희 : 당신 푹 잘 자요. 당신 배 위에서 나도 잘게요. 입맞추며♡♡ 22:28

11/29 (土)

희 : 훈아, 잘 자고 일어났지? 배 위에 나 올려놓고 자느라 힘들었을 거야. ㅋ 난 음악 듣고 있어. 노래가사들이 우리를 위해 만든 거 같아. 오늘도 수고하고 행복해요. 짬짬이 연락할게♡ 09:09

훈 : 점심 맛있게 먹었어? 오전에 바빠서 이제 밥 먹었어. 오늘은 쉬지도 못하고 좀 있다 또 일해야 돼. 저녁에 만나. 사랑해♡♡ 12:40

희 : 집에 가는 중이야? 19:48

희 : 나중에 하자. 19:49

훈 : 응. 19:49

12/1 (月)

훈 : 자기야, 잘 자고 나왔어? 여긴 첫눈이 쏟아지네. 거긴 어때? 사진을 찍었는데 잘 보이려나 모르겠네? 오늘도 행복하게 잘 보내자. 내 사랑♡♡ 09:45

훈 : (눈 오는 충주 현장 사진 3컷 전송) 카톡 스크린에도 눈이 내리네. 참 세상 좋네. 눈 많이 와서 지금 대기 중이야. 09:47

희 : 카톡 스크린 이쁘다. 정말 좋은 세상이야. 나도 해봐야겠는 걸…
밥 먹었어? 여기도 첫눈이 왔어. 오후에도 잘 지내요♡♡ 12:41

훈 : 카톡 자체에서 깐 거야~ 응, 먹고 숙소야. 벌써 카톡 쓰기 시작했어. 근무 잘하고 저녁에 통화해♡♡ 12:45

희 : 응, 알았어♡♡♡ 12:46

희 : (검정 자켓 입고 찍은 사진 1컷 전송) 20:26

희 : 아침에 출근하기 전에 찍은 거야. 20:29

훈 : 와우~ 섹시해. 50 먹은 모델 맞아? 20:29

희 : 뭐가 섹시해? 50은 빼줘. 20:30

훈 : 희야, 넘 이뽀! 당신은 흰 피부와 똘망똘망한 눈이 중학교 때하고 똑같아. 나이 50에 섹시한 건 당신밖에 없어. 50이 어때서? 이쁘기만 한데. 옛날에 이 초롱한 눈망울로 날 보며 고백을 했었는데… 20:35

희 : 눈을 크게 떠서 그렇지 그래도 50은… 지금도 당신을 매일 보고 있잖아? 사랑한다 고백도 하고… 20:36

훈 : 그런 희야를 내가 왜 붙잡지 못했을 꺼나… 그래~ 옛날은 옛날이고 지금은 꼬맹이 이쁜 희야가 내 품에 있으니까 됐어. 행복해, 사랑해♡ 꼬맹이래서 삐치겠다. 넘 귀엽고 이뻐서 그러는 거야. 희야, 이해해. 20:40

희 : 이해할게. 자기는 내 맘을 넘 잘 알아. 신기해. 아~ 꿈 같다. 우리 중학교 시절이 아련하다. 20:41

훈 : 그 시절 생각만 하면 눈앞에 영화처럼 필름이 펼쳐져 보여. 20:43

희: ○○년 12월 크리스마스 연습한다고 교회에 매일 갔었던 거 같아. 훈이 보는 즐거움에 가슴이 두근거리며 갔었던 기억이 생각난다. 내가 카드도 보냈잖아? 기억나지? 20:46

훈: 그럼, 그래 그랬지. 나도 그랬지. 4중창 문학의 밤 등등등 난 오로지 당신 보려고 교회 갔었어. 20:47

희: 난 교회를 다니고 있었기에 훈이가 오는 바람에 교회 가는 것이 더 즐거웠지. 20:50

희: 내 결혼식에 훈이를 마지막으로 보고 23년 만에 다시 보게 될 줄은 상상도 못했어. 20:53

훈: 난 그때 교회 가면 사탕 과자 준다는 거 얘기도 들었고, 당신이 서부교회 다닌다는 얘기를 어떻게 해서 들어서 찾아간 거지. 교회가 어떤 덴지, 하느님 예수님이 뭔지 알지도 못하고, 생각할 필요도 없고, 단지 희야 당신을 교회에 가면 늘 볼 수 있으니까 그래서 갔지. 20:53

희: 날 교회에서 첨 본 게 아니었나? 20:54

훈: 아니지~ 어느 날 당숙 집에 갔다가 널 본 거야. 왕고모님 집에 갔는데 그때 니가 반바지 입고 펌프질하고 있었던 거로 기억해. 그때 당신 보고 뿅 갔었던 거야. 이 얘기 내가 안 했었나? 20:58

희: ㅎㅎㅎ 정말 웃기다. 펌프질… 첨 들었어. 20:58

훈: 펌프는 기억나? 20:59

희: 펌프는 기억나. 우리 살던 방 앞에 있었어. 정말 그때 첨 본 거야? 20:59

훈 : 물 긷는 펌프~ 20:59

훈 : 맞아, 그 앞에 네 방이 있었어. 21:00

훈 : 그럼, 그때 당신 첨 봤지. 반바지에 하얀 허벅지 드러내고 적당히 허리 굽혀 펌프질하는 여자한테 한 남자가 넋이 나갔지. 그 여자가 희야고, 그 남자가 훈이야. 21:04

희 : ㅎㅎㅎ 진짜 재밌다. 나 소리 내고 웃었어. 훈이 정말 웃긴다. 21:05

희 : 난 전혀 기억에 없네. 내가 훈이 첨 본 얘기했나? 21:06

훈 : 이건 사실이야. 그럼 당신은 날 교회에서 보기 전까지는 몰랐어? 21:06

희 : 아니지 알았지. 21:06

훈 : 그러니까 당신도 내가 왕고모님댁에 왔다 갔다 했으니까 보긴 봤을 거야. 21:08

희 : 집에 가려면 골목길 가기 전에 누구 집인지 모르겠는데 그 집 앞에 훈이, 철민이 몇몇 애들이 항상 있었어. 거기서 첨 본 거지. 왕고모님댁에선 본 기억이 없어. 21:09

희 : 그 애들 중에서 훈이가 내 눈에 들어온 거지. 지금도 기억난다. 웃던 모습. 21:11

훈 : 그땐 내가 당신을 훔쳐봤어. 그래서 왕고모님 집에 뺀질나게 들락거렸어. 반바지 입은 이쁜이를 보려고… 21:11

희 : 진짜 그랬어? 몰랐던 사실이네. 21:12

희 : 널 알고 나서 아버지 땜에 훈이 집 가까이 사는 게 싫었어. 창피했

거든… 21:14

훈 : 그때 당신은 그랬었을 거 같아. 생각해보면… 그 당시 스토리가 중요한 건데 빠졌었구나. 21:16

희 : 오늘 첨 안 사실들이 많네요. 펌프질… 정겹다. 오랜만에 들어보네. 21:18

희 : 훈아, 우리 아직 못한 얘기들이 많은 거 같은데? 21:19

훈 : ㅎㅎ 우리 두고두고 할 얘기가 많아. 그러니까 90까지 살아야 돼. 21:20

희 : 알았어. 90세까지 건강하게 살자고요. 21:22

훈 : 응, 90… 지금처럼 우리 사랑하고 손잡고 여행 다니고 함께하면 거뜬할 거야♡ 21:24

희 : 지금부터라도 건강관리 잘해야겠네. 화이팅♡ 21:26

훈 : 그럼 그래야지. 근데 육신보다는 마음, 정신이 더 중요해. 당신 스트레스받지 않고 잘 견디면 좋겠어. 나도 그럴 거니까. 21:30

희 : 사랑은 신기하지? 어떻게 이리 오랫동안 잊지 않고 연을 맺게 해 줄까나? 힘내서 잘 견딜 거야. 걱정 마, 자기야♡ 21:33

훈 : 정말 신기해. 그게 당신과 나의 인연이고 운명인 거지. "사랑했어, 사랑했어. 우린 미치도록 사랑했었어. 보고 싶어, 너무 보고 싶어. 내 사랑이 식기 전에." 21:38

희 : ㅎㅎ 자기 자야지요? 21:39

훈 : 희야, 사랑해♡ 21:39

희 : 나도♡♡ 21:40

훈 : 당신 오늘도 내 배 위에서 잘 거지? 21:40

희 : 당근이지. 배 위에서 당신 얼굴 만지며 잘 거야. 21:41

훈 : 똥배 안 따질 테니까 부담 없이 올라오세요♡ 당근 갖고 올라오면 무거운데. 21:42

희 : ㅋㅋ 다이어트해야 하나? 훈이 힘들까봐… 21:43

훈 : 당근은 버리고 입술만 가져오세요. 입술에 꿀 바를 필요 없고 오직 희야의 생입술만… 당신 입술이 꿀보다 달콤하니까. 21:45

희 : 아, 입맞추고 싶어… 21:47

훈 : 그럼 우리 뽀뽀하자♡♡ 희야, 나 잘게. 당신도 자~ 21:48

희 : ♡♡ 나 상상하며 잘게. 자기도 잘 자요♡♡♡ 21:49

훈 : 응, 잘 자♡ 21:50

12/4 (木)

희 : 자기야? 20:27

희 : 카톡 쓰고 있구나. 오늘도 추운데 수고했네. 근데 낼은 더 춥다고 하네. 우리 자기 추워서 어떡하나! 20:30

훈 : 휴~ 10월 5일 거 막 끝났어. 당신 추워? 나 없어서? 20:32

희 : 당신 없어서 춥지. 내 옆에 있으면 따뜻해서 얼마나 좋을고… 20:34

훈 : ㅎㅎ 추워봐야 까짓거 뭐 깡으로 버티면 돼! 걱정 마세요. 정 추우면 당신 체온 느끼며, 생각하며 일하면 춥지 않을 거야. 20:36

희 : 오늘 괜찮았어? 아픈 데는 없어? 20:37

훈 : 그럼, 당신 생각하며 열심히 일했죠. 20:39

희 : 요즘 회사 감사 받느라 어수선하네 나도. 자료 준비하느라 바쁘고 일 실수한 거 나올까봐 조마조마하네. 20:42

훈 : 넘 걱정 마. 당신 최선을 다했잖아? 아무 일 없을 거야. 신경 꺼두세요. 그것도 스트레스야. 크리스마스가 다가오니까 옛날 새벽송 다니던 생각나네. 20:46

희 : 기억나? 같이 다녔던 거 같은데… 20:46

훈 : 몇 그룹으로 나뉘어서 갔는데 당신하고 떨어질까봐 조마조마했는데 같은 그룹이었어. 기억이 생생하진 않아도 당신도 나랑 다니니까 더 많이 웃고 더 신나게 찬송가 불렀던 거 같아. 기억나? 20:50

희 : 맞아. 많이 추웠는데 즐거웠지. 다니면서 너가 어딨는지 계속 보면서 다닌 거 같아. 20:50

훈 : 아, 맞다! 그러고 보니 아련하지만 맨 뒷줄에 당신과 옆에서 노래 부르면서 당신 장갑 낀 손 잡았던 거 같아. 20:53

희 : 정말? 내 손을 잡았다고? 기억이 잘 안 나지만 나 무척 좋았을 거야. 20:55

훈 : 여름에 당신 고백 듣고 그랬던 거 같은데… 너무 아련한 기억이라 아쉽네. 당신은 가만히 있었던 거 같아. 20:56

희 : 너무 오래돼서… 속으로 좋아했겠지. 20:56

훈 : 그랬을 거야. 내 기억도 아스라해서… 우리 근데 확실히 키스는 안 했지? 20:57

희 : ㅎㅎ 그래. 손만 겨우 잡았어. 20:58

희 : 자기는 그때 뽀뽀할 생각은 있었어? 21:01

훈 : 그때 달콤한 당신 입술을 깨물었어야 했는데… 앞으로 40년 동안 당신 입술 물고 살 거야. 아파도 참아, 희야♡ 뽀뽀보다 진하게 키스하고 싶었지. 21:03

희 : 중학교 때 키스를 알았어? 21:04

훈 : 당신도 그랬을 거 같은데 아닌가? 어떤 건지는 알았지. 경험이 없었을 뿐이었지. 단지 당신 앞에서 용기를 못 냈던 거지. 바보같이… 21:06

희 : 바보가 아냐. 순진했던 거지. 손잡고 뽀뽀하고 싶었지. 안고도 싶었고… 21:08

훈 : 지금 생각해보면 그때 우리가 순수함을 간직했기 때문에 지금 우리가 더 그 순수함 때문에 진솔하게 아름답게 사랑하고 있는 거 같아. 21:12

희 : 그때 못했던 것들을 하나씩 풀어나가며 사랑을 하고 싶어. 21:17

훈 : 우리 서로에게 감사하자. 그때 뽀뽀 안 했던 거, 껴안지 않았던 거, 키스하지 않았던 거… 21:17

훈 : 그랬기 때문에 35년 만에 만나서 그동안 지켜왔던 진한 사랑, 그리운 사랑, 애타던 사랑을 하게 됐으니까. 그래, 그렇게 하나씩 천천히 아끼고 사랑하며 살자♡ 21:19

희 : 훈아, 고마워. 날 찾아줘서. 날 행복하게 해줘서. 날 사랑해줘서♡ 21:20

훈 : 나도! 당신이 날 만나주고 내 사랑을 기꺼이 받아주고 견디고 있

어서 고마워. 내가 더 당신한테 고마워. 날 사랑해줘서♡ 21:23

희 : 우리 앞으로 잘 견디며 사랑하자. 자기 자야지? 21:26

훈 : 그래, 죽도록 사랑하자♡ 응, 잘게. 당신도 자야지? 잘 자, 사랑해 ♡♡ 21:28

희 : 자기야, 푹 잘 자. 나도 오늘밤 자기 생각하며 잘게요. 사랑해♡♡♡ 21:30

훈 : ♡♡ 21:30

12/5 (金)

희 : 훈아, 잘 지냈어? 20:40

훈 : 그럼, 추운데 당신은? 20:43

희 : 나도 잘 지냈지. 발난로는 왔어? 20:44

훈 : 어제 왔어. 고마워~ 발토시랑 발난로에 당신 사랑이 담겨서 춥지 않고 좋네. 돈 준다고 하면 당신 언짢아할 거 같고… 나도 당신한테 선물 하나 사주고 싶다. 20:47

훈 : 주말엔 뭐하고 지내실 건가요 마님? 20:50

희 : 잘 주문한 거지? 당신한테 사랑 선물 받고 있잖아? 안 사줘도 돼. 별 계획 없네요. 집안일이나 해야 할 거 같아. 20:51

훈 : 사랑 선물이라… 돈 안 드는 거라 좋긴 한데… 그래도 당신 생일도 다가오고 연말이 되니까 뭐라도 해주고 싶어서 그래. 집 안 청소 등등? 20:53

희 : 당신 정성 가득한 노트 있잖아? 청소와 반찬 만들기. 20:55

훈 : 아, 노트! 노트는 당연한 거구. 선물은 일단 보류. 그럼 내가 다시 생각해볼게. 힘들겠다 당신~ 무리하진 마. 20:58

희 : 또 필요한 거 있으면 말해요. 주문해줄게. 20:59

훈 : 당신 입술~ ㅎㅎ 21:00

희 : ㅎㅎ 나도… 21:01

훈 : 당신 손~ 당신 가슴~ 이런 것도 택배 되나요? 21:02

희 : 되면 얼마나 좋겠어요. 21:02

훈 : ㅎㅎ 당신이 택배차를 직접 몰고 와야겠다. 21:03

희 : 갈 수만 있다면… 충주 가고 싶다. 여름이 생각나네. 21:04

훈 : 여름에 왔었으니까 겨울에도 오면 괜찮겠다. 근데 시간이… 당신 여건이 여의치 않으니… 21:06

희 : 여건만 되면 충주 가고 싶어. 21:07

훈 : 당신 오려면 힘들어. 내가 가면 돼. 21:08

희 : 당신 여기저기 많이 다녀서 이번엔 내가 가고 싶은데… 상황 봐서 내가 갈게. 21:08

훈 : 당신이 정말 오고 싶으면 그렇게 해 그럼. 근데 당신 시간이 문제지 뭐. 21:10

희 : 생각해봐야지. 21:11

훈 : 나도 매일이라도 가고 싶지만 상황이 좋지 않으니 참아야지. 21:13

희 : 그래요. 무리하진 않을게. 잘 참아야지. 그렇지만 보고 싶다. 그치? 21:14

훈 : 그럼, 무지 보고 싶지. 희야, 나 아까부터 졸음 참고 있어. 추워서 그런지 일찍 자고 싶네. 미안해. 당신은 자려면 멀었지? 21:16

희 : 그래, 일찍 자. 겨울이라서 그런 거니까 푹 자요. 사랑해♡♡♡ 21:18

훈 : 잘 자. 나도 사랑해♡♡♡ 21:20

희 : ♡♡♡ 21:22

제3부

20○○年 12月 6日~
20□□年 3月 8日

12/6 (土)

희 : 훈아? 18:17

훈 : 미안, 넘 늦었지? 10월 15일 거 넘 길어. 집안일 하느라 힘들었지? 저녁은? 난 먹었어. 18:43

희 : 나도 먹었어. 전화해도 돼? 18:44

훈 : 응. 18:45

희 : 훈아, 편히 잘 자. 좋은 꿈 꾸고♡♡ 21:18

훈 : 당신도 잘 자. 사랑해♡♡ 21:23

12/7 (日)

희 : 훈아, 전화해도 돼? 19:52

희 : 훈아, 오늘 잘 보냈지? 운동장 걷고 있는데 전화 안 받네. 오늘은 푹 쉬고 내일 연락할게♡♡ 20:11

12/9 (火)

희 : 훈아, 안녕? 자기 전에 사진 보고, 자다 깨면 카톡 사진 보고, 아침에 일어나서 또 사진 보고, 내 일상이 돼버렸어. 그래도 또 보고 싶어. 오늘도 일 잘하고 행복해요♡♡ 08:34

훈 : 굿모닝! 나도 그래 희야~ 우린 어쩔 수 없는 인연인가봐. 여긴 영하 10도야. 해가 올라오니까 좀 낫네. 난로 쬐이면서 하니까 할만해. 넘 걱정 말아요. 당신도 행복하고 저녁에 통화해♡♡ 09:02

희 : 자기야, 점심 어디서 먹어? 통화할 수 있어? 12:06

희 : 훈아, 추운데 수고 많았어. 자니? 20:55

12/12 (金)

희 : 훈아, 점심 맛있게 먹었지? 난 밥 먹고 도서관에서 책 한 권 빌리고 들어가려 해. 오후도 잘 보내요♡♡ 12:28

훈 : 응, 잘 먹었어. 나 일할게. 저녁에 만나♡♡ 12:55

희 : 훈아, 시흥은 눈이 펑펑 내리네. 눈 내리는 길을 자기와 손잡고 걷고 싶어… 16:32

훈 : 그러게. 나도 당신 어깨 감싸고 눈길을 걷고 싶네. 이번 겨울에 한 번쯤은 기회가 오겠지 뭐. 여기도 눈이 오려는지 잔뜩 흐렸어. 지금 퇴근 중이야. 나중에 만나♡♡ 17:25

희 : 훈아, 밥 잘 먹었어요? 오늘 많이 추웠지? 19:27

훈 : 잘 먹었지요. 조금 추웠어. 당신 별일 없이 오늘 잘 보냈어? 지금도 눈 와? 19:28

희 : 응, 잘 보냈지. 일이 없어서 따분한데 책 읽으면서 보내고 있어. 눈은 그쳤어. 19:30

훈 : 여기도 좀 오고 그쳤어. 독서~ 잘했네. 책 읽으면 마음이 차분해지고 안정이 될 거야. 19:31

희 : 어제 모임 갔다 오는 길에 카톡했잖아? 자더라. ㅋ 19:33

훈 : 베스트셀러 진입 중인 소설책 추천해줄게. 읽어봐. "달맞이꽃 사랑 - 희&훈" 10시 조금 넘어까지 음악 듣다가 잠들었어. 어제 재밌고 좋았어? 19:36

희 : ㅎㅎ 달맞이꽃 사랑은 매일 읽고 있지. 수다만 떨다 왔지. 8명 왔는데 우리 반 애가 새로웠어. 19:37

훈 : 베스트셀러 될 수 있겠지? ㅋㅋ 새벽 1시 반에 깨서 카톡부터 봤지. 나 잠들고 얼마 안 돼서 당신 톡했더라. 조금만 더 기다릴걸… 왁스 노래가 수면제가 됐네. 많이 모였네. 수다만 떨었어도 가길 잘한 거 같아 내 생각엔… 19:41

희 : 어제 재미는 있었는데 넘 피곤해서 빨리 끝내자고 해서 10시 10분 정도에 나온 거 같아. 더 늦게 나온 애도 있었어. 나 쉬게 되면 친구가 시흥으로 놀러 오기로 했어. 19:45

훈 : 당신 카톡 홈 바뀌었네? 눈 덮인 그림… 예전 크리스마스 때 생각에 젖어 바꿨나? 그랬어? 좀 피곤했겠다. 다들 친했던 친구겠지? 당신 만나러 시흥에 온다니 고마운 친구네~ 19:48

희 : 중2 때 친했던 친구. 훈이도 기억하는 친구. 이름이 인선이야. 카톡 홈 밴드에 누가 올린 거 갖고 왔지. 옛날 카드에 많이 있던 그림이라… 넘 포근하고 정겨워. 그런 그림 좋아해. 19:52

훈 : 아, 시흥에 온다는 그 친구가 인선이야? 날 기억한다니까 왠지 보고 싶네. 시간이 지나 어느 때 당신과 손잡고 그 친구 만나 식사라도 하면서 옛날 얘기 나누면 좋겠다. 19:57

희 : 그러게… 그런 날이 오면 인선이가 놀라겠지. ㅋ 19:59

훈 : 무지 놀래겠지. 내일은 잠 좀 푹 자. 피곤할 테니까… 20:00

희 : 회사 가서 하는 일도 별로 없는데 왜 피곤한지 모르겠어. 산책을 못해서 그런가봐. 자기 낼 일해? 춥다는데 쉬었으면 좋겠네. 20:02

훈 : (희야가 맨 처음 보내준 사진 액자 만들어서 전송) 20:05

희 : 엥? 이건 뭐야 갑자기? 20:05

훈 : 8월 4일 당신 만나기 전에 당신 보고 싶다니까 지금 모습은 안 되고 언니 만났을 때 찍은 거라며 보내줬지~ 20:07

희 : 처음 보내준 거지. 20:07

훈 : 나 이 사진 보고 숨 넘어가는 줄 알았어. 20:07

희 : 왜요? 20:08

훈 : 당신과 톡으로 얘기는 나누고 있었지만 당신 모습을 그리기가 쉽지 않았거든. 근데 내가 중학교 때 반했던 얼굴, 그토록 수십 년을 애타게 그리워하고 보고 싶어 하던 모습이 내 눈앞에 나타났으니까. 20:11

훈 : 5분만 기다려줘. 빨래 좀 널고… 20:12

희 : 그럴 수 있겠어. 나도 넘 놀랐으니까… 페북 보고 잠을 잘 수가 없었어. 20:13

훈 : 난 당신 사진 보고 흥분되고 기뻤는데 당신 내 사진 보고 놀라고 걱정하고 잠도 못 자고 그랬었어? 그런 놀라움과 흥분이 만남으로, 사랑으로 이어지고 첫사랑이 잉태한 동미리 뚝방을 손잡고 거닐며 옛 추억을 얘기하고, 또 거기서 사랑을 나누고… 20○○년은 내 생애 최고의 해였어. 20:17

희 : 정말 최고의 해? 난 걱정 많이 했어. 그래서 잠을 못 잤어. 나도 잊을 수 없는 한 해였던 거 같아. 하루하루가 잊을 수 없어. 20:26

훈 : 그럼, 올해뿐 아니라 매년 매해가 당신과 함께하는 항상 최고의 일

년, 이 년~ 삼십 년, 사십 년이 되길 빌고 바랄 거야. 당신과 함께 그런 세월, 그런 세상을 살고 싶어. 20:29

희 : 모든 게 꿈같아. 난 당신 생각날 때면 넘 순수했지만 아쉬움이 컸던 첫사랑이었다고… 힘들지만 나도 훈이 생각하고 똑같아. 함께 하고 싶어 영원히… 20:33

훈 : 아쉬움과 미련이 많이 있었던 첫사랑이라서 우린 다시금 첫사랑을 영원한 사랑으로 만들어가는 중이잖아? 20:36

희 : 맞아요. 사진 어때? 며칠 전 찍은 거… 20:37

훈 : 보고 싶어 미치겠다! 이쁜 당신 이 모습을 내 가슴에 꽉 안아야지~ 이쁘다, 희야♡ 20:38

희 : 나도 보고 싶어. 당신도 보내봐. 20:39

훈 : ㅋㅋ 내 모습은 지금은 어려워유~ ㅎㅎ 20:40

희 : 왜유~ 20:41

훈 : 셀카가 미숙혀서~ 까진 마빡만 나와서 안 돼유. 20:42

희 : ㅎㅎ 알았어. 훈이가 왜 머리가 빠졌을까요? 생각지도 못했던 일이예유. 20:44

희 : 그래도 지금 열심히 사는 니 모습 좋아. 20:45

훈 : 지도 몰라유~ 희야를 넘 많이 그리워하다 속 대신 머리가 홀랑 타서 그래유~ 차라리 가슴을 찍어서 보내드릴까유? 20:46

희 : 됐어유. 나중에 실물로 볼께유. 20:47

훈 : 넹! 크리스마스이브 전에 볼까? 당신 괜찮으면… 올해가 가기 전에 보고 싶다. 20:49

희 : 그만두기 전에 만나고 해야 되는데… 날짜 잡아볼게. 20:50

훈 : 응, 희야? 20:52

희 : 응. 20:53

훈 : 우리 사랑 영원할 거라는 거 믿지? 20:53

희 : 믿어. 당신은? 20:54

훈 : 나도! 내가 영원히 당신 옆에 있을 거니까. 내가 항상 당신 지켜줄 거니까. 20:56

희 : 응, 고마워. 20:58

훈 : 나도 고마워. 믿어줘서… 희야, 나 이제 잘게. 괜찮지? 20:59

희 : 그럼 자야지. 편히 잘 자고. 난 당신 생각하다 잘 거야♡♡ 21:00

훈 : 알았어. 당신도 편히 잘 자. 사랑해♡♡ 21:01

12/14 (日)

희 : 훈아, 오늘 잘 보냈어? 19:56

훈 : 미안, 늦어서… 카톡 마저 쓰느라고… 11월 1일은 밤 11시 40분에 톡을 끝냈네. 길기도 하고… 난 절에 가서 스님 만나 뵙고 왔어. 당신은 잘 보냈어? 20:27

희 : 하루종일 집에 있었어. 따분하더라. 절에 갔다 와서 마음이 편하겠네. 20:32

훈 : 지루했겠네. 우리 자기~ 스님이 반겨줘서 흐뭇했어. 20:34

희 : 좋았겠네. 언제 도착했어? 20:36

훈 : 2시쯤 와서 계속 톡 쓰다 잠깐 잠들었다가 저녁 먹고 다시 쓰고…

11월 1일까지 썼어. 20:37

희 : 많이 썼네. 눈도 손도 아프겠다. 우리 정말 많은 얘길 나누었지? 20:40

훈 : 너무 절절하고 애달파, 우리 얘기… 당신과 내가 나눈 얘기를 내가 읽으며 쓰는데도 넘 짠하고 감동적이야. 20:40

훈 : 나중에 당신과 나란히 함께 읽으면 좋겠다는 생각을 했어. 20:42

희 : 언제 읽을려나요? 20:43

훈 : 23일날 가져갈게. 20:43

희 : 응, 고마워. 20:43

훈 : (카톡 노트 사진 전송) 내용은 1급 비밀임. 20:45

희 : 잘 보관할게. 20:45

훈 : 스위스 은행에 보관해야 안전빵인데. ㅋㅋ 20:46

희 : ㅎㅎ 자기 쓰느라 고생 많았어. 내가 뽀해줄게♡ 20:47

훈 : 아~ 달콤해. 좋다. 20:48

희 : 거기 눈 왔어? 20:49

훈 : 쪼금. 시흥은? 20:50

희 : 낮에 많이 왔었는데 조금 쌓였었어. 낼 저녁부터 많이 온대. 20:51

훈 : 내가 눈이 되어 당신 어깨에, 당신 등에, 당신 손과 가슴에 내릴게. 날 받아줄 거지? 20:53

훈 : 따뜻한 눈으로 당신에게 내릴게♡ 20:55

희 : 응, 받아주지요. 눈을 훈이라 생각해야겠네. 시적인 표현이야. 20:56

훈 : 당신은 겨울에도 지지 않고 피어 있는 달맞이꽃. 난 달맞이꽃을 포근히 감쌀 따뜻한 눈⋯ 20:58

희 : ㅎㅎ 훈이 표현이 멋지다. 보고 싶은 훈이⋯ 20:59

훈 : 보고 싶은 희야. 내 사랑 희야. 영원히 내 가슴속에 피어 있는 달맞이꽃! 드라이브에 있는 사진 갤러리로 다운해봤어? 21:01

희 : 했어요. 잘 되던데⋯ 자기도 연구 많이 하네. 21:02

훈 : 50 넘어서 아이큐가 높아지나? ㅋㅋ 21:04

희 : 손가락을 많이 움직여서 그런가? ㅋㅋ 21:04

훈 : 자기야, 카톡 내용 드라이브에 옮기면 이모티콘(하트, 뽀뽀 등)은 어떻게 돼? 21:05

희 : 글로 나와. 하트, 뽀뽀 이런 식으로⋯ 21:07

희 : 당신은 어떻게 썼어요? 21:08

훈 : 모양과 색깔이 없어져서 밋밋하겠네. 글로 썼어. 색깔 넣고 그림은 그릴 수 없고⋯ 21:09

희 : ㅎㅎ 정성이 가득하네요. 21:10

훈 : 그럼요. 내 님에게 줄 건데. 21:12

희 : 자기야, 낼은 일하지? 21:12

훈 : 응, 자야겠어. 미안해. 21:13

희 : 미안하다 소리 좀 하지 마요. 잘 자고 낼 봐요♡♡ 21:14

훈 : ㅋ 일있시유~ 잘 자, 희야. 사랑해♡♡ 21:16

훈 : (희야 검정 자켓 입은 사진에 "희야와 영원히 훈이 사랑!"과 충주댐에서 찍은 내 사진에 "희야와 사랑 영원히") 전송 21:53

훈 : "사랑했어, 사랑했어. 우린 미치도록 사랑했었어. 보고 싶어, 너무 보고 싶어. 내 사랑이 식기 전에."♡♡ 23:08

희 : 아직까지 안 잤어? 일찍 잔다며? 23:08

훈 : 옆방 시끄러워서… 이젠 좀 조용해졌어. 사진 넘 좋다. 고마워, 사랑해♡ 23:10

희 : 사랑해요♡♡ 23:10

훈 : 당신 안고 잘게. 당신도 잘 자. 내 사랑, 희야♡♡ 23:11

희 : 편히 잘 자. 첫 사랑, 훈아♡♡ 23:12

12/22 (月)

희 : 훈아? 20:36

훈 : 응, 자기야. 퇴근할 때 추웠지? 20:41

희 : 응, 추웠어. 자기도 많이 추웠지? 20:41

훈 : 오후엔 그래도 괜찮았어. 팀원들하고 오늘 일은 마무리 잘했어. 20:43

희 : 잘했네. 낼 쉰다고 했어? 20:44

훈 : 그럼~ 당신도? 20:44

희 : 응, 일도 없으니 당연 쉬라고 하지. 20:45

훈 : ㅎㅎ 내일 하루는 둘 다 백수네~ 1일 백수끼리 잘 놀아봅시다요. 20:46

희 : 그럽시다요. ㅋㅋ 20:47

희 : 오늘 동지래. 팥죽 먹는 날인데… 20:48

훈 : 좋습니다요~ 근데 점심메뉴 뭐가 좋을지 생각을 못했네. 당신은? 당신 팥죽 먹었어? 20:49

희 : 식당에서 팥죽 나왔어. 20:50

훈 : 그래도 먹었구나. 난 지난 일요일 제천에 있는 절에 가서 미리 먹었어. 20:51

희 : 그랬구나. 난 팥을 좋아해. 팥 들어간 거는 다 좋아해. 20:52

훈 : 나도 팥 들어간 거 좋아해. 어쩜 우리는 좋아하는 것도 똑같은 게 많네. ㅋㅋ 우리 전생에 부부였나봐. 20:53

희 : ㅎㅎ 그래? 팥을 좋아하는구나. 신기해. 20:54

훈 : 전생에 누린 사랑이 짧아 다시 만나나봐. 내일 팥떡 사먹을까? 20:54

희 : 있으면 사먹지. 20:56

훈 : 그럽시다. 밥은 뭐 먹고 싶어요 마님? 20:57

희 : 순두부, 설렁탕, 해장국 등등 20:58

희 : 어디로 갈 거야? 일영? 장흥? 21:00

훈 : 국밥도 괜찮은데 장흥 쪽에 있을지 모르겠네. 그런 메뉴는 흔하잖아? 맛있게 하는 곳이 있으면 좋긴 하지만… 두 군데 다~ 둘 다 서로 가까워. 21:00

희 : 그래, 가서 찾아보자. 21:02

훈 : 그래, 이쁜 아가씨 태우고 드라이브해야 되는데 차가 엉망이라 거시기하네요. 세차도 못했지. 현장에 동생 태우고 출퇴근하니까 차가 더러워유. 21:04

희 : 괜찮아, 이해해요. 21:05

희 : 당신 보려고 만나는데 차는 상관없어. 21:06

훈 : 차 겉은 더러워도 희야하고 있으면 아방궁 부럽지 않을 거야. 차 안이 따뜻하고 봄 같을 거야. 21:08

희 : 그럼 됐지. 빨리 보고 싶네. 21:09

훈 : 나도♡ 21:10

희 : 시흥에 도착하면 육교가 있는데 육교 가까이 세우지 마. 21:10

훈 : 그래? 그럼 잘 살펴보고 있을게. 21:11

희 : 카메라 확인했는데 육교 쪽이 찍히더라고… 21:11

훈 : ㅎㅎ 확실히 준비했군요. 21:12

희 : 근데 걱정 안 해도 될 거 같아. 21:12

훈 : 알았어. 신경 쓸게. 21:13

희 : 자기 자야지? 21:14

훈 : 응, 자야겠어. 내일을 위해서… 21:14

희 : 그럼 잘 자고 내일 만나자♡♡ 21:15

훈 : 응, 잘게. 당신도 잘 자. 사랑해♡♡ 21:16

12/23 (火) ━━━━━━━━━━━━━━━━━━━━━━━

희 : 훈아, 도착하면 카톡해줘. 20:56

훈 : (노래방에서 희야 노래하는 사진과 ○○유원지에서 찍은 사진 3컷 전송) 잘 도착했어. 21:16

희 : 잘 도착했구나. 훈아, 오늘 즐거웠어. 녹음한 노래 듣고 있어. 21:18

훈 : 넘 행복했어. 고마워, 희야♡ 21:20

희 : 자기 노래 넘 잘한다. 노래하는 모습에 반해버렸어. 21:21

훈 : 잘생겨서 반하고 또 노래 잘해서 반했어? 아~ 황홀해. 당신 나 너무 띄우는 거 아냐? 21:22

희 : 오늘 보니까 매력이 넘쳐. 자기 낼 일하지? 빨리 자야겠다. 21:25

훈 : 아이~ 쑥쓰러워라. 고마워, 좋게 봐줘서. 이젠 모든 걸 당신만을 위해서 살 거야. 우리 건강하고 행복하게 사랑하며 살자. 사랑해, 잘게. 당신도 피곤하지? 격한 운동해서. ㅋㅋ 일찍 자요, 당신도♡♡ 21:28

희 : 고마워. 당신이 있어서 든든해. 잘 자, 자기야♡♡ 21:30

12/27 (土)

희 : 훈아, 4시에 눈이 떠졌는데 잠이 안 오네. 자기가 카톡을 안 보니 처음엔 피곤해서 잠을 자려니 했다가 점점 걱정이 되네. 무슨 일 있는 거 아니지? 사진도 올렸는데… 05:08

훈 : 어제 일찍 잤어. 걱정했구나 자기~ 좀전에 깼네. 지금도 못 자고 있어? 당신 넘 이쁘다. 넘 아름다워♡ 05:47

희 : 자기야, 걱정 많이 했잖아? 넘 피곤했나봐. 아무 일 없으니 이젠 됐어. 당신 톡 받으니 넘 반가워. 오늘도 수고해요♡ 05:50

훈 : 걱정 마요. 지금 운동하고 있어. 좀 있다 일 나갈 거야. 휴일 잘 보내고 저녁에 봐. 사랑해♡♡ 05:53

12/28 (日)

희 : 훈아, 난 지금 산책하고 있어. 오랜만에 걸으니 넘 좋다. 자기가 바쁘고 피곤해서 톡을 못하니 쫌 아쉽지만 그래도 괜찮아. 자기 노래 들으면서 아쉬움을 달래고 있어. 자기야, 당분간은 톡 쉴 테니까 저녁에 편히 쉬어. 오늘도 마무리 잘하고 잘 지내요♡♡ 14:44

훈 : 어제도 답장을 못해 미안해. 일찍 퍼졌어. 춥지 않은가 보지? 간만에 산책하네? 저녁에 시간 되면 톡하든지 전화해… 새로 찍어서 뽀샵한 사진 넘 멋있어. 언제 찍은 거야? 아주 예쁘다, 희야♡♡ 14:48

희 : 일 끝난 건 아니지? 저녁에 할게. 14:52

훈 : 응, 새참시간이야. 야리끼리는 끝났고 이젠 5시에 끝나. 산책 잘하고 조심히 들어가. 저녁에 봐♡ 14:52

희 : 응. 14:53

희 : 훈아? 19:45

훈 : 응, 자기야. 간만이네. 저녁 먹었어? 산책 잘하고? 19:47

희 : 저녁 먹었고 산책 오랜만에 했더니 기분이 상쾌해. 자기 힘들었지? 19:49

훈 : 쪼금~ 오늘은 바람이 불어서 오전엔 추웠어. 그래도 당신 생각하면서 즐겁게 일했어. 통화는 어렵지? 19:52

희 : ㅎㅎ 썰매 타면서 자기랑 놀고 싶네. 통화는 어려워요. 자기 일찍 자서 지금 졸린 거 아냐? 19:53

훈 : 아냐, 괜찮아. 당신 사진 언제 찍은 거야? 어제 보낸 거 무지 이쁘

다. 19:55

희 : 사진은 언니네 갔을 때 찍은 거야. 19:56

훈 : 내가 첫사랑에 반하길 잘했네! 뷰티풀! 내 사랑♡ 19:58

훈 : 산책 가서도 노래 들었어? 녹음이 잘 됐나 보지? 당신 노래도 녹음 했어야 했는데 아쉽네요. 20:00

희 : 고마워. 자기도 멋지다고요. 자기 노래에 반하고 있어. 노래 넘 잘 불러. 20:01

훈 : 쑥스러워. 당신 이제 3일만 근무하면 되네. 20:02

희 : 반주 없이 보내준 노래는 달콤한데 노래방에서 부른 거는 가수 같아. 20:03

희 : 3일 후면 백수가 되네요. 그래도 당신하고 나는 변함이 없어요. 20:04

훈 : 넘 띄우지 마요. 떨어지면 아파요. 백조겠지. 아름다운 백조. ㅎㅎ 그럼 변함 없지! 사랑해, 희야♡ 20:06

희 : 자기 안 떨어지게 내가 매일 띄우면서 사랑해, 훈아♡ 20:08

희 : 아무래도 난 훈이 홀릭이야. 완전 빠져버렸어. 20:09

훈 : 을미년 새해를 당신하고 손잡고 맞이하고 싶은데 어렵겠지? 20:09

희 : 계획 없어. 집에서 보낼 생각이야. 20:11

훈 : 올해는 당신을 만나 새해를 같이 맞았으면 얼마나 좋을까 생각하지만 여건이 그런지라 욕심을 버려야겠지. 20:15

희 : 난 새해를 이렇게 조용하고 편하게 보내게 된 지가 2년 정도 됐어. 그전엔 신정 때면 가족이 다 모여서 난 음식하느라 바빴거든. 20:19

훈 : 새해를 당신과 맞이하진 못해도 마음으로 함께 맞이하고 소원을 빌자. 내년에도 아니 몇 십 년 해가 바뀌고, 계절이 수십 번 바뀌어도 우린 늘 변함없을 거라고, 늘 중학생 때 그 맘으로 사랑하고 이뻐하고 손 놓지 않고 살 거라고… 20:20

희 : 맞아, 자기야. 31일 밤 12시 되면 나 기도할 거야. 20:23

훈 : 그래, 나도 기도할 거야. 20:23

희 : 훈이 손잡고 새해를 맞이하고 싶네. 20:25

훈 : 응, 그럴 날 올 거야. 희야, 홀릭이 영어지? 무슨 말이야? 어디에 푹 빠졌다는 말이야? 20:26

희 : 응, 그런 뜻이야. ㅎㅎ 내가 그런 상태야. 20:27

훈 : 희야가 훈이한테 푹? 20:27

희 : 응. 20:27

훈 : 아, 내가 늪인가? 20:28

희 : 그런가봐. 나 좀 구해줘. 20:28

훈 : 잉~ 어쩌나? 나도 당신한테 홀릭됐는데. 20:29

희 : 큰일이네요. 서로가 홀릭인데 자주 볼 수도 없고… 미치겠어요. 20:30

훈 : 그럼 우린 서로 빠져서 사는 거네. ㅎㅎ 참말로 미치겠네요. 20:31

훈 : 희야? 20:32

희 : 응. 20:32

훈 : 보고 싶고 또 보고 싶어. 당신도 그렇겠지? 20:33

희 : 너무 너무 보고 싶지. 당신 생각만 한다. 중학교 때랑 똑같이. 20:35

훈 : 지금까지 우리 잘 견디고 잘 이겨왔어. 며칠 남은 올해 마무리 잘 하고 새해를 기약하자. 20:36

희 : 응, 알았어요. 새해는 훈이한테 복이 가득하게 오기를, 좋은 일만 생기기를 내가 기도할게♡ 20:38

훈 : 당신 3일 남은 회사일 유종의 미를 거두고, 나도 안전하게 일 마무리하고 새해에 또 보자. 우리한테 좋은 일만, 행복한 일만 있기를 기도하자♡ 20:39

희 : 응, 우리 같이 염원하고 기도하자. 자기 자야지요? 20:41

훈 : 응, 잘게. 당신도 잘 자. 사랑해, 희야♡♡ 20:41

희 : 자기도 잘 자요. 사랑해♡♡ 20:42

12/31 (水)

희 : 훈아, 회사에서 보내는 마지막 톡이네. 너가 6월 16일에 처음 보낸 톡이 생각나는구나. 일 무리하게 하지 말라며 날 걱정해주던 내용… 그 사이 많은 일이 일어났지. 7개월 넘게 설레고 행복했어. 훈아, 앞으로도 행복하고 싶어. 오늘 잘 지내고 저녁에 봐요♡ 10:56

훈 : 20○○년이 내 생애 최고의 해라고 말했었지? 당신을 만난 해이기 때문이지. 당신처럼 나도 설레임과 행복함으로 올해를 보냈어. 마지막 회사 근무 마무리 잘하고 저녁에 봐♡♡ 11:32

희 : 훈아, 뭐해? 19:30

훈 : 응, 희야. 집에 잘 왔어? 저녁은 먹었고? 19:31

희 : 응, 오늘 3시에 끝났어. 인사하고 마무리 잘하고 왔지요. 저녁 먹었어. 자기는? 19:33

훈 : 먹었지. 유종의 미 거두고 왔어? 수고했어. 19:35

희 : 수고는… 그래도 정들었는지 좀 그랬어. 19:39

희 : 자긴 오늘 뭐했어? 19:40

훈 : 자다 깨다 영화 보다… 밤에 우풍 때문에 동생도, 나도 감기가 왔어. 19:42

희 : 어쩌냐? 내일도 춥다는데… 보일러가 돌긴 하는 거야? 19:44

훈 : 그래서 아까 비닐 사다가 창문을 막았어. 19:45

희 : 잘했네. 우리 베란다 창문에도 뽁뽁이 다 붙었어. 눈은 많이 왔어? 19:50

훈 : 많이 오진 않았어. 희야, 오늘 밤샐 거지? 19:51

희 : 맘은 새고 싶은데 몸이 안 따라줄 거 같은데… 자기는? 19:55

훈 : 글쎄… 밤새기는 어렵겠고 1~2시간 잤으면 좋겠어. 난 몸이 처져서… 19:55

희 : 사랑해♡♡♡ 20:05

희 : 자기 쉴래? 20:09

희 : 훈아, 좋은 꿈 꾸며 잘 자. 21:17

1/1 (木)

희 : 훈아, 20○○년이야. 새해 복 많이 받아요♡♡ 12:04

훈 : 희야, 고마워. 희야도 복 많이 받고 건강해♡♡ 12:05

희 : 자다 일어났어? 12:06

훈 : 당신과 제야의 종소리를 함께 들었다고 생각하니 기쁘고 행복해. 12:06

희 : 나도 기뻐요. 아까는 잠들어 버린 거야? 12:08

희 : 응, 마침 보신각에서 제야의 종을 치네. 당신도 보고 있을 거라고 생각했었는데. 계속 안 자고 있었어? 12:08

희 : 난 잠이 안 와서 당신이 쓴 노트 읽고 있었어. 12:09

훈 : 눈 피로할 텐데 조금씩 읽어. 12:10

희 : 노트 읽으면서 당신 정성에 감동하고 있었어. 이 많은 걸 어떻게 다 썼는지. 최고! 12:11

훈 : 감동까지! 다 희야를 사랑하고 그리워하는 마음으로 쓴 거지. 12:14

희 : 나 노트 안고 잘 거야. 자기 자야지? 12:15

훈 : 당신도 그만 자요. 12:19

희 : 잘 자, 훈아. 보고 싶어♡ 12:20

훈 : 나도♡ 잘 자, 사랑해♡ 12:21

1/2 (金) ────────────────

훈 : (색소폰 연주 "초혼", "연인" 전송) 17:03

훈 : 위에는 경수 있을 때 5월 1일 녹음한 거야. "초혼", "연인"이야. 노래 막 배워서 연주한 거라 형편없어. 밑에가 10월달 충주에서 녹음한 "사랑하고 싶어". 시원치 않아도 일단 들어봐요♡ 17:08

희 : 자기야, 고마워. 연주 잘한다. 잘 들을게♡ 20:15

훈 : 고마워, 나 이제 잘 준비해야겠어. 당신도 편히 잘 자. 사랑해♡♡ 20:30

1/4 (日)

희 : 훈아? 19:27

훈 : 응, 잘 보냈어. 저녁은 먹었고? 19:29

희 : 먹었지. 뭐했어? 19:29

훈 : 응, 동생이 느닷없이 육회 사와서 먹고 있어. 소주도… 19:31

희 : 한 잔 하겠네. 카톡해도 돼? 19:32

훈 : 응, 천천히 할게. 19:32

희 : 난 오늘 모임 가서 수다 떨다 왔어. 지금은 라디오 듣고 있어. 배철수의 음악캠프. 19:34

훈 : 그랬어? 잘했네. 철수형 음악캠프 지금도 해? 19:35

희 : 응, 진짜 오래 하지? 지금은 사이먼 앤 가펑클 특집이라서 좋은 팝송 계속 나오네. 19:37

훈 : 와~ 듣고 싶다. 근데 여긴 라디오가 없어서… 19:38

희 : 스마트폰 어플 다운받아서 들을 수 있는데. 지금은 영화 졸업에 나왔던 미세스 로빈슨 나온다. 19:40

훈 : 할 줄 몰라요. 희야 사랑하는 거 외에는… 19:40

희 : ㅎㅎ 담엔 내가 꼭 다운받아 줄게. 19:41

훈 : 알았어요. 사랑해요♡ 19:42

희 : 근데 옛날에 들었는데 자기가 라디오 프로에 엽서 보낸 적 있어? ○○년도쯤에… 19:43

훈 : 그땐 많이 보냈었어. 19:44

희 : 누군가에게 들었던 거 같아. 라디오를 듣다 보니 갑자기 생각나네. 자긴 참 감성적이야. 나도 라디오 많이 들었지만 엽서 보낸 적은 없거든. 19:46

훈 : 감성적이긴~ 공부하기 싫어서 그런 거지. 당신 생각하고 음악 좋아해서 엽서 많이 보냈어. 19:48

희 : 자기는 문예창작과나 국문학과 갔었으면 잘 맞았을 거 같아. 19:48

훈 : 그랬으면 교수들 다 죽었지 뭐. ㅋㅎ 19:49

희 : ㅎㅎㅎ 재밌어. 19:49

훈 : 나도요. 19:50

희 : 소주 몇 병? 19:51

훈 : 각 1병. 다 먹고 치웠어. 19:52

희 : 기분 좋겠네요. 19:53

훈 : 기분은 늘 좋은데 당신과 톡하니 더 좋죠. 19:53

희 : 나도 좋아요. 19:54

훈 : 보고 싶어. 19:54

희 : 나도… 19:55

훈 : 알았어, 당신 사진 보내줘. 19:56

희 : 지금 마사지팩하고 있어. 19:57

훈 : ㅎㅎ 팩하면서 톡이야? 팩하는 모습도 좋아요. 19:58

희 : 안경을 쓸 수 없어서 불편하지만 톡할 수 있어. 안 돼요. 19:59

훈 : 알았어. 당신 방에서? 20:00

희 : 응. 20:01

훈 : 얼굴 팩이지? 20:02

희 : 네, 오늘도 수고가 많았어요. 20:04

훈 : 지금도 이쁘고 고운데 그래도 하고 싶은가봐? 당신도 여자는 여자네. 20:04

희 : 젊었을 때는 신경도 안 썼는데 나이 먹어가니 관리를 해야 될 거 같아서. 그래봤자 얼굴 팩하는 게 다지 뭐. 20:06

훈 : 날 위해 팩하는 거야, 희야? 아, 나도 피부관리 해야지. 20:08

희 : 자기는 안 해도 멋져. 20:08

훈 : 그래요? 나 피부 많이 늙었잖아? 20:10

희 : 난 당신한테 빠졌잖아? 20:11

훈 : ㅎㅎ 나도 홀릭이잖아? 홀릭 맞나? 20:11

희 : 응, 중독. ㅎㅎ 20:11

훈 : 건전하고 순수한 중독… 20:12

희 : 첫사랑 중독… 20:13

훈 : 중독… 좀 그렇다 표현이… 첫사랑 첫사랑 마땅한 단어가 떠오르질 않네. 20:16

희 : 안 좋아? 그 정도로 빠졌다는 거지. 20:17

훈 : 그럼 그건 알지요~ 첫사랑… 희&훈, 영원한 달맞이꽃 20:19

희 : 훈이 왕고모님 집에 살 때 내가 자기 본 적이 없다 했지? 근데 생각해보니 본 거 같아. 자기가 마루에 앉아 있는 거 보고 내가 방에서 못 나왔던 거 같아. 20:20

희 : ㅎㅎ 재밌지? 생각을 짜내니 기억이 나네. 20:21

훈 : 어, 나도 그랬던 기억나. 난 당신 보려고 거기 자주 갔으니까… 20:21

희 : 내가 계속 문틈으로 보니 자기가 우리 방 쪽을 쳐다봐서 내가 나가지도 못하고 쑥스러워서… 20:22

훈 : 단발머리, 반바지, 흰 피부, 겁나게 이쁜 얼굴… 그때부터 희야를 보호하고 싶었나봐. 내가 스토커였나? 그건 아니지 희야? 20:24

희 : ㅎㅎ 아니지. 근데 왜 보호해주지 않았을까? 20:27

훈 : 그러게 바보같이… 난 당신 앞에선 바보였어. 그런데 이젠 아니지! 당신을 영원히 보호하고 사랑할 거니까. 20:29

희 : 응, 고마워. 자기 자야지요? 20:29

훈 : 응, 자야지. 당신은 더 있다 잘 거지? 20:30

희 : 응, 이제 일을 안 하니 쫌 늦어지네. 자기 먼저 자요. 좋은 꿈 꾸고 ♡♡ 20:31

훈 : 고마워. 잘게, 사랑해♡♡ 20:33

희 : ♡♡♡ 20:33

1/5 (月)

희 : 훈아, 뭐해? 19:43

훈 : 그냥 누워 있어요. 당신 잘 보냈어? 19:44

훈 : (교량을 배경으로 작업복 입고 찍은 사진 1컷 전송) 나 어때요? 19:46

희 : 멋져요. 이렇게만 입고 해? 추워 보이는데… 19:47

훈 : 오늘은 뭐하고 지내셨나 우리 애기? 안 추워. 끄떡없어요. 저녁은 먹었어? 여긴 비가 오기 시작했어. 낼 아침엔 눈비가 섞여서 올 거 같아. 19:50

희 : 테레비 보다가 라디오 듣고 산책 갔다 오고 청소하고… 낼은 쉴 수도 있겠네. 19:50

훈 : 그랬구나. 산책도 하고 잘했네. 아침까지만 온대. 자기야, 미안한데 저녁을 시원치 않게 먹어서 동생하고 통닭 먹으려고 시켰는데 지금 왔어. 먹고 했으면 좋겠는데… 19:53

희 : 그래, 맛있게 먹고, 먹고 나면 늦어지니까 자기 잘 자. 먼저 인사한다. 19:54

훈 : I'm sorry! I love you. Good night♡♡ 19:56

훈 : 희야? 20:33

희 : 지금 봤어. 20:58

훈 : 음악 들었어? 20:59

희 : 아니, 치킨 맛있게 먹었어? 21:00

훈 : 치킨이 별로야. 이상하게 충주는 제대로 맛내는 집이 없는 거 같아. 당신이 만든 잡채 생각난다. 참 오늘 내 카스토리 못 봤어? 21:03

희 : 이런… 카스토리? 못 봤는데요. 뭐 올렸어? 21:04

훈 : 달맞이꽃~ 지금 읽어봐. 점심 먹고 생각나는 대로 써봤어. 21:05

희 : 읽었어요. 잘 썼어요. 자기 대단해. 자기 어깨에 기대고 싶어. 21:07

훈 : ㅋㅋ 고마워. 이건 시가 아니고 그냥 마음에서 우러나오는 습작 글이야. 내 어깨는 늘 당신을 위해서만 있어. 당신이 언제라도 기댈 수 있게. 21:09

희 : 응~ 정말! 팔짱 끼고 걷고 싶어 진짜… 21:10

훈 : 지금 밤길을 팔짱 끼고 중학교 때 얘기하며 걷고 있다고 상상하자. 넘 로맨틱하지 않아? 다음 만남 때는 그렇게 오래 걸어보자. 21:13

희 : 습작 글의 주인공이 나라고 생각하니 황홀하고 기쁘다. 상상하며 걷고 있어. 21:13

훈 : 좋지? 21:14

희 : 좋아요. 자기 안 졸려요? 21:15

훈 : 달맞이꽃은 우리를 사랑하게 한 유일한 꽃이야. 우린 서로의 달맞이꽃이잖아? 좀 더 하자. 21:16

훈 : 달맞이꽃은 몇 월달에 다시 필까? 21:17

희 : 달맞이꽃… 6월쯤 피지 않을까? 21:18

훈 : 그쯤 피겠지? 올해는 당신과 함께 달맞이꽃을 보고 싶다. 충주에 예쁜 게 많은데. 그치? 21:19

희 : 그러게. 충주에 가서 예쁜 달맞이꽃을 보고 싶네. 21:20

희 : 여기 산책길에도 피니까 나도 예쁘게 찍어볼 거야. 21:21

훈 : 그럴 수 있기를 기대해보자. 응, 이쁘게 찍어봐. 설날에도 잡채 해? 21:22

희 : 잡채 하려고… 21:22

훈 : 설 때도 추석 때처럼 만날 수 있을까? 21:23

희 : 이번에는 힘들 거 같아. 남편이 안 나가고 있으니… 21:24

훈 : 맞아, 그렇지 참. 그럼 잡채를 못 먹겠네. ㅎㅎ 21:25

희 : 아쉬워라. 21:25

훈 : 양로원에 잡채 봉사하러 간다고 해. ㅋㅋ 21:26

희 : ㅎㅎ 훈이가 그리워… 21:27

훈 : 나도 보고 싶어♡ 21:27

희 : 당신 얼굴 만지고 있어. 21:28

훈 : 느껴져, 당신 손길. 21:28

희 : 집에 있으니 더 생각난다. 21:28

훈 : 아무래도 그렇겠지. 당신 잘 견디고 이겨내고 있어. 21:30

희 : 네, 훈이 씨, 잘 견디겠습니다. 21:31

훈 : 일하다 쉰 지 얼마 안 돼 적응이 잘 안 돼서 그럴 거야. 21:33

희 : 그래, 자기야. 좋아지겠지. 별은 건강검진 받을려고… 21:34

훈 : 그래? 잘 생각했어. 어디서 받는데? 21:35

희 : 여기 동네 내과에서 기본적인 거 하고 위내시경하려고… 21:36

훈 : 수면내시경? 21:37

희 : 응, 자긴 했었어? 21:37

훈 : 응, 했지. 3년 됐나? 21:38

희 : 위 괜찮아? 21:38

훈 : 그럼요. 21:38

희 : 그래도 2년에 한 번은 해야 돼요. 난 1년에 한 번 한다. 21:39

훈 : 그럼 올해 해봐야겠다. 21:40

1/18 (日)

희 : 훈아, 밥 먹었어? 19:43

훈 : 응, 먹었어. 당신은? 19:44

희 : 먹었지. 여긴 눈이 펑펑 오고 있어. 19:45

훈 : 그래? 나가서 봐야겠다. 낼 아침까지 눈이 온다던데… 여긴 아직 안 오네. 19:46

희 : 잔뜩 흐렸더니 결국엔 눈이 오네. 많이 온다. 올 겨울엔 눈이 자주 오네. 그래? 이제 곧 오겠지. 19:47

훈 : 그러게 자주 오네. 19:49

희 : 혼자 있어? 19:49

훈 : 동생 와서 같이 저녁 먹었어. 19:57

훈 : 경주 친구 전화 와서 통화했어. 19:58

희 : 훈아, 할 말이 없는데도 그냥 톡해봤어. 뉴스 볼래? 20:00

훈 : 할 말 없으면 "사랑해" 그러면 되잖아? 희야, 사랑해♡ 20:01

희 : ㅎㅎ 훈아? 20:02

훈 : 왜요? 20:02

희 : 너가 점점 좋아져. 어쩌지? 20:02

훈 : 그게 뭐 어제오늘 일인가? 20:03

희 : ㅎㅎ 그런가요? 20:04

훈 : 우린 그런 마음 똑같아. 20:05

희 : 날 지켜준다는 말을 들으니 눈물이 날 거 같아. 20:05

훈 : 중학교 때 니가 나한테 고백하고 나서 난 그때 언제까지라도 널 사랑하고 지킬 거라고 스스로 다짐했었는데 내 인생이 꼬이면서 스스로의 약속과 다짐을 깬 거에 대해 많이 괴로워했었지. 20:09

훈 : 그래서 너를 꼭 만나야 했었고, 그래서 니가 더 그립고 보고 싶었어. 20:10

훈 : 이제 널 만나 옛날 우리의 첫사랑이 진정 참사랑이란 걸 알았으니까 고맙고 행복해. 예전에 내가 깨버린 약속과 다짐을 이제 지킬 수 있게 돼서 다행이야. 20:12

희 : 그랬구나. 고마워. 난 근데 훈이의 행복했던 결혼생활을 생각하면서 샘까지 부리고 있어. 상상하면서… 미쳤나봐. 20:15

훈 : 이젠 언제까지라도 니 옆에서 널 지키며 살 거야. 사랑해♡ 20:15

희 : 첫사랑 훈이 사랑해♡ 20:16

훈 : I love you very so much!♡♡ 나 잘게, 희야. 좋은 꿈 꿔. 20:19

희 : 일찍 자는 거야? 난 자려면 아직 있어야 돼. 먼저 자요. 잘 자♡♡ 20:21

1/20 (火) ━━━━━━━━━━━━━━━━━━━━━

희 : 훈아? 20:41

훈 : 달맞이꽃! 21:31

희 : 안 잤어? 21:32

훈 : 동료들하고 저녁 먹고 이제 봤어. 21:33

희 : 한 잔 했구나? 21:33

훈 : 톡하고 답장이 없어 기다렸겠네. 미안해. 오늘은 별로 안 마셨어. 많이 먹었으면 이 시간에 답장도 못하지요. 21:34

희 : 괜찮아. 자는 줄 알았지. 21:35

훈 : 낼 몇 시에 가는 거야? 21:36

희 : 10시 반에 만나기로 했어. 21:36

훈 : 그래, 올해 첨 친구들 만나는 거네. 잘 다녀와요♡ 21:38

희 : 응, 잘 갔다 올게. 미안하네. 자기 일하는데 놀아서… 21:39

훈 : 별말씀을… 당신이 하루 편하게 잘 보내면 좋은 거지 뭐. 더구나 오랜 벗들과 함께하는데 얼마나 좋은 거야? 인선이라는 친구는 언젠가는 당신과 함께 만나고 싶어. 21:42

희 : 그래, 그런 날이 오겠지. 자기 씻어야 하지 않아? 21:44

훈 : 씻었어. 그 친구가 지금의 우리 관계를 이해해줄 수 있을까? 이해 못하고 고지식한 성격이면 만날 이유는 없겠지만 난 그 친구가 옛날 우리 사이를 알고 날 기억한다니까 그냥 신기하고 한편으로 고맙고 그러네. 21:47

훈 : 희야? 21:52

희 : 인선이 말고 안양에 사는 친구는 너 이름까지 알고 있지. 그 친구도 좋아하는 아이가 있어서 나한테 얘기해서 나도 말한 거지. 그

러면서 학창시절을 보냈어. 응? 21:52

훈 : 안양 친구는 내 이름도 안다고? 그래도 지금 당신과 나의 관계를 안다면 어떻게 생각할까? 희야, 사랑한다고… 21:56

희 : 예전에 오랜만에 만났을 때도 물어봤거든. 그 애는 어떻게 됐냐고, 소식 듣느냐고… 사랑해♡ 21:59

훈 : ㅎㅎ 당신이 그럼 옛날에 날 좋아한다고 많이 소문냈었구나. 그치? 인선이랑 안양 사는 친구랑 다 함께 만나봐야겠네. 내가 한 턱 쏴야겠구만. 22:03

희 : 그래, 난 솔직한 편이라 맘속에 담아두질 않거든. 그러니까 너한테도 내가 먼저 고백했잖아? 그 애들은 이해 못할 거야. 중학교 때 친했을 뿐이지 계속 만나왔던 게 아니라서 말하는 거 조심스럽고 지금은 말하고 싶지 않아. 22:03

훈 : 알아, 당신 맘… 그냥 해보는 소리고 혹시라도 기회가 된다면 반갑게 만날 수 있다는 뜻이야. 당신이 원하지 않는데 굳이 그럴 필요는 없으니까. 난 당신이 중요해. 당신이 내 옆에 있는 것만으로도 행복해. 22:08

희 : 고마워, 훈아. 내가 있어 행복하다는 말 듣기 좋아. 22:10

희 : 난 지금도 신기해. 중학교 때 내가 좋아했던 그 훈이가 맞는지… 22:12

훈 : 나도 고마워. 날 잊지 않고 기억해줘서. 내 사랑을 받아줘서. 왜 내가 이상해? 22:12

희 : 만날 수 없을 거라 생각했기 때문이지. 아득히 멀리 있는 그런 사

람이라고 생각했기 땜에 신기하다는 거야. 너한테 딸이 있는 것도 신기하고… 22:15

훈 : 나도 널 만날 수 없을지 모를 거라는 생각이 많이 들었지. 근데 한편으론 너를 꼭 만나야 된다고 빌었어. 염원하고 염원했지. 만약 널 못 보고 죽는다면… 거기까지 생각이 드니까 정말 미칠 거 같았어. 참고 또 참았지. 언젠간 널 만날 수 있을 거라는 희망을 품고… 22:23

훈 : 내가 얘기한 적 있었잖아? 널 못 만나고 죽을 수 없었다고… 내가 죽지 않고 있으면 언젠간 널 만날 수 있을 거라는 생각을 하고 다시 태어났어. 22:27

희 : 중학교 때 좋아한다고 고백하고 결혼하기 전에 너를 만나서 너무 너무 좋아했었다고 말하고 훈이를 잊었는데… 잊은 게 아니었나 봐. 22:28

희 : 훈아, 이제 자야지. 낼이 있잖아? 22:29

훈 : 너와 나 서로의 가슴속에 잔잔한 불씨가 35년 동안 꺼지지 않고 있었던 거지. 22:34

훈 : 나 이제 잘게. 당신도 잘 자. 사랑해, 희야♡♡ 22:35

희 : 응, 자기 잘 자. 내 꿈 꿔♡♡ 22:36

훈 : 알았어. 네 꿈 꿀게. 오늘은♡♡ 22:37

희 : ♡♡♡ 22:38

1/22 (木)

희 : 훈아? 20:28

훈 : 응, 희야. 잘 보냈어? 20:30

희 : 잘 보냈지. 자기는? 20:30

훈 : 나도 일 잘하고 잘 먹고 그랬지. 20:31

훈 : 어제 많이 좋았어? 친구들하고 사진 찍은 거 없어? 20:34

희 : 응, 어제 한정식 먹고 까페에서 커피 마셨는데 너무 웃어서 가슴이 시원해졌어. 20:35

훈 : 모처럼 많이 웃고 가슴이 뻥 뚫렸겠네. 당신이 즐거웠다니까 나도 기분 좋다. 20:36

희 : 응, 갔다 오길 잘했어. 낼은 점심에 회사 친한 친구 만나기로 했어. 20:39

훈 : 그때 알리바이 도와주고 우리 얘기 아는 친구? 20:40

희 : 응, 페북에서 내 생일이라고 떴다고 만나자고 해서 약속했어. 20:42

훈 : 잘했네. 당신 생일날 함께하지 못하는 게 아쉽고 안타까웠는데 그 친구를 만난다니까 내 맘이 위로가 되네. 20:44

희 : 그래, 훈아. 친구 만나서 얘기하고 와야지. 훈이 못 만나서 나도 아쉽지만 다음을 기약하자. 20:47

훈 : 당신 생일 너무 너무 축하해! 중학교 때부터 지금까지 40년 가까이 됐지만 당신 생일 처음 알고 기억했는데 만나서 축하를 못해주니까 쫌 가슴 시려⋯ 미안해. 그리고 사랑해♡ 20:50

희 : 미안하긴… 괜찮아. 그리고 고마워. 나중에 생일날에 만날 수 있는 날이 있겠지. 생일날 친구 만나는 건 결혼하고 처음이야. 항상 시집 식구들하고 함께해서 힘들었는데 올해는 넘 좋다. 내 맘대로 할 수 있으니. 당신을 생각하면 아쉽지만. 20:54

훈 : 내일 친구 만나서 즐겁게 보내. 맘껏 떠들고 웃고 맛있는 거 먹고 스트레스 확 풀어버려. 희야, 나 잘게. 당신도 잘 자. 편하게… 보고 싶은 희야, 사랑해♡♡ 20:56

희 : 자기도 잘 자요. 보고 싶은 훈아, 너무 보고 싶어. 눈물이 나려고 하지만 참을게. 사랑해♡♡ 20:58

훈 : ♡♡♡ 21:00

1/23 (金)

희 : 자기야, 점심 맛있게 먹었어? 12:03

희 : 난 친구 만나러 대학로 나가는 중이야. 친구랑 재밌게 있다 들어갈게. 자기 일 조심히 하고 잘 지내요♡ 12:08

훈 : 답장이 늦었네. 즐겁게 보내. 난 오늘 야근이야. 오늘 함께 행복하자. 사랑해♡♡ 14:05

희 : 집에 가는 중이야. 친구와 많은 대화 나누면서 즐거웠어. 자기 야근해서 힘드니까 오늘은 톡 안 할게. 일 잘하고 잘 쉬어요♡ 16:58

1/24 (土)

희 : 점심 맛있게 먹었어? 야근해서 힘들겠다. 오늘도 야근하니? 12:30

훈 : 응, 맛있게 먹었어. 당신은 먹었어? 내일은 팀원들 다 쉬기로 했어. 12:32

희 : 점심 아직 안 먹었어. 오늘 일찍 끝나고 내일 쉬니까 푹 쉬면 되겠네. 12:35

훈 : 응, 그럴려고… 점심 챙겨먹고 저녁에 만나♡♡ 12:36

희 : 알았어♡♡ 12:37

희 : 달맞이꽃… 20:07

훈 : 겨울에도 이쁘게 피었네. 20:08

희 : 지지 않는 꽃이잖아? 20:09

훈 : 잘 보내셨나? 내 사랑♡ 20:09

희 : 네, 힘들었지? 20:10

훈 : 쪼금~ 그제도 춥지 않아서 다행이었지. 어제 친구랑 좋았어? 20:11

희 : 응, 얘기 많이 하고 좋았어. 20:12

훈 : 우리 얘기도 나눴어? 20:12

희 : 쫌 했어. 약간 걱정스러운가봐. 20:13

훈 : 그래? 당신 입장을 아니까 그런가 보다. 당신에 대해서 넘 잘 아니까 걱정하겠지. 20:15

희 : 그런 거 같아. 훈이가 어떤 사람인지 모르니까 자세히 물어보더라고. 20:16

훈 : 그래서 얘기해줬어? 20:17

희 : 말했는데… 첫사랑이라도 오랜 시간이 흘렀으니 어떤 사람인지 모르니까. 20:20

훈 : 그래, 친구가 보는 관점에선 그럴 수 있지. 20:22

희 : 걱정하는 게 당연한 거 같아. 나라도 그랬을 거야. 착한 사람이라고 했지. 20:23

훈 : 알았어. 억지로 이해시킬 수도 없고, 친구가 걱정하고 있다는 건 당신을 생각하는 진심 어린 우정일 거야. 20:26

희 : 그럴 거야. 자긴 쉬지 않고 일했네. 난 놀기만 하고… 미안하네. 20:27

훈 : 미안하긴요. 그럼 됐어. 암튼 친구랑 얘기 많이 하고 즐거웠다니까 나도 좋아. 20:28

희 : 낼은 숙소에 있을 거야? 20:29

훈 : 볼만한 영화 있나 보고, 있으면 극장 가고, 아니면 숙소에서 쉬려고. 20:30

희 : 발난로 주문해야지? 20:31

훈 : 아참, 책 사러 시내 가야 되는구나. 딸래미가 보고 싶은 책 있대서 사서 보내준다고 했거든. 발난로 많이 있어. 걱정 안 해도 돼. 20:33

희 : 자기가 샀구나. 딸한테도 책도 보내주고 자상한 아빠예요. 딸이 좋아하겠네. 20:35

훈 : 글쎄… 자상한 아빠는 아니고 그냥 최소한의 도리만 하고 사는 허울만 아빠지 뭐. 20:37

훈 : 어릴 때부터 아빠 노릇 제대로 해주질 못했는데 지금도 몇 년째 객지를 떠돌며 돌봐주지 못하고 있어서 그게 늘 미안하고 또 미안하

고 그래… 20:41

희 : 그 마음 이해해. 그래도 항상 딸을 위해 힘든 일 열심히 하잖아? 그러면 된 거야. 딸도 이해할 거야. 20:43

훈 : 이해 못해도 어쩔 수 없고. 바라지도 않아. 부녀지간이지만 서로 마음이 중요한 거니까. 그냥 이 정도 선에서 아빠와 딸로 살고 싶어. 20:47

희 : 그래, 마음이 중요한 거지. 지금 상태에서 아빠로서 최선을 다하면 되지. 자기 잘하고 있는데 뭐… 20:49

훈 : 고마워, 그래도 날 위로해주고 이해해주고 염려해주는 사람 오직 한 사람이 희야 당신이어서. 정말 행복하고 감사해. 20:53

희 : 내가 하는 말에 행복해줘서 나도 고마워. 20:55

훈 : ㅎㅎ 난 당신을 사랑할 수밖에 없는 운명인가봐. 20:56

희 : 나도 마찬가지. ㅎㅎ 20:57

훈 : 당신도 공감? 20:58

희 : 공감이요. 20:58

훈 : Thank you so much! I love you darling! 20:59

희 : 당신이 영어 배우면 잘하겠어. 이번 주 영어 두 번이나 빠졌어. 21:00

훈 : 당신은 내일 특별한 계획 있어? 나 영어치야~ 21:01

희 : 고용보험 타려면 인터넷 교육 받아야 해서 그거 들으려고. 그리고 산책하고… 21:04

훈 : 그렇구나, 알았어. 내일도 행복하게 잘 지내. 나 피곤해서 이만 잘

게. 21:05

희 : 자기도 잘 지내고… 보고 싶은 훈아, 잘 자♡♡ 21:06

훈 : 잘 자, 희야. 죽도록 사랑한데이♡♡ 21:08

희 : 사랑해♡♡♡ 21:08

훈 : (희야 사진에 "사랑해" 글씨 넣은 사진 2컷 전송) 21:13

희 : 넘 보고 싶어. 21:29

1/27 (火)

희 : 안녕? 20:26

훈 : Hi! Darling♡ 저녁은 먹었어? 검진결과는 언제? 괜찮지? 20:32

희 : 위내시경했는데 좀 안 좋은 데가 있다고 조직검사했어. 일주일 있다 결과 나온대. 20:34

훈 : 당신 위가 안 좋아서 자극성 있는 거 못 먹고 그러더니… 우짜면 좋노? 우리 희야. 20:36

희 : 결과가 별일 없기만을 기대해야지 뭐. 20:38

훈 : 별일 아닐 거야. 걱정 마, 희야. 20:38

희 : 나한테 긍정 에너지를 주세요. 대마왕님. 20:39

훈 : 중전, 걱정 마오~ 위가 안 좋은 사람들은 위대한 위인들이 많거든. 근데 우린 보통 사람이잖아? 아르테미스가 우릴 지켜줄 거야. 20:42

희 : 아르테미스는 무슨 신이야? 자기, 신들도 알아? 20:44

훈 : 당신 기억 안 나는구나? "달의 신" 억울하게 죽은 달의 요정을 찾

다가 죽은 요정을 안고 슬퍼했던 달의 신이잖아? 20:46

훈 : 그래서 제우스가 죽은 요정을 달맞이꽃으로 만들었잖아? 20:47

훈 : 이제 알겠지? 아르테미스가 우리 사랑을 지켜줄 거라는 거… 20:49

희 : 아~ ㅎㅎ 달맞이꽃 읽었는데 생각이… 다시 읽어봐야지. 잘 알았어요. 꼭 지켜주겠지. 오늘 추웠지? 별은 반짝 추위래. 잘 입고 일해요. 20:50

훈 : 나도 얼른 생각이 안 나서 금방 노트 봤어. ㅎㅎ 꼭 지켜줄 거야. 알았어, 단디 입고 일할게요. 20:53

희 : 당신 카스에 들어가서 다시 읽었어. ㅋㅋ 당신도 봤구나. 순발력이 좋아요. 20:54

훈 : 정순발력! ㅋㅋ 20:57

희 : 아르테미스, 이름도 이쁘다. 나 빌어야지~ ㅎㅎ 정순발력 즐거워… 20:58

훈 : 아르테미스~ 이름 멋지지? 우리 같이 기억하자, 희야. 사랑해♡ 21:00

희 : 응, 기억할게. 그럼 좋은 꿈 꾸고 잘 자요. 사랑해♡♡ 21:01

훈 : 당신도 편하게 잘 자. 희야, 사랑해♡♡ 21:02

희 : ♡♡♡ 21:03

훈 : (Daum 까페에서 퍼온 아르테미스 사진과 글 전송) 21:12

1/28 (水)

희 : 훈아, 많이 추웠지? 20:44

희 : 잘 자, 훈아♡♡ 20:57

2/2 (月)

희 : 자기야? 20:37

훈 : 응, 희야. 잘 보냈어? 20:38

희 : 응, 자기는? 20:38

훈 : 나야 늘 일 열심히 하고 잘 있잖아? 20:39

희 : 대단해 훈아. 20:40

훈 : 오늘은 뭐하고 지냈어 My darling? 20:40

희 : 산책만 갔다 왔어. 이것저것 할 일이 있는데 자꾸만 미루네. 집에만 있으니 게을러지고 있어. 20:42

훈 : 잘했어 이쁜이~ 산책은 꾸준히 해야 돼. 누구나 직장 다니다가 쉬면 그렇게 돼. 20:43

희 : 훈이가 존경스럽다. 힘든 일을 열심히 하는 거 보면 대단해. 20:47

훈 : 왜 그래 당신? 존경은 무슨~ 누구든 닥치면 하게 돼 있어요. 밥은 제때 잘 챙겨 먹고 있어? 쉬고 있다고 거르는 거 아냐 혹시? 20:49

희 : 먹고는 있는데 많이는 못 먹어. 20:52

훈 : 당신은 워낙 많이 안 먹는 거 아는데 양보다 질이라고, 거르지 않고 조금씩이라도 먹는 게 중요해요. 나도 건강 생각해서 잘 챙겨 먹고 있으니까. 20:54

희 : 알았어요. 수요일에 만나게 되면 불광동 쪽으로 갈까? 20:55

훈 : 불광동? 왜 거기 가고 싶어? 20:56

희 : 아니 마땅히 생각나는 곳이 없어서⋯ 20:57

훈 : 그래? 난 우리 먼저 장흥 갔었잖아? 차로 가면 멀지도 않고 복잡하지도 않고 좋던데⋯ 희야 생각은 어때? 21:00

희 : 그럼 장흥으로 가자. 11시에 시흥에서 만나서 6시까지는 와야 해. 21:02

훈 : 시흥 먼저 만났던 자리? 21:02

희 : 응. 21:03

훈 : 알았어, 점심 먹거리 샌드위치로 사갈까? 아니면 장흥 식당 가서 먹을까? 21:05

희 : 샌드위치 당신 적지 않아? 21:06

훈 : 당신만 괜찮다면 난 좋아. 밥은 뭐 매일 먹는 거니까. 간만에 조용한 데서 둘이 샌드위치 먹고 싶어. 21:08

희 : 알았어, 샌드위치 먹자. 낼 확실하게 알려줄게. 21:09

훈 : 알았어. 나 내일 일 끝나고 남양주에 올라가. 아버지 제사거든. 21:09

희 : 아, 그래? 아버지 제사구나. 추울 때 돌아가셨구나. 21:10

훈 : 그랬지, 엄청 추웠지. 형하고 낮에 통화했어. 낼 올라간다고. 낼 병원 몇 시에 가는 거야? 21:12

희 : 오전에. 21:12

훈 : 알았어. 넘 걱정 말고 결과 보고 톡해줘. 21:14

훈 : 응, 잘게. 당신도 잘 자. 사랑해♡♡ 21:15

희 : 잘 자. 훈아, 사랑해♡♡ 21:16

2/3 (火) ─────────────────────────

희 : 훈아, 밥 먹었어? 검진결과 괜찮대. 낼 만나자. 11:58

훈 : 거봐, 이상 없을 거라고 했잖아? 다행이고 좋다. 밥 먹고 쉬고 있어. 내일 봐, 내 사랑♡ 12:05

희 : 저녁에 운전 잘하고 올라와. 12:08

훈 : 알았어요♡♡ 12:10

2/4 (水) ─────────────────────────

희 : 나 출발했어. 15분 후면 도착할 거야. 10:30

희 : 훈아, 자니? 22:16

희 : 너가 또 보고 싶다. 편히 잘 자. 22:20

훈 : 아직 그 친구하고 있어. 잘 들어갔구나. 당신 피곤하지? 우리 오늘 사랑 좋았지 희야? 잘 자, 사랑해♡ 22:24

희 : 아직 친구랑 있구나. 오늘 행복했어. 자기도 잘 들어가서 잘 자요 ♡♡ 22:26

훈 : 응, 좋은 꿈 꾸고 편히 자♡ 22:28

2/5 (木) ─────────────────────────

희 : 훈아, 충주 잘 들어갔지? 힘들겠다. 편히 잘 자♡ 21:12

훈 : 잘 내려왔어요. 당신도 피곤하겠다. 일찍 푹 자. I'm falling in love with you♡♡ 21:17

희 : 사랑해♡♡ 21:18

훈 : 응, 나도 사랑해♡♡ 21:19

희 : 일찍 내려왔어? 21:20

훈 : 1시쯤 와서 한숨 잤어. 당신은 오늘 좀 쉬었어? 21:22

희 : 응, 쉬다가 산책 갔다 왔지. 21:23

훈 : 피곤하지 않아? 난 낮에 좀 잤는데도 또 졸리네. 21:24

희 : 당신이 힘들었잖아? 난 괜찮아. 어서 자요. 좋은 꿈 꾸고 잘 자♡♡ 21:24

훈 : 알았어, 잘게. 당신도 잘 자♡♡ 21:25

희 : ♡♡♡ 21:26

2/21 (土)

희 : 훈아? 11:36

훈 : 응, 희야. 잘 잤어? 11:36

희 : 응, 자기는? 11:37

훈 : 난 어제 밴드부 선배를 만났어. 수유리 선배 집에서 자고 지금 가는 중이야. 11:38

희 : 아, 그래? 반가웠겠네. 4시까지 시청에서 볼 수 있어? 11:39

훈 : 알았어. 이따가 봐♡ 11:43

희 : 응♡ 11:43

훈 : 희야, 나 도착했어. 21:23

희 : 잘 도착했구나. 씻고 편히 자요. 21:24

훈 : 통화할까? 21:26

희 : 그래. 21:26

훈 : 당신 환한 얼굴 봐서 기분 좋고 행복했어. 잘 자, 사랑해♡♡ 21:43

희 : 나도 당신 얼굴 봐서 넘 좋았어. 당신 행복하다니 나도 좋아. 자기도 잘 자. 사랑해♡♡ 21:46

훈 : ♡♡♡ 21:47

3/3 (火) ─────────────────

희 : 훈아, 잘 잤어? 08:32

훈 : 당신도 잘 잤어? 어제 일이 좀 있어서 톡을 못했어. 08:34

희 : 회식 있나 보다 했지. 08:35

훈 : 희야, 지금 통화는 안 되지? 08:35

희 : 안 되는데 무슨 일 있어? 08:36

훈 : 응, 어제 낮에 구미에 있는 친구한테 전화 왔어. 밤에라도 내려오라고 했는데 준비할 것도 있고 해서 오늘 내려가기로 했어. 갑자기 전화가 와서… 그래서 팀원들하고 조촐하게 송별식했어. 친구가 낭신 만날 시간도 안 수네. 08:39

희 : 오늘 가는구나. 충주를 떠난다니 아쉽지만 할 수 없지. 만나기는 힘들겠네. 그래도 2월에 두 번이나 만났잖아? 08:42

훈 : 그러게. 충주를 다시 떠나려니 무지 서운해… 충주에서의 추억이 가슴에 서려 있어서. 08:43

훈 : 10시쯤 출발할 거야. 낮에 통화할 수 있으면 전화해줘. 목소리 듣고 싶어. 08:44

희 : 11월 26일에 충주에 온다고 우리 서로 기뻐했는데… 그래, 알았어. 낮에 전화할게. 거기서 얼마나 걸리지? 08:45

훈 : 2시간 정도~ 도착해서 친구하고 점심 먹고 숙소에 짐 풀어야지. 08:46

희 : 응, 알았어. 훈아, 운전 조심하고 잘 내려가♡ 08:49

훈 : 희야, 나 씻고 짐 쌀게. 갈 준비 해야겠어. 오후에 전화해. 사랑해 ♡♡ 08:49

희 : 훈아, 멀리 간다고 서운해하지 말자. 구미로 간다고 우리 달라지는 건 없잖아? 우리 계속 톡하며 얘기하고 가끔 만날 수도 있으니. 다만 충주는 시흥에서 가깝고 우리가 처음 사랑을 나눈 곳이라 특별한 곳이긴 해. 우리가 나중에 함께할 수 있는 장소 중 하나로 생각해 놓자. ㅋ 구미에 가서도 건강하게 잘 지내줘. 그리고 사랑해 ♡ 13:00

훈 : 잘 도착해서 밥 먹었어. 비가 와서 친구도 숙소에 같이 있어. 그래 당신 말이 맞아. 쫌 멀어진다고 달라지는 건 없지. 우린 어디에 있든 마음이 함께하니까. 아프지 말고 잘 지내고 있어. 나도 건강하게 일 열심히 하고 있을게. 사랑해♡♡ 13:38

희 : 잘 도착했구나. 거기 숙소는 친구랑 같이 쓰는 거야? 세 시쯤 전화

할게. 13:40

훈 : 친구도 있고 충주에서 룸메이트했던 형도 있어. 알았어, 기다릴게. 13:43

희 : 자기야, 밥 먹었어? 19:23

훈 : 응, 먹었어. 당신은? 19:26

희 : 나도 먹었지. 여긴 다시 비가 오네. 19:32

훈 : 많이 와? 당신을 그리워하는 내 눈물인가? 19:33

희 : ㅎㅎ 농담도… 꽤 오네. 옛날 물건 정리하다 ○○년에 쓴 일기장이 나왔어. 읽어보니 새롭네. 19:35

훈 : 그래? 어떤 건데? 읽어줘~ 희야, 충주에 있다가 여기 내려오니까 너무 보고 싶다. 지금 사진이라도 보내줘. 19:39

희 : 나도 맘이 좀 우울해서 당신 노래 계속 들었어. 노래를 넘 잘 불러서 또 반했어. 19:39

훈 : 난 당신 사진 봤어. 19:40

희 : 노래를 들으니 위로가 됐어. 지금 내 모습은 가관이야. ㅋ 낼 깨끗이 씻고 사진 보내줄게. 19:42

훈 : 아무래도 괜찮은데… 19:45

희 : 일기 첨 쓴 날이 ○○년 8월 22일인데, 그날 있었던 일을 썼는데 맨 마지막에 "철민이한테도 전화가 왔다. 다음 주에 만나기로 했는데…" 이렇게 쓰여 있네. 19:46

훈 : 그 전에 쓴 일기는 없고? 19:47

희 : 응, 그 전은 없어. 그때 만나서 너 결혼했다고 말했나봐. 19:48

훈 : 그리고 나서 철민이랑 셋이 만난 건가? 19:51

희 : 그 다음부터는 계속 힘들다고 써 있어. 그 얘기를 들은 게 확실해. 그리고 "이제는 내 사랑을 찾고 싶다"라고 써 있어. 19:51

훈 : 희야, 미안. 그때 얘기는 그만하자. 당신 저버리고 상처 줬던 생각하면 넘 힘들어. 19:55

희 : 그래, 미안해. 19:56

훈 : 아냐, 미안하긴… 내가 넘 민감했나봐. 당신이 너무 보고 싶어서 그런가봐. 19:58

희 : 옛날 일은 이제 말 안 할게. 거기도 일하는 시간은 충주와 비슷하지? 19:59

훈 : 5시에 끝난대. 졸려 자고 싶어. 20:00

희 : 그래, 피곤하구나. 잘 자고 낼 일 잘해♡♡ 20:01

훈 : 희야, 혼자 있어? 20:01

희 : 응. 20:01

3/4 (水)

훈 : (노트에 적은 달맞이꽃 詩 찍어서 전송)

달맞이꽃 (12)

우리 서로 다른 곳에 있지만

마음은 바람결에 오가고

그리움을 달래려 달맞이꽃을 보고 또 보며

니가 내게 첫사랑을 고백했던

옛 추억을 생각한다

옆에만 있어도 좋았고 안 보이면

속상해하던 그 시절

희고 고운 살결에 단발머리가 예뻤던 너의 옛 사진을 보며

난 꿈같은 행복에 빠진다

달빛 고운 이 밤 달맞이꽃처럼

예쁜 너를 품에 안고 사랑하며 행복한 꿈에 젖어든다. 20:17

3/8 (日)

희 : 훈아? 20:11

훈 : 응, 희야. 잘 보냈나요? 내 사랑! 20:13

희 : 응, 뭐했어? 20:13

훈 : 당신한테 보낼 사진 뽀샵하고 작년 톡 읽고 Daby Boone 노래 듣고 있었어. Daby Boone 노래 카스에 올렸어. 나중에 들어봐. 20:16

희 : 그랬어? 사진 보내봐. 노래 들어야겠네. 20:17

훈 : (내 사진에 글 넣어 뽀샵한 거 1컷 전송) 20:17

훈 : 이날 톡을 다시 보고 8월 11일 우리 첨 만난 날 그리고 8월 12일⋯ 다시 읽고 그때 당신 심정을 생각하니까 슬프고 울고 싶었어. 20:20

희 : 그날이었구나. 그때 며칠 동안 가슴앓이하고 있었어. 톡을 보내고 싶어서 망설이다가 사진 보낸 거야. 20:21

훈 : 그런데 지금까지 잘 견디고 우리 사랑을 잘 지켜주고 날 꼭 안아줘서 사랑해줘서 고마워. 20:22

희 : 나도 고마워. 날 잘 달래주고 이뻐해줘서⋯ 그때는 미칠 거 같았어. 지금은 많이 안정이 됐지만⋯ 20:26

훈 : 그땐 당신 어떤 모습으로 어떻게 살고 있는지 궁금하고 너무 보고 싶어서 죽는 줄 알았어. 내 자신이 어떻게 견뎠는지 모르겠어. 지나고 보니까⋯ 20:26

희 : 아까 산책하면서 첨 만났을 때 생각했어. 넘 떨리고 긴장해서 무슨 말을 했는지⋯ 20:28

훈 : 그래, 당신도 무지 힘들어했지. 우리 서로 교감하고 이해하고 진정한 사랑이 뭔지 알았기 때문에 잘 극복할 수 있었어. 나도 그래~ 20:29

희 : 근데 혜교랑 찍은 사진 보냈을 때 너가 사진이 못 나왔다고 했다. 이뻐서 보낸 사진인데⋯ 20:31

훈 : 실물보다 못하다고 했었지요. 20:32

희 : 그랬나? 중학교 사진 중에 그 사진이 젤 맘에 들어. 20:33

훈 : 그 얼굴에 내가 반했었는데 안 이쁠 수가 있나요? 그래, 정말 귀엽

고 이뻐. 저녁 먹고 집에 있는 거야? 20:35

희 : 응. 20:36

희 : 산책하면서 자기 노래 계속 들었어. 훈이 가수야. 넘 잘 불러. 음반 내도 되겠어. 20:41

훈 : 언제 볼까나 함 생각해보자. 너무 띄우지 마세요. ㅋㅋ 20:43

희 : 오늘 염색했어. 20:44

훈 : 그래? 그럼 조만간 진짜 봐야겠네요. 20:45

희 : 근데 밝은색으로 했더니 가운데만 갈색이야. 20:46

훈 : 그럼 잘 안 된 거야? 당신이 한 거야? 20:47

희 : 내가 했는데 흰머리만 갈색으로 되고 나머진 검정색 그냥 이러고 다녀야지. 20:48

훈 : 약간 갈색이 있으면 더 멋있지 않아? 보고 싶당♡ 20:49

희 : 나도♡ 20:50

훈 : 이달 20일 이후에 날짜 잡아보자. 20:50

희 : 자긴 버스 타고 올 거야? 20:51

훈 : 응, 그러려고. 20:51

희 : ○○터미널로 오는 거야? 20:52

훈 : 근데 아직 ○○터미널 버스편을 몰라서 알아보고 결정하려고⋯ 20:52

희 : 알았어요. 오늘 반찬도 맛있었어? 20:53

훈 : 딸래미 전화 와서⋯ 응 맛있었어. 살찔 거 같아. 당신은 혼자 먹었어? 21:03

희 : 혼자 먹었지. 반찬이 맛있어서 정말 다행이다. 21:05

훈 : 외로워서 어쩌나? 내 사랑. 응, 좋아. 21:06

희 : 자기 자야겠다. 21:08

희 : 편히 잘 자♡♡ 21:13

훈 : 응, 당신도 잘 자. 사랑해♡♡ 21:14

희 : 사랑해, 첫사랑 훈이♡♡♡ 21:18

제4부

20□□年 3月 12日~
5月 28日

3/12 (木)

희 : 훈아, 낼 연락할게♡♡ 20:11

훈 : 응. 20:14

3/13 (金)

희 : 훈아, 잘 지냈지? 20:13

훈 : My Honey 보고 싶었어. 별일 없었지? 20:29

희 : 응, 자기도? 20:35

훈 : 그럼, 난 항상 잘 있잖아? 어제 당신 무슨 일 있었나 걱정됐어. 20:37

희 : 별일 아니야. 걱정 안 해도 돼요. 여전히 바람은 많이 불지? 20:38

훈 : 희야, 잠깐만. 보험회사에서 전화 와서. 20:39

희 : 응. 여기도 희한하게 바람 많이 부네. 카톡 홈이 곰으로 바뀌었네. 나 닮은 곰도 있나? 20:42

희 : 친구 만났을 때 곰다방에 갔었거든… 나 닮았잖아? 곰은 귀여우니까. 20:43

훈 : 곰다방? 정겹네. 희야, 정말 아무 일 없는 거지? 20:45

희 : 응, 없어. 걱정 마요. 곰다방 커피도 맛있더라. 20:46

훈 : 어딨는 거야? 대학로? 20:47

희 : 대학로. 나중에 같이 갈까? 20:47

훈 : 그럼 가야지요. 거기도 당신과 가보고 싶은 곳 중 한 곳이야. 20:48

훈 : 오늘 사진 한 컷 했어. 이쁘게 봐주세요. (현장에서 털모자 쓰고 찍은 사진 1컷 전송) 20:50

희 : ㅎㅎ 갈 곳이 많다. 다음 주엔 중학교 동창회 용산에서 만나기로 했어. 20:51

희 : ㅎㅎ 모자 잘 어울린다. 사진 잘 나왔어. 잘생긴 내 남자… 20:53

훈 : 갈 곳이 엄청 많지. 아, 용산 가본 지 참 오래됐네. 근데 용산에서의 추억은 나는 없어. 모임 잘해. 가기 전에 다시 얘기해줘. 빵모자~ ㅋㅋ 잘생긴 희야 남자 ㅎㅎ 좋다. 철민이가 귀한 사진 보내왔네. 20:55

희 : 어떤 거? 20:55

훈 : (철민이와 둘이 찍은 흑백사진 1장과 동미리 우리 집에서 철민이, 상문이, 우혁이, 현우와 찍은 컬러사진 1장 전송) 나한테는 없는 사진이야. 기억도 없는 사진… 20:56

희 : ㅎㅎㅎ 완전 귀여워. 진짜 귀한 사진이네. 중1 때인 거 같아. 20:59

훈 : 흑백사진이 중3 때 서부교회 야유회 갔을 때라는데 혹시 나하고 철민이 옷 보면 알 수 있어? 난 잘 모르겠는데… 밑에 건 중2 때 우리 집 마당에서 추석 때쯤 찍은 거래. 철민이 기억이 좋더라. 21:00

희 : 진짜? 어려 보여서 중1 때인 줄 알았는데… 철민이 기억이 맞으면 내가 널 알았을 때네. 이 얼굴이었어. 내가 좋아하고 반했던 얼굴… 애기 같아. 21:04

훈 : 그래, 맞아. 이때야. 우리 서로 뿅 갔던 게… 21:05

희 : 철민이, 상문이, 너 다 귀엽다. 21:07

훈 : 이땐 다 귀여웠어. 상문이 왼쪽이 현우고 그 밑에 머리 긴 녀석이 상문이 동생이야. 21:09

희 : 아~ 상문이하고 닮았다. 철민이하고 찍은 사진에 훈이 폼이 멋있는데. 21:11

훈 : 나도 그 얘기하려고 했는데. ㅎㅎ 옛날부터 폼 많이 잡았는데… 저때 뒷동산에서 반바지에 웃통 벗고 이소룡 흉내내면서 찍은 게 있었는데 찾을 길이 없어 아쉬워. 내가 좋아하고 아끼던 사진이었거든. 21:15

희 : 너 폼 좀 잡은 거 같아. 가끔 보면 너 모습이 멋있을 때가 있었어. 야유회 갔을 때 버스 기다리는 곳에서 너가 풀밭에 누워버리더라고… 그 모습도 멋있었어. ㅎㅎ 그랬었어? 몰랐네. 21:16

훈 : 풀밭에 누웠다고? 희야가 안기길 바라면서? ㅋㅋ 21:17

희 : 기억 안 나지? 난 기억이 나. 그리고 풀을 입으로 뜯었는데 그 모습도 멋있던데. 나 웃기지? 자기 잘 시간 지났네. 21:22

훈 : 풀까지 뜯었다고? 와 쇼킹한데? 내가 혹시 양띠인가? 그 모습이 멋있게 보인 희야는 같이 풀 먹는 송아지 띠네. 21:22

희 : 바닥에 있는 풀을 입으로 뜯은 게 아니고 손으로… 21:24

훈 : ㅋㅋ 그랬었어? 그 사진을 많이 보고 시간이 좀 흘러야 생각이 날 거 같아. 가물가물해… 아까 보낸 사진 뽀샵은 당신이 이쁘게 해줘. 21:26

희 : 알았어, 추억 속에 사진 잘 봤네. 21:27

훈 : 당신 목소리 들은 지 오래됐네. 듣고 싶어. 보고 싶어. 나 잘게. 희야, 사랑해. 당신도 잘 자. 안아줄게♡♡ 21:28

희 : 정말 오래됐네. 낼은 통화해야겠어. 잘 자요. 자기 안고 나도 잘게. 귀여운 중학생 훈이♡♡ 21:29

훈 : ♡♡♡ 21:30

3/14 (土)

희 : (어제 보낸 내 흑백사진에 글 넣어서 전송) "내 맘을 흔들고 반했던 얼굴 사진이 없어 기억하려 해도 생각이 안 나 힘들었었지. 이 얼굴이었어. 귀여웠던 너의 얼굴. 우린 정말 넘 어렸어. 얼굴은 애기 같아도 마음은 그렇지가 않았나봐. 첫사랑 훈아, 사랑해." 19:28

희 : (현장에서 털모자 쓰고 찍은 사진에 글 넣어서 전송) "훈이 웃는 모습 보기 좋아. 세월이 오래 지나 우리 서로 많이 변했지만 내 눈엔 그 옛날 중학생 훈이로 보여. 이렇게 항상 웃는 모습으로 살아갔으면 좋겠어." 19:39

훈 : 오늘 좀 늦게 끝났어. 이제 씻었어. 중학교 때 사진이 좀 선명했으면 좋았을 텐데. 그래도 당신과 나의 옛 추억을 생각하게 하는 귀한 사진이네. 희야, 오늘 잘 보냈어? 20:16

희 : 잘 보냈지. 통화해도 돼? 20:17

훈 : 내가 할게. 20:17

희 : (중학교 때 내 흑백사진과 희야가 나에게 처음 보내준 단발머리 흑백사진 위아래로 배열해서 전송) 21:34

3/15 (日)

희 : 훈아, 뭐해? 15:36

훈 : 응, 희야. 친구랑 산에 왔어. 두 홀아비가… 지금 내려가는 중이야. 자긴 집이야? 15:44

희 : 응, 집이야. 산에 늦게 갔구나. 조심해서 내려가. 15:44

훈 : (천생산에서 찍은 사진 4컷 전송) 친구가 찍었는데 잘 찍혔나 모르겠네. 당신이 멋있게 뽀샵해줘♡ 15:46

희 : 사진 잘 나왔네. 상쾌하겠어. 알았어, 뽀샵해줄게. 15:47

훈 : 응, 저녁에 만나♡ 15:48

희 : 응, 빠이빠이♡ 15:48

희 : (낮에 보낸 사진과 우리 둘 중학교 때 사진 합쳐서 뽀샵한 거 전송) 19:05

훈 : 와 멋있다! 희야, 저녁 먹었어? 19:09

희 : 응, 자기도 먹었지? 19:09

훈 : 응, 산에서 내려와서 막걸리 먹고 들어왔지. 나도 만들어봤어. 19:10

훈 : (뽀샵한 사진 4컷 전송) 희야, 너 넘 귀엽고 이뻐. 내가 그때 너한테 반하길 정말 잘했어. 19:13

희 : 자기가 훨씬 잘 만들었다. 이쁜 글 써주어서 행복해. 19:14

훈 : 그래서 널 다시 찾고 우리 다시 만날 수 있었고, 예전에 못했던 사랑을 다시 제대로 하게 됐잖아? 너무너무 행복해. 사랑해, 희야♡ 19:15

희 : 꿈만 같아서 멍하니 있었어. 중학교 때를 생각하느라… 19:18

훈 : 나도 그랬어. 당신이 나를 보자마자 나한테 첫사랑 고백하던 장면이 계속 떠올랐어. 뚝방길 걷던 생각도 나고… 19:21

희 : 중학생 훈이 모습을 보니 감동이야. 우리 순수하게 서로 빠졌을 당시의 모습을 보니 자꾸만 보게 돼. 19:22

훈 : 그러게 말야. 그때가 엊그제 같은데… 19:24

희 : 산에서 찍은 사진 다 잘 나왔어. 19:25

훈 : 당신 그때 사진만 봐도 지금도 가슴이 벌렁거려. 19:25

희 : 잉 진짜? 19:25

훈 : 응, 진짜야~ 최근의 당신 사진 보면 더해. 19:26

희 : 나도 그래. 오늘 찍은 사진 보니 당신 가슴에 안기고 싶어. 19:28

훈 : 보고 싶어. 안고 싶어. ㅎㅎ 우리 맘이 똑같네. 19:28

희 : 우리 둘 다 맘이 똑같아. 아휴~ 우리 어쩌면 좋아? 19:29

훈 : 뽀뽀해줘~ 이번 달엔 시간 내기 어려워? 19:30

희 : 많이 만나고 싶은데 쫌 걱정되는 부분이 있어서… 19:31

훈 : 그래 알았어. 내가 또 당신 힘들게 했구나. 19:33

희 : 아니야, 나도 너무 만나고 싶어. 당신이 넘 생각나서 힘들다구… 19:35

훈 : 아들 휴가 나온다고 했지? 그리고 남편도 늘 집에 있고 하니 당신이 자유롭지 못한 거 내가 알면서도… 19:37

희 : 아니야, 그런 건 괜찮아. 나중에 말해줄게. 19:39

훈 : 알았어, 나 잘 견딜게. 당신도 힘들겠지만 함께 이겨내자. 사랑해

♡ 19:40

희 : 그래, 고마워. 사랑해 많이♡ 밥 먹으면서 막걸리 마신 거지? 19:43

훈 : 응, 아딸딸해~ 둘이 네 병 먹었어. 19:44

희 : 빙빙 돌겠다. 낮잠도 안 잤지? 19:45

훈 : 응, 그랬지. 19:45

희 : 졸음이 몰려오겠네요. 19:46

훈 : 와서 나 좀 안아줘잉~ 19:46

희 : ㅎㅎ 밤에 혼자 잘 때 미치겠어. 너하고 자고 싶어서… 19:48

훈 : 당신 숨결이 느껴져. 따뜻한 당신 가슴이 느껴져. 나도 마찬가지야. 당신과 꼭 안고 자고 싶어서… 19:50

희 : 당신 사진 섹시해 보여 큰일이야. 19:51

훈 : 웃통 벗은 거? 19:51

희 : 벗은 것도, 오늘 찍은 것도… 나 미쳤나봐. 19:52

훈 : Honey 어쩌면 좋을고… 당신은 더 섹시해. 넘 이뽀. 19:55

희 : 너보다 더 심하지? 잘 때 쿠션 껴안고 뽀뽀하고 너 생각하며… 19:55

훈 : 나도 그래~ 나도 완존 미쳤어. 너한테 알몸 사진 보내줄까 그럼? ㅋㅋ 19:57

희 : 보내줄래? ㅎㅎ 19:57

훈 : 증말요? 19:57

희 : 자신 있어? ㅋㅋ 19:58

훈 : 근데 셀카가 될라나? 당신 근데 보관 잘할 수 있지? 19:59

희 : ㅎㅎ 할 수야 있겠지만… 당신 알몸 보고 더 미쳐버리면 어떡하지? 20:01

훈 : 그럴 리가 있겠어? 우리 이성적이잖아? 설령 미치도록 사랑하면서 서로 미친 건 우리 둘만 알면 돼. 20:03

훈 : 알몸을 누구한테 찍어달랠 수도 없고… 20:07

희 : 그래, 우리 둘만 알면 돼. 훈아, 내 맘이 이런 상태야. 널 너무 좋아하다 보니 이런 말도 하는 거야. 내가 지나친 말을 한 거니까 신경 쓰지 마요. 20:07

훈 : 알아, 맘 같아선 정말 찍어서 보내주고 싶어. 사실은 나도 당신 알몸을 간직하고 보고 늘 안고 싶었어. 20:10

희 : 사랑해, 훈아. 우리 잘 참아보자. 20:13

훈 : 함께 잘 견디자. 20:19

희 : 응, 알았어. 20:21

훈 : 응, 오늘은 일찍 푹 자~ 맘 비우고… 사랑해♡ 20:23

희 : 자기도 잘 자. 산행해서 잠 푹 잘 수 있겠네. 사랑해♡♡ 20:24

3/22 (日)

희 : 훈아? 20:08

훈 : 넵! 저녁 먹었어요? 일요일인데 뭐했나 우리 이쁜이? 20:11

희 : 먹었고 집에서 뒹굴었어. 20:12

훈 : 엥? 뒹굴어? 따분했었나? 산책은 안 했어? 20:13

희 : 산책 안 했어. 황사 있다고 해서… 자기 일 잘했어? 당신하고 통화 좀 하려 했는데 딸이 들어왔어. 20:16

훈 : 응, 잘했지요. 맞다. 황사가 있었겠다. 여긴 바람이 너무 세게 불었어. 흙먼지도 날리고… 일요일이라 딸이 일찍 왔구나. 그러게, 당신 목소리 듣고 싶은데… 20:17

희 : 마스크 쓰고 일했어? 황사 있으면 조심해야겠어. 20:19

훈 : 당신 사진 계속 보면서 맘 달래고 있어. 아니 마스크는 준비가 안 됐어. 심할 땐 좀 피했다 하니까 괜찮아. 20:21

훈 : 당신 온종일 혼자 집에 있었어? 내 생각하면서? 20:25

희 : 응, 오늘은 꼼짝하기 싫어서 텔레비전 보다가 스트레칭하고 실내 자전거 페달 좀 밟았어. 20:26

훈 : 그래도 운동은 했네. 잘했어요~ 난 일하면서 종일 당신 생각했는데… 20:28

희 : 그랬어? 나도 스마트폰 보면서 사진 보고 톡 읽고 했지. 당신을 생각 안 하는 날이 없어. 20:30

훈 : 맞아, 우린 매일 서로의 가슴속에 들어가 살고 있으니까. 심장 소리 들으며… 20:33

희 : 당신을 생각하면서 지내는 건 내 일상이 되었어. 20:34

훈 : 숨소리 들으며 함께 호흡하고 냄새 맡고 서로를 기억하고 잊지 않으려 늘 교감하고 있지 우리. 그렇게 우리의 일상은 똑같아. 20:36

희 : 거기서 오려면 동서울로 와야 돼? 20:38

훈 : 페북에서 내가 당신 찾고 당신이 나한테 답장 보낸 게 5월 17일이

었지? 응, 동서울~ 그리고 당신하고 첨 통화한 게 6월 며칠이었더라? 20:40

희 : 나한테 메신저 보낸 게 5월 17일 2시 6분. 답장 보낸 게 같은 날 5시 36분에 보냈더니 바로 당신이 답장 또 했어. 첨 통화한 날은 5월 27일이야. 20:44

훈 : 벌써 1년이 다 돼가네. 해가 바뀌고 벌써 3월도 다 가고… 꿈같은 시간이었어. 지금도 꿈같은 시간은 계속되고 있고, 널 그리고 생각하며 살고 있는 게 너무 고맙고 감사하고 행복해. 아, 5월 27일이었구나. 일하다가 오전 새참시간에 전화했었는데 그때 집에서 받았던 거야? 20:46

희 : 아니, 나랑 친한 엄마가 자전거 산다고 해서 가는 중이었어. 20:48

훈 : 그랬었구나. 내심 전화 받기 곤란한 상황이면 어쩌나 걱정하면서 했었는데 다행이었어. 20:49

희 : 그때는 철민이하고 같이 있었지? 20:50

훈 : 응, 같이 일할 때지. 그때 철민인 다른 사람들하고 일하고 있었지. 20:51

희 : 작년엔 훈이 덕분에 많은 일이 일어났어. 몇 번 말했지만 난 지금도 꿈 꾸는 거 같아, 훈아. 20:54

훈 : 지금 당신과 나 현실이 부자유스럽고 어려운 일 있어도 너무 행복하다. 그래, 나도 같은 맘이야. 그래도 어쨌든 널 찾길 잘했다 싶어. 그래서 행복해. 너도 그런 맘이길 바래. 아니, 너도 같은 맘일 거라 믿어. 20:57

훈 : 니 심장에 내가 있고 내 심장에 니가 있으니 이젠 우리 떨어질 수가 없어. 내가 어디서 일하든 넌 항상 내 곁에 있고 난 늘 시흥에 살 듯이 그렇게 사는 거야. 21:01

희 : 그래, 당신과 같은 맘이야. 우리 대화하면서 항상 느끼고 있잖아? 21:04

훈 : 우린 넘 똑같아. 사랑해♡ 아까 참 동서울 물어봤지? 21:09

희 : 응, 만약 만나게 되면 어디서 봐야 하나 해서… 21:10

훈 : 터미널 근처면 어떨까 해. 21:11

훈 : 당신 오기가 멀까? 저녁에 당신 보내고 난 바로 거기서 밤차로 내려오면 어떨까 해서. 21:14

희 : 알았어, 생각해볼게. 자기 잘 시간 됐지? 21:16

훈 : 알았어, 희야. 잘 준비해야지. 21:18

훈 : 내 사랑 희야. 잘 자. 사랑해♡♡ 21:18

희 : 응, 푹 잘 자. 나도 자기 생각하며 잘 잘게♡♡ 21:19

3/29 (日)

희 : 훈아, 운전 중이니? 14:08

훈 : 도착했어, 희야. 아파트 상가 미용실에 커트하러 왔어. 어디야? 14:10

희 : 집이지. 14:10

훈 : 산책 안 나갔어? 14:10

희 : 응, 아직… 14:11

훈 : 이따 나갈 거야? 14:11

희 : 나가려고 하는데… 14:11

훈 : 근데… 일요일이라 산책로에 사람 많겠네. 14:13

희 : 날씨가 따뜻하니 많겠지. 14:13

훈 : 누구랑 같이 갈 거야? 14:14

희 : 아니 혼자서… 자기도 올래? 14:14

훈 : 정말? 14:15

훈 : 어디서 만날까? 작년에 차 가져갔던 곳이면 되나? 14:17

희 : 응, 별일 없겠지… 14:17

훈 : 이발 다음 순서인데 3시 정도면 되지 않을까 싶은데. 14:19

희 : 3시에 보자. 14:19

훈 : 알았어. 14:19

희 : (동미리 뚝방에서 찍은 희야 사진에 "달맞이꽃 (11)" 새겨진 사진 1컷 전송) 18:00

달맞이꽃 (11)

달맞이꽃이 예쁘게 핀 뚝방에서
섯사랑을 만났다. 손 한 번 삽아볼
용기가 없어 달맞이꽃만 만지고
꽃잎에 입을 맞췄었다.

달맞이꽃이 기억 저편에서 피고 지길 어언 40년…

그 옛날 뚝방이 아닌 곳에서 40년 전과

똑같이 예쁘게 핀 달맞이꽃을 만났다.

그리고 사랑하고 내 심장에 심었다.

희 : 사랑하는 훈아, 잘 도착했지? 저녁 맛있게 먹어. 19:34

훈 : 응, 희야. 당신도 배고프겠다. 맛있게 먹어. 아프지 말고… 사랑해
♡♡ 19:35

희 : 나도 사랑해♡♡ 19:36

3/30 (月) ─────────────────────

희 : 훈아? 13:23

훈 : 희야, 괜찮아? 13:23

희 : 응, 괜찮아. 뭐해? 13:24

훈 : 아픈 데 없어? 다행이다. 응, 엄마하고 밥 먹었어. 당신은 먹었어?
13:24

희 : 지금 먹었어. 전입신고했어? 나 아프지 않으니까 걱정 안 해도 돼.
13:26

훈 : 신고하러 갔는데 형 신분증하고 도장 있어야 된대. 그래서 못하고
내 주민증하고 도장 형한테 맡기려고. 나중에 형이 신고하면 돼.
희야? 13:28

희 : 이런… 나한테 말한 거하고 틀리네. 왜? 13:29

훈 : 응, 그렇더라고~ 여긴 임대라 세대원으로 해야 되기 때문에 그렇
대. 13:30

희 : 그렇구나. 미안해라. 13:31

훈 : 미안하긴~ 괜찮아. 쫌 있다가 평택으로 간다. 가서 상황이 어떨지
는 모르겠는데 사람들 4시에 만나기로 했어. 13:32

희 : 통화돼? 13:33

훈 : 응. 13:33

희 : 자기야. 잘 도착했어? 20:13

훈 : 나 잘 왔어, 희야. 와서 숙소 청소하고 동료들 와서 저녁도 먹었지.
당신은 수다 많이 떨었어? 20:16

희 : 잘 도착했구나. 평택인 거지? 난 지금 들어왔어. 지금껏 떠들다가
같이 저녁까지 먹고 왔어. 20:18

훈 : 그랬어? 잘했어. 수다 떨고 웃다 보면 잡념이 사라지잖아? 그러면
머리가 맑아져. 기분 좋지? 20:21

희 : 응, 기분 좋아. 자기는 괜찮아? 지금 톡하기 괜찮은 거야? 20:23

훈 : 괜찮아. 당신 기분 좋고 아프지 않아 넘 좋다. 고마워, 희야. 사랑
해♡ 20:25

희 : 자기 보고 싶다. 어제 그런 모습 보이기 싫었는데 자기가 놀랐을
거 같아서… 안 가려고 했지만 당신 안고 싶었어. 사랑해♡ 20:28

훈 : 나도 보고 싶어. 아냐, 쫌 놀라긴 했는데 순간 어째야 좋을지 나도
망설였어. 근데 그렇게 만나서 그냥 당신 보낼 수가 없었어. 그리
고 관계해도 큰 지장 없다고 했다길래… 20:31

희 : 내가 창피한 것도 모르고 당신한테 주책 부리는 거 같아. 이해해
줘. 낼부터 일하는 거야? 20:35

훈 : 주책은 무슨~ 오히려 당신 속마음 얘기하고 어려운 얘기하니까 내
가 고맙고 편해. 앞으로도 우리 편하게 쑥스러워 말고 부담 갖지
말고 그렇게 얘기하자. 20:38

희 : 고마워. 이해해줘서… 20:39

훈 : 낼부터 일하지~ 20:40

희 : 평택은 처음이지? 20:41

훈 : 응, 첨이야~ 20:41

희 : 그래도 동료들이 있어서 낯설지는 않겠다. 20:42

훈 : 그래, 숙소도 원룸인데 크고 괜찮아. 주변 공기도 좋고. 20:43

희 : 잘 됐네. 멀지 않고 가까워서 좋기도 하고, 멀리 갈 수도 있지만 일
단은 좋다. 20:46

훈 : ㅎㅎ 당신과 가까운 데서 2~3년 아니 3~4년 일할 수 있는 곳이면
좋으련만. 20:47

희 : 그러게… 시간이 얼마나 걸렸어? 20:48

훈 : 1시간… 충주보다는 거리는 가까워. 근데 고속도로를 몇 개를 타
야 돼서 차가 막히냐 안 막히냐가 관건이야. 충주에서 가는 거보
다는 도로는 안 좋은 거 같아. 20:53

희 : 가깝기는 한데 도로 땜에 복잡하구나. 어쨌든 가까우니까 좋아.
아~ 자기 손잡고 안고 싶다. 20:55

훈 : 희야, 잘 견디고 이겨낼 수 있지? 나도 요즘은 당신 너무 보고 싶어

참기 힘든데 그래도 견디고 있어. 우리 둘 다 힘들단 거 알아. 당신이 더 힘들단 거… 그래서 내 맘이 짠하고 아파. 근데 참아야 하니까, 견뎌야 하니까 보고 싶고 안고 싶어도 인내해야 하니까 슬프면서도 당연한 사실에 화도 나지만 현실이니까 우리가 받아들여야겠지. 희야? 우는 거 아니지? 21:03

희 : 미안해. 이렇게 톡하고 가끔 통화하는 것만으로 만족하고 행복해하자고 하면서 내가 주책인가봐. 내가 좀 더 참아볼게. 자기 피곤하지? 자야겠다. 21:04

훈 : 아냐, 희야. 당신 주책 아냐. 나에 대한 당신의 솔직한 마음이잖아? 그 맘 내가 아니까 그런 맘 갖지 마. 응, 자야겠어. 21:05

희 : 훈아, 당신한테 솔직히 얘기해도 되는 거지? 고마워. 자기 푹 잘 자고 낼 일 조심히 잘해. 사랑해♡♡ 21:07

훈 : 그럼 진솔한 게 좋은 거지. 잘 자, 희야. 꼭 안아줄게. 사랑해♡♡ 21:08

희 : ♡♡♡ 21:08

4/13 (月)

희 : 훈아? 11:08

훈 : 응, 희야. 별일 없었지? 지금 극장이야. 11시 반쯤 영화 끝나. 끝나고 할게. 조금만 기다려. 11:11

훈 : 희야? 11:48

희 : 응, 잘 봤어? 11:49

훈 : 응, 막 나왔어. 폰 빌려주고 이상 없었지? 11:50

희 : 별일 없었어. 11:50

훈 : 잠은 잘 자고? 11:51

희 : 병원 와서 검사하고 나왔어. 11:51

훈 : 맞다, 오늘 검사였지. 잘 받았어? 뭐래? 전화할게. 11:53

희 : 응. 11:53

훈 : 희야, 집에 가고 있어? 12:46

희 : 응, 내려야 돼. 12:47

훈 : 벌써 다 갔어? 12:47

희 : 응, 왜? 12:47

훈 : 좀 더 심해졌다니까 맘이 좋지 않아서. 12:48

희 : 나도 기분이 별로야. 12:49

훈 : 나 때문에 그런 거 아닌가 싶어서… 집에 가서 밥 먹고 좀 쉬어. 저녁에 시간 되면 톡하고… 사랑해♡♡ 12:51

희 : 알았어. 12:52

희 : 훈아, 뭐하니? 17:05

훈 : 여기저기 통화 좀 했어. 좀 쉬었어? 17:07

희 : 오랜만에 한잠 잤어. 17:08

훈 : 잘했네요~ 컨디션 어때? 17:08

희 : 괜찮아. 훈이는? 17:09

훈 : 나야 괜찮지요~ 당신 생각하면서 지난 톡 계속 읽고 있었어. 괜시리 우울해. 당신 몸 이상 없어야 할 텐데… 걱정돼서 맘이 아파.

17:12

희 : 그랬구나. 우울해하지 마. 나도 너도 상황이 안 좋지만 괜찮을 거야. 17:12

훈 : 그래, 당신 괜찮을 거야. 그런데도 자꾸 당신 걱정되고 생각나. 17:14

희 : 많이 걱정 안 해도 돼. 이거는 자연치유 가능성이 크기 때문에 의사가 3개월 후에 보자는 거야. 치료보다는 계속 지켜보자는 거지. 자연적으로 나을 때까지 조심해야겠어. 17:17

훈 : 빨리 나으라고 내가 기도할게. 다른 데도 아프지 말라고 기도할게. 사랑해, 희야♡ 17:19

희 : 고마워. 사랑해♡ 17:19

4/15 (水)

희 : 훈아, 뭐해? 13:36

훈 : 응, 희야. 점심 먹었어? 시장 갔다 왔어. 밑반찬 사러. 13:43

희 : 점심 먹었지. 집에서 먹으려고 반찬 사왔구나? 맛있는 거 사왔어? 13:44

훈 : 알타리하고 낙지젓 두 가지~ 형님이 드시고 싶대서. 13:45

희 : 점심 먹어야겠네. 13:46

훈 : 시장에서 먹고 왔어. 13:46

희 : 먹었구나. 나도 지금 먹어서 배부르다. 원룸에만 있으니 따분하겠다. 13:50

훈 : 우리 애기 많이 먹었쩌? 쫌 그래~ 형님한테 미안하기도 하고. 좀 있다가 인력사무실에 가보려고. 일자리 있나 알아보려구. 13:52

희 : 이번엔 연락이 빨리 안 오네. 13:53

훈 : 그러게, 울산서 일하는 동생이 있는데 부산 쪽에 일 알아봐준댔어. 언제 될지, 안 될지는 모르겠지만. 그동안 일당제라도 나가보려고… 13:55

훈 : 당신 보고 싶어서 시흥 가서 며칠 있을까도 생각해봤는데 모르겠어. 맘이 어찌 움직일지… 13:57

희 : 일당제는 하루만 일하는 거지? 13:59

훈 : 그날그날 일 있는 곳에 가서 일하고 퇴근 후 인력사무실에서 일당 받는 거야. 매일 매일 일이 있는지, 없는지는 나가봐야 알 수 있어. 14:01

희 : 계속 놀기도 그러니 일단 알아보긴 해야겠네. 훈아, 힘내요. 14:02

훈 : 알았어. 힘낼게. 14:03

희 : 몇 시에 나갈 거야? 14:05

훈 : 아무 때나~ 산책 가려고? 14:06

희 : 응, 쫌 있다 가야지. 거긴 근처에 산이 없어? 14:08

훈 : 당신 산책하고 연락해. 나갔다 올게. 응, 근처엔 산이 안 보이네. 14:09

희 : 그래, 잘 갔다 와. 나도 걷고 올게♡ 14:09

훈 : 조심해♡♡ 14:10

희 : 훈아, 나갔다 왔어? 20:08

훈 : 아까 나갔다 왔지. 형님하고 저녁 먹고 쉬고 있어. 산책 잘하고 저녁 먹었어? 20:12

희 : (산책길 이팝나무 사진 1컷 전송) 응, 산책도 하고 저녁도 먹었어. 20:13

훈 : 와우~ 넘 멋지다. 무슨 꽃이야? 20:13

희 : 산책하면서 찍었어. 이팝나무. 20:13

훈 : 이팝나무? 첨 보는 거 같은데 이쁘다. 20:14

희 : 요즘 한창이야. 20:15

훈 : 당신도 나오게 찍지 그랬어? 20:16

희 : 꽃하고 같이 찍으면 내가 빛나질 않아. ㅋ 20:16

훈 : 그 꽃 옆에 앉아서 찍으면 잘 어울릴 거 같은데. 아냐 꽃이 별 볼일 없지요. 20:18

훈 : (I love you 이모티콘 전송) 20:20

희 : ㅎㅎ 귀여워. 나도… 20:21

훈 : 초등밴드에 친구가 다운받으라고 올렸더라구. 20:21

훈 : (곰이 하트 든 이모티콘 전송) 이것도 귀엽고 이쁘지? 20:22

희 : 아유~ 이뻐라. 훈이랑 비슷해. 20:23

훈 : 당신을 안고 있는 심정으로… 그러고 보니 당신 만나면 업어준다고 해놓고 잊어버렸었네. 나 닮았어? ㅋㅋ 20:24

희 : 우린 만나면 다 잊어버려. 귀엽잖아… 20:25

훈 : 그러게 말이야. 정작 만나서 하고자 했던 걸 까먹고 나중에 생각이 나니… 다음부턴 메모를 해야겠어. 20:27

희 : 그래도 괜찮아. 다음을 기약하면 되지. 20:28

훈 : 계속 그랬었어. 만나면 이거 해야지 해놓고 까먹고, 헤어지고 나면 생각나고… 나 치매가 오나? 20:29

희 : 우리가 자유롭지 않아서 그래. 만나면 시간에 쫓기다 보니 잊어버리는 거지. 치매하곤 상관없어. 20:31

훈 : 그런 거지. ㅎㅎ 평소에 내가 기억력이 그리 나쁜 편은 아니거든. 당신은 기억력이 넘 좋더라. 20:35

희 : 좋은 편도 아니야. 깜박깜박 자주 해. 20:36

훈 : 우리도 이제 그럴 나이야. 세월은 어쩔 수 없어. 20:37

희 : 맞아. 나이 탓인 거 같아. 20:39

희 : (멀리 산이 보이고 나무와 꽃이 있는 산책로 사진 1컷 전송) 20:41

훈 : 우리 좋은 모습으로 만나고 사랑하려면 건강관리 잘하자. 멋있다. 그림 같아! 당신하고 같이 걷고 싶다. 20:42

희 : 저번 주에 찍은 거… 오늘 보니 벚꽃 다 떨어졌어. 20:43

훈 : 질 때가 돼가는구나 벌써. 딴 곳으로 옮기기 전에 당신 보고 싶어. 20:45

희 : 만나면 모텔은 못 가. 20:46

훈 : 당신 몸 때문에 모텔 못 가더라도… 모텔 못 가면 제대로 안지도 못하고 뽀뽀도 못하겠다. 그치? ㅎㅎ 20:48

희 : 그럼 밥 먹고 차 마실까? 언제 올 수 있어? 그렇겠지. 20:48

훈 : 산에 방공호로 갈까? ㅋㅋ 20:49

희 : 손잡으면 되잖아? 20:49

훈 : 모텔 가서 안 하면 되잖아? 다른 방법으로 풀면 되잖아? 20:50

희 : 가면 하고 싶어서 안 돼. 20:52

훈 : 그렇겠지~ 심란하겠지. 20:52

희 : 응, 나 힘들어. 20:53

4/24 (金) ─────────────────────────

희 : 훈아? 19:39

훈 : 응, 희야. 잘 지냈어? 19:46

희 : 몸살 땜에 많이 아팠어. 지금은 괜찮아. 자기는? 19:48

훈 : 몸살 때문에 고생했구나 당신. 난 괜찮지~ 직원들 상견례 겸 회식 중이었어. 19:50

희 : 오한도 나면서 몸이 아팠어. 이제 좀 괜찮아졌어. 회식 끝난 거야? 19:51

훈 : 자궁도 안 좋은데 몸살까지 당신을 괴롭혔구나. 맘 아프게. 난 금방 나왔어. 눈에 뭐가 들어갔는지 눈도 불편하고 피곤해서… 19:53

희 : 눈이 왜? 용접 때문에 그런 거 아니야? 19:55

훈 : 용접은 아니고 바람 땜에 순간적으로 이물질이 들어간 거 같아. 숙소에 막 들어왔어. 당신 저녁은 먹었어? 19:57

희 : 먹었지. 씻어야겠네. 지금 마산인 거야? 19:58

훈 : 아니, 아직 부산이야. 며칠 더 여기 있을 거 같아. 19:58

희 : 그렇구나. 씻을래? 19:59

훈 : 씻고 나서 계속할 수 있어? 20:00

희 : 응, 씻고 나면 톡해. 20:00

훈 : 알았쪄, 희야♡ 20:00

훈 : 희야? 20:33

희 : 다 씻었어? 20:34

훈 : 응, 쫌 늦었지? 차 보험이 다 돼서 입금하느라 늦었어. 하혈은 안 해? 20:35

희 : 며칠 계속되다가 지금은 괜찮아. 20:36

훈 : 또 했었어? 20:37

희 : 병원 갔다 오고 이틀 정도… 20:37

훈 : 당신 그동안 생리 있었어? 20:37

희 : 작년부터 안 했어. 20:38

훈 : 하혈하면 기운도 없을 텐데… 생리가 다시 시작된 건 아닌가 혹시? 우리 첨 만난 이후로도 생리 없었어? 20:42

희 : 그럴 수도 있다는데 의사도 확실히 말을 안 했어. 지혈하고 계속 많이 나오면 병원에 오라고 했는데 괜찮아져서 안 갔어. 20:42

희 : 여름부터 안 했어. 6월부터 안 했어. 그래서 콘돔을 안 썼는데… 20:45

훈 : 그럼 우리 첨 만났을 때 한여름이었는데 그 뒤로 생리가 없었으면… 아~ 잘 모르겠다. 여자는 신비해서… 몸이 안 좋고 아파서 하혈하는 게 아니면 좋겠다. 20:46

훈 : 잘은 모르지만 생리가 끊겼다가 다시 하는 경우도 있다는 얘기를

들은 적이 있어. 그리고 늦둥이도 낳은 여자도 있고… 20:48

희 : 그건 특별한 경우고 난 해당이 안 돼요. 20:48

훈 : 어쩌면 당신 오랫동안 관계 안 해서 면역력이 떨어져 있는 상태에서 나랑 하면서 자궁이 쇼크 받아서 그런지도 모르겠다. 이런 얘길 의사한테 물어볼 수도 없고 참 답답할 노릇이네. 20:53

훈 : 나 부산 내려올 때 ○○휴게소에서 찍은 사진 보고 달라진 거 못 느꼈어? 20:58

희 : 모르겠는데… 20:58

훈 : 치~ 관심 없구나. (나 삐침) ㅋㅋ 농담이야. 머리 짧게 잘랐어. 약간 긴 스포츠로… 21:01

희 : 머리가 항상 짧아서 모르겠어. 21:02

훈 : 정말 삐친다 그럼. 21:02

희 : ㅎㅎ 미안. 자르지 않으면 어떨까? 당신 휴게소에서 찍은 사진 많이 안아줬어. 21:04

훈 : 나 삐치면 당신이 달래줘야 되는데 어쩌지요? 잘라보니까 짧은 게 나은 거 같은데 난… 많이 안았구나. 난 그런 줄도 모르고 당신 소식 없어 미치는 줄 알았지. 21:05

희 : 이제 마음이 괜찮아졌지? 나도 살 거 같아. 21:06

훈 : 너무 보고 싶고 그립고 걱정되니까 주체할 수 없이 눈물이 흐르는데 소리내어 울고 싶은데도 소리는 안 나고 그냥 눈물만 하염없이 흘렀어. 21:08

훈 : 나도 이제 살 거 같아. 통화하고 난 잠을 잘 잤어. 당신은 어땠어?

21:10

희 : 아유~ 마음 아파라. 미안해 훈아. 잘 잤는데 몸살 땜에 아팠지.
21:11

훈 : 미안하단 말 하지 마, 희야. 우리 서로 애달프게 사랑하고 아끼니까 그런 거잖아? 당신 지금은 몸이 쫌 안 좋지만 별거 아닐 거야. 금방 괜찮아질 거야. 21:14

희 : 응, 알았어. 당신 말 믿을게. 숙소는 아직 모텔이야? 21:16

훈 : 비관적인 생각은 하지 마. 당신 남편한테 미안하고 죄짓는 거 같고, 그래서 당신이 벌 받는 거 같다는 그런 생각하지 않았으면 좋겠어. 나도 마음으로 같은 남자로서 당신 남편한테 죄스러운 생각이 있어. 그런데… 그런데 난 너무 오래전부터 당신을 사랑했었고 그리워했었잖아? 우리 서로가… 결혼을 못했을 뿐이지. 이미 오래전에 우린 가슴으로 마음으로 부부였잖아? 어제 둘이서 미니 투룸에 들어왔어요. 아담하고 깨끗하고 좋아. 21:22

희 : 하혈하고 나니 첫 아이 낳을 때 후로 나도 첨 있는 일이라 별 생각이 다 들었어. 이젠 맘이 편해져서 괜찮아. 미안하다. 나 혼자 삭였어야 하는데… 21:26

훈 : 또 미안 소리! 차라리 삭이지 말고 앞으로도 얘기해. 우리 서로 그러자. 우리가 맘 터놓지 못할 게 뭐 있어? 함께 고민하고 같이 아파하고 함께 기뻐하고 같이 행복하고… 우리 영원히 그렇게 행복하게 살기로 했잖아? 알았지? 21:30

희 : 알았어, 자기야. 고마워. 자기 자야 되지? 21:32

훈 : 나도 고마워. 응, 자야겠어. 은근히 피곤하네. 당신도 푹 자. 희야, 너무너무 사랑해♡♡♡ 21:34

희 : 잘 자고 많이 사랑해♡♡ 21:35

4/29 (水)

희 : 훈아? 20:05

훈 : 응, 희야. 잘 지냈어? 홈이 꽃으로 화사해졌네? 당신도 화사해졌길 바래. 20:07

희 : 산책길에 꽃이 만발했어. 자기 잘 지냈어? 20:08

훈 : 거긴 비 안 왔어? 오늘 급한 일이 있어서 비 맞고 일했어. 비 안 와서 산책했구나? 참 잘했어요. 20:10

희 : 여기 하루종일 비 왔어. 저런…비 맞고 일했어? 감기 조심해. 20:10

훈 : 근데 산책했어? 20:11

희 : 꽃은 어제 찍은 거야. 오늘은 못했어. 20:11

훈 : 그랬구나, 보일러 세게 틀어놨어. 따뜻한 물에 샤워했고. 컨디션 괜찮아요? 무슨 꽃이지? 탐스럽게 많이 피었네. 20:14

희 : 감기가 안 나아서 이젠 기침해. 철쭉이야. 지금 한창이야. 이쁘지? 20:14

훈 : 당신 감기 넘 오래 가네. 기침 많이 하면 몸이 힘든데… 편도는 좀 어때? 철쭉이구나~ 예쁘다. 20:16

훈 : 당신하고 뽀뽀하고 감기 내가 가져오면 좋겠다. 20:17

희 : ㅎㅎ 당신 일하는데 감기 걸리면 안 되지. 근데 뽀뽀는 하고 싶다.
20:18

훈 : 당신 좀 더 강인해져야겠다. 그래야 면역력이 강해지고 잔병치레 안 하지. 당신 감기 나한테 오면 바로 아웃이야. 난 강하거든♡♡ 원거리 뽀뽀하자. 달콤하게~ 20:21

희 : 아직 부산이지? 20:21

훈 : 응, 부산이야. 뽀했지? 달콤해? 20:22

희 : 알았어, 강해질게. 당연 뽀했지. 달콤해요. 20:23

훈 : 달콤상콤 우리 키스는 넘 황홀해. ㅋㅋ 20:24

희 : 오늘 힘들었겠다. 비 와서… 20:26

훈 : 쪼끔~ 근데 상황이 그런지라 어쩔 수 없었어. 괜찮으니까 걱정 말아요. 20:27

희 : 그래도 걱정이 돼. 같이 있는 형님하고는 친해졌어? 20:31

훈 : 쫌 피곤하긴 해. 장거리 운전해서 내려온 후 내일이면 8일째 일하는 거야. 5월 1일날 쉬니까 푹 자고 쉬려고… 응, 금방 친해졌어. 20:32

희 : 하루도 안 쉰 거야? 20:33

훈 : 그랬지. 20:33

희 : 쉬는 날 얘기는 안 했어? 월급제면 쉬는 날이 있어야지. 20:35

훈 : 오자마자 밀려 있던 일이 있더라구. 차츰 적응하면서 하나씩 챙길 거야. 당신 자궁은 좀 나아지는 느낌이야? 어때? 하혈은? 20:36

희 : 좋아지는 느낌이야. 하혈은 없어. 20:37

훈 : 다행이다. 언젠가 텔레비전에서 봤는데 쑥 훈연 좌욕인가 있던데 도움되지 않을까? 혹시 알아? 20:39

희 : 도움은 되겠지. 좌욕기를 사야겠는 걸… 운동이나 열심히 하려고… 20:39

훈 : 남자도 하는 사람이 있어. 여자한텐 더 좋을 거 같은데… 운동도 겸하면 더 좋고… 20:40

희 : 좀 더 신경 쓰고 운동할게. 20:42

훈 : 그래, 내 사랑 빨리 온전해지길 빌게. 20:43

희 : 고마워, 자기 힘드니까 쉬어야지? 20:44

훈 : 조금 더~ 잠은 잘 자? 20:44

희 : 그럴까? 잠은 잘 자요. 20:45

훈 : 몸이 좋아지고 있다는 거야. 감기만 떨어지면 되겠다. 배하고 생강하고 끓여서 먹어보지 그래? 양약보다는 그런 게 더 좋아. 가능하면 양약은 먹지 않는 게 좋아. 면역력이 점점 떨어져. 20:47

희 : 그래야겠어. 배에 꿀 넣고 중탕해서 먹어야겠어. 자긴 아는 것도 많다. 20:48

훈 : 천기누설 가끔 보거든. 이것저것 몸에 좋은 거 내가 해주고 싶은데… 마음뿐이네. 20:49

희 : 자기 맘 내가 알잖아? 나도 마찬가지야. 자기 챙겨주고 싶지만… 일할 땐 중간중간 쉬면서 일하지? 20:50

훈 : 그래, 우리 서로 마음이 통하고 마음으로 챙겨주니까 지금은 그것으로 만족해야지. 그럼 휴식은 필히요. 20:52

희 : 다행이다. 20:55

훈 : 모든 게 잘 될 거야. 걱정 마, 희야. 20:56

희 : 응, 다 잘 될 거라고 믿어. 우리 그렇게 믿자, 훈아. 20:57

훈 : 굳게 믿고 있어. 작년에 페북에서 당신한테 메신저 보낸 게 5월 7일이라고 했나? 20:58

희 : 5월 17일. 내 페북 메신저에 다 있어. 지금도 가끔 보고 있어. 21:00

훈 : 17일~ 벌써 1년 다 됐네. 가슴 벅차고 행복했던 1년이 금방 지나갔네. 21:01

희 : 세월은 넘 빠르다. 하루하루 가는 게 아쉬워. 작년 이맘때는 철민이하고 같이 있었지? 좋았겠다. 21:04

훈 : 나도 그래~ 그래도 늘 당신과 함께하고, 앞으로도 계속 당신 미소를 보고 호흡을 느끼고 따뜻하게 안고 사랑을 나눌 수 있다고 생각하면 더없이 기쁘고 행복해. 철민이와 있었지. 21:06

희 : 철민이하고 통화했어? 21:06

훈 : 이쁜 희야, 사랑해. 널 다시 만난 건 나의 제3의 인생의 시작이었어. 무슨 일 있어도 손 놓지 말고 이별하지 말자. 사랑해♡ 21:08

희 : 훈아, 남들처럼 이별하지 말자고. 혼자가 얼마나 외로운지 알고 있다고. 너가 불러준 노래 기억하고 있어. 힘들지만 우리 잘 지켜내자. 사랑해♡ 21:12

훈 : 응, 그러자. 힘든 일 있어도 잘 이겨내자. 우리 사랑 영원하도록… 나 잘게, 희야. 당신도 푹 잘 자. 안아줄게. 마니마니 사랑해♡♡

21:14

희 : 잘 자고 내일도 화이팅. 진짜 사랑해♡ 21:16

훈 : ♡♡♡ 21:16

5/10 (日) ─────────────────

희 : 자기야, 잘 있었어? 19:58

훈 : 미안해, 자기야. 늦게 봤네. 밥 먹고 걷고 있을 때 톡했구나? 당신도 잘 지냈어? 20:26

희 : 산책했어? 20:28

훈 : 맑은 공기 마시고 산책했구나. 기침은 좀 나았어? 20:29

희 : 기침은 나은 거 같아. 당신 산책하냐고 물어봤잖아? 20:30

훈 : 아, 나 산책했냐고요? 난 당신 산책했다는 줄 알았지요. 난 일했지. 산업의 역군이니까. 20:32

훈 : 당신 엊그제 보내준 사진 넘 이쁘고 아름다워. 얼굴에 살이 오른 거 같기도 하고, 기침감기 때문에 부은 것도 같고… 암튼 무지 이뻐 희야. 20:35

희 : 난 6시쯤 산책했어. 산책길에 아카시아향이 가득해. 살이 찐 거야. 20:36

훈 : 당신 산책했구나. 날씨도 좋고 꽃향기도 있고 좋았겠다. 달맞이꽃이 얼른 피어서 우리 옛 추억을 더 실감나게 했으면 좋겠다. 정말 살이 찐 거야? 20:39

희 : 산책길에 색소폰 연주회도 시작했더라. 연주하는 거 들으니 훈이

생각났어. 살찐 거야. 얼굴이 빵빵하잖아? 20:40

훈 : 담에 만나면 꼭 업어줄게 희야. 그래도 이쁘기만 한데 뭐. 마른 거 보다는 나아. 20:41

희 : 그래, 꼭 업어줘. 20:41

훈 : 응, 당신 업고 동미리 뚝방도 걷고, 아님 다른 곳 어디라도 가고 싶어. 20:42

희 : ㅎㅎ 사람들이 쳐다봐요. 20:43

훈 : 보면 어때요? 사랑하는 사람끼리 업고 안고 뽀뽀하고 그러는 거지 뭐. 20:44

희 : 훈이 내 사랑 사랑해♡ 20:45

훈 : 누구의 시선도 의식되지 않는 곳에서 자유롭게 당신과 그렇게 보내고 싶어. 20:45

훈 : 희야는 훈이 사랑♡ 20:45

훈 : 당신 너무너무 보고 싶고 안고 싶어. 20:47

희 : 나도야 훈아♡ 20:48

훈 : 당신 몸 많이 좋아졌다니 기쁘다. 이젠 당신 아프지 않을 거야. 내가 기도하고 또 기도할 거야. 우리 잘 견디고 있는 거지? 이쁜 내 사랑♡ 20:49

희 : 고마워, 당신이 기도해주니 건강할 거야. 나도 관리 잘할게. 우리 잘하고 있어. 우리 둘 다 화이팅! 20:52

훈 : ㅎㅎ 역시 이쁜 자기 최고! 20:53

희 : 그그저께 보내준 사진에 글 있는 거 다시 보내줘. 없어졌어. 20:54

훈 : 난 그래도 남자라 당신 노래 듣고 사진 보면서 그리움을 푸는데 당신 생각하면 넘 안타까워. 20:54

훈 : 당신 독사진에 글 넣은 거? (사진 전송) 이거? 20:55

희 : 아니 여러 사진 있는 거… 20:55

훈 : (사진 전송) 이거요? 20:56

희 : 넹. 20:57

훈 : 괜찮아유? 좋아유? 20:57

희 : 나도 당신 사진 보며 노래 들으며 그리움을 풀어요. 20:59

훈 : 당신 턱 괴고 찍은 사진은 정말 예술이야. 웬만한 여자 배우는 저리 가라야. 20:59

희 : ㅎㅎ 훈아, 고마웡. 21:00

훈 : 뽀뽀해줄게. 쪼옥~ 21:01

희 : 자기 지금도 혼자 있어? 21:02

훈 : 응. 21:04

희 : 혼자 있으면 적적하겠다. 할 수 없지. 카톡 보며 달래는 수밖에… 21:07

훈 : 혼자 있는 게 좋아 난. 그래야 당신과 톡을 하든, 통화를 하든 자유로우니까. 알았어. 그렇게라도 외로움과 그리움을 달래야겠지. 21:10

훈 : 내가 매일 매일 사랑의 기운을 보내줄게. 잘 받고 간직해줘. 나도 그럴게. 21:11

희 : 잘 자. 사랑해. 21:12

5/12 (火)

희 : 훈아, 잘 쉬었어? 18:17

훈 : 안녕, 희야? 내 사랑♡♡ 18:24

희 : 자기야, 뭐하고 있었어? 18:25

훈 : 좀 잤어. 18:25

희 : 내가 잠을 깨웠나? 비 많이 왔어? 18:26

훈 : 아니야, 막 일어났어. 18:26

희 : 피곤이 좀 풀렸나? 18:27

훈 : 희야, 혹시 통화돼? 나 영덕에 왔어. 18:30

희 : 응. 18:31

희 : 훈아, 저녁 맛있게 먹었어? 21:25

훈 : 응, 두루치기에 맛있게 먹었어. 당신은? 뭐 좀 먹었어 희야? 21:28

희 : 난 간단히 먹었지. 샤워하고 당신한테 연락하는 거야. 21:28

훈 : 그랬어? 21:28

희 : 응, 많이 좋아졌어. 다이어트하고 한의원 다니면서 혈압이 정상으로 내려왔어. 21:30

훈 : 샤워했으면 내가 안아줄게. 포근하게… 눈 감고 당신 꼬옥 껴안는 생각하고 있어. 느낌이 너무 좋아. 21:33

희 : ㅎㅎ 아유~ 따뜻해. 당신이 그리워. 21:33

훈 : 내 체온이 느껴지지? 나도 당신 체온 느껴져. 따뜻하고 아늑하고 포근해. 21:34

희 : 응, 느끼고 있어. 날 꽉 안아주던 기억이 나네. 21:36

훈 : 우리 서로 꼭 안았잖아? 21:37

희 : 맞아, 그립다. 21:37

훈 : 당신이 날 안고 좋아하는 걸 너무 늦게 알았고, 너무 늦게 체험했어. 넘 그리워. 21:38

희 : 우리 안고 뽀하고 다 했는데 자꾸 생각나. 21:40

훈 : 이런 행복을 느끼면서 살고 있다는 게 정말 꿈만 같아. 나도 그래. 매일 매일 당신 안고 당신 가슴 만지며 사랑하는 생각하면서 지내지. 21:42

희 : 훈이가 행복을 느끼며 산다니까 좋다. 나도 꿈인가 하고 생각할 때가 많아요. 21:45

훈 : 그립고 보고 싶고, 안타까운 오랜 세월을 우리 서로 보낸 탓이라 그 깊은 사랑이 이젠 우릴 가끔은 힘들게도 하고 더없이 행복하게도 하고… 사랑해, 희야. 우리 아마도 사랑한단 말 지금까지 많이 했지? 그래도 앞으로 40년은 더 해야지. 수천 번, 수만 번이라도… 그리고 말보다 행동으로 실천해야겠지. 난 그렇게 할 거야. 21:50

희 : 정말 오랜 세월이다. 첫사랑이 뭔지… 이토록 잊지 못하고 그리워하는 걸까? 근데 모두가 우리 같지는 않은 거 같아. 21:50

훈 : 그럼, 첫사랑이 다 이뤄지고 다 행복한 건 아닐 거야. 그치만 우린 결혼은 못했지만 죽을 때까지 사랑은 함께하자. 21:52

훈 : 잠깐 해우소 갔다 올게. 21:54

희 : 사랑은 영원히… 이번 주 일욜이면 당신이 연락한 지 1년이 되는 날이야. 갔다 와요. 21:55

훈 : 아, 5월 17일! 그래 맞아. 긴장하고 걱정하면서 당신한테 연락했었지. 21:57

희 : ㅎㅎ 나 깜짝 놀랐지… 21:58

훈 : 그랬을 거야. 21:59

희 : 페이스북 메신저에 글이 지금도 있어. 21:59

훈 : 그건 스마트폰으로 못 옮기지? 22:00

희 : 스마트폰에 페북 다운받으면 되는데… 플레이스토어에서 페이스북 다운받으면 쉽게 볼 수 있어. 22:02

훈 : 어떻게 하면 될까? 내용은 다 기억 못해도 동미리 살았던 희야 아니니? 이렇게 물어봤지 내가? 22:02

희 : 예전 동미리 살던 희야 맞지? 라고 했잖아. 22:04

훈 : 플레이스토어에서? 알았어. 함 해볼게. ㅎㅎ 맞아. 그랬어요. 22:04

훈 : 페북에 있던 당신 사진 보고 난 확신했어. 당신이라고… 단박에 알아봤거든. 그래도 메시지를 보내려니까 넘 흥분되고 긴장되더라고. 22:06

희 : 당신과 문자하고 페북 들어가서 당신 사진 보려는데 나도 떨렸어. 22:09

훈 : 참 지금 이 폰으론 안 되네. 그때 페북은 노트북에서 보냈거든. 그리고 당신이 내게 답신 보낸 건 구형폰이었구. 그래 당신 얘기했었지. 떨렸었다고… 당신이 다운받아서 나한테 보내면 되지 않나? 22:11

희 : 상관없어. 노트북이고 구형폰이고 괜찮아. 다운받으면 볼 수 있어. 당신 페북은 당신만 볼 수 있어. 22:12

훈 : 그래? 또 머리 싸매고 연구해야겠네요. 22:12

희 : 어렵지 않아. 22:12

훈 : 아참, 근데 설명하긴 어려운데 그때 페북 가입자가 내가 아니고 김민우로 됐었어. 22:14

희 : 알아, 당신 페북 가입이 세 개나 있던데. 22:16

훈 : 그때 컴을 잘 모를 때라 비번하고 아이디는 내 껀데… 김민우라고 고교 친구를 찾았었는데 어찌된 건지 주인공이 김민우로 나오더라구. 내 페북 가입이 세 개라고? 그건 무슨 뜻이야? 22:18

희 : 나한테 친구 요청한 건 김민우로 했어. 훈정으로 있고 김민우로 있고 정훈으로 있으니까 두 개는 삭제해. 22:20

훈 : 복잡하네~ 일단 알았어. 페북은 거의 보지도 않으니까 나중에 생각나면 정리할게. 22:22

희 : ㅎㅎ 알았쪄. 20:23

희 : 자기 형님하고 같이 자나? 22:26

훈 : 내일 형님하고 바닷가 갈 건데 당신 생각 더 나겠다. 아니, 형님은 텔레비전 있는 안방, 난 작은 방. 22:27

희 : 언제 우리 자기하고 바닷가 갈라나? 22:28

훈 : 당신은 안방, 난 안방에 있는 장롱에서 당신을 지키는 수호신~ 당신과 갈 곳이 넘 많아. 그치만 시간도 많아. 걱정 마. 함께 많은 곳을 다닐 수 있을 거야. 22:31

희 : ㅎㅎ 그렇게 생각할게. 형님 부러워할 뻔했네. 당신은 긍정적이야. 나도 당신처럼 생각할 거야. 훈아, 나중에 제주도도 꼭 같이 가자. 22:33

훈 : 작년에 8월 11일을 애타게 기다렸듯이 이번에도 그럴 거야. 물론 당신 몸 괜찮아야겠지만⋯ 혹시 정말 혹여라도 그럴 리 없겠지만 당신 몸 다 낫지 않더라도 그땐 만나자. 제주도! 당신이 얘기한 ○○해수욕장 꼭 제일 먼저 가고 싶다. 나도! 22:36

희 : 응, 알았어 훈아. 그땐 만나자. 22:36

훈 : 작년에도 당신 내가 만나자면 만나줄래 물어보니까 응 만날게 그랬었지. 당신은 긍정 대마왕비야. 날 너무너무 사랑해서 그랬던 거 내가 알아. 물론 내가 바보같이 당신을 만난 뒤에 느꼈지만⋯ 22:39

희 : 그때 많이 고민했지. 당신 처음 만나자고 했을 때부터 당신을 안 만나면 후회가 클 거 같아서 만나기로 한 거야. 근데 한 번 만나고 안 만나려고 했는데 그것이 내 맘대로 안 되더군요. 22:42

훈 : 잘했어. 나도 당신한테 연락하길 잘했고⋯ 그때 우린 넘 오랜 세월 끝에 feel이 통했던 거야. feel이 맞나? 22:43

희 : 응. 22:44

훈 : 그때 당신 심정 알 거 같아. 내가 당신 사랑한 거보다 당신이 더 날 사랑하고 그리워했다는 거⋯ 당신은 남편이 있는 처지니까 더 힘들었다는 거 알아. 22:46

희 : 내 맘을 알아주니 넘 고마워. 22:46

훈 : 나도 고마워. 당신 잘 버티고 견뎌줘서. 22:47

희 : 사랑해, 훈아. 22:48

훈 : 사랑해, 희야. 내 사랑♡ 안 졸려? 22:48

희 : 이제 자야지. 자기 졸립지? 22:49

훈 : 요즘은 몇 시쯤 일어나니? 22:50

희 : 7시 30분. 22:50

훈 : 일찍 일어나네. 22:52

희 : 딸 아침 주어야 하니… 아침 안 먹는다 하면 좀 더 자. 22:52

훈 : 그래 맞다. 딸하고 당신도 아침 잘 챙겨먹고 운동 무리하지 말고 좀씩 해요. 22:52

훈 : (희야 중학교 때 체육복 입고 머리에 밴드한 사진과 나 중학교 때 붉은 체크무늬 셔츠 입고 찍은 사진에 달맞이꽃 넣은 거 전송) 22:53

훈 : 당신 입술, 가슴, 머리, 손, 발 모두 내 꺼다. 알았지? 22:53

희 : 응, 당신도… 22:54

훈 : 알았어, 사랑해♡ 22:54

희 : 당신 사진 크게 해서 뽀뽀했어. 자기 내 생각하며 잘 자♡♡ 22:55

훈 : 응, 나도 그럴게. 당신 안고 잘게. 잘 자, 사랑해♡♡ 22:55

5/15 (金)

희 : 훈아? 20:26

훈 : 응, 희야. 저녁 먹었어? 20:27

희 : 응, 먹었어. 자기도 먹었지? 20:28

훈 : 먹었어. 거긴 날씨 좋았어? 잘 보냈어? 여긴 찌푸둥했어. 서늘하고⋯ 20:29

희 : 여긴 날씨가 잔뜩 흐리기만 하다가 오후부터 개었어. 산책 갔다 왔어. 자긴 뭐했어? 20:30

훈 : 산책했구나? 넘 잘했어요. 이쁜 애기. ㅋㅋ 바닷가 가려 했는데 형님이 용인으로 일하러 떠났어. 20:31

희 : 그랬어? 그럼 혼자 있어? 20:32

훈 : 응, 중국에서 온 친구하고 통화하고 영덕 군청 가서 여권 신청하고 왔어. 20:33

희 : 누구 여권 신청? 20:33

훈 : 내 꺼. 20:33

희 : 중국 갈려고? 20:34

훈 : 아니, 중국은 아니고 가게 되면 미얀마인데 결정한 건 아니고 만일을 위해서 준비하는 거야. 20:35

희 : 친구하고 같이 일하려고? 자기야, 잘 생각해서 해요. 20:37

훈 : 아니, 같이 하려는 건 아니고 친구한테 좀 정보를 들은 게 있어서 기회 되면 답사 겸 갔다 올까 생각 중이야. 20:39

희 : 응, 알았어. 혼자서 밥 먹었겠네? 20:41

훈 : 휴식시간이 길어져서 이따 나갔다 오면 어떨까 싶어. 친구가 숙식은 다 해준다고 눈으로 보고 느낄 필요가 있대서. 응, 혼자 먹었어. 20:42

희 : 그럼 지금 갔다 와야겠네. 20:42

훈 : 일단은 비자관계하고 여러 가지 다 알아보고 들어왔어. 19~20일쯤 여권 나와서 비자신청하면 또 일주일쯤 걸린대. 그리고 나서 친구 미얀마 입국 날짜 확인해서 가게 되면 가볼까 해. 희야? 20:47

희 : 응. 20:47

훈 : 아직은 확실하게 맘 굳힌 건 아냐. 단지 왠지 지금 내가 하는 일이 자꾸 브레이크 걸리고 딜레이 돼서 딴 쪽으로 연구해보려고 하는 거야. 20:48

훈 : 어쩌면 30년 만에 친구 만나서 정보 듣고 조금이라도 도움받을 수 있다면 어쩜 이것도 나한테 인생에 있어서 기회일지도 모른다는 생각이 들어. 넘 심각하다. 잠깐 당신 머리 식혀. 재미난 거 보여줄게. 20:51

희 : 뭔데? 20:52

훈 : 잠깐만. 사이즈가 넘 커서 전송이 안 되네. 다시 해서 보낼게. 20:53

훈 : (희야 사진 현상한 거 동영상으로 찍은 거 전송) 잘 찍혔나 모르겠네. 20:56

희 : 사진으로 인쇄한 거야? 잘 찍혔어. 20:57

훈 : 내가 보니까 흐릿한데? 20:58

희 : 어디서 인쇄했어? 20:59

훈 : 여권 사진 찍으러 갔다가 혹시라도 폰 잃어버리면 난감하니까. 주인한테 물어보니까 옛날 사진 현상하듯이 된다고 해서… 근데 드

라이브에 있는 건 못했어. 자기도 잘 모르겠대서. (펼쳐놓고 찍은 사진 전송) 21:01

희 : 어떻게 보관하려고? 잃어버리면 내가 보내주면 되지. 와~ 감동이야. 21:02

훈 : 현상하니까 사진도 크고 더 생생해. 당신 사랑하는 맘이 더 깊어지는 거 같아. 나중에 연구해서 모든 사진 다 현상해서 코팅을 하든지, 액자로 만들던지 할 거야. 21:03

훈 : (SMS 첨부용 동영상 전송) 21:53

훈 : SMS 첨부용이라 그런지 화질이 안 좋네. 사이즈 큰 거로 촬영한 거 나중에 폰으로 직접 같이 보자. 내 사랑 희야, 잘 자. 사랑해♡♡ 21:55

희 : 이 정도면 괜찮아. 고마워, 사랑하는 훈아. 좋은 꿈 꾸고 잘 자♡♡ 21:56

훈 : ♡♡♡ 21:59

5/17 (日)

희 : 훈아? 16:41

훈 : 희야, 내 사랑 잘 있지? 16:41

희 : 응, 잘 있지. 친구들 잘 만났어? 16:42

훈 : (동해 추암해변 촛대바위와 파도 동영상 전송) 응, 서울서 온 친구는 갔고, 동해 친구랑 추암해변에 나와 있어. (촛대바위 배경으로 찍은 내 사진 2컷 전송) 16:43

희 : 와~ 좋다. 여름이네. 안 추워? 16:44

훈 : 저녁에 삼척에서 일하는 친구 또 만나기로 해서 이따가 톡 못할까 봐. 시원하고 좋아. 이런 곳에 당신과 함께 있어야 더 좋은데 무지 아쉽다. 16:45

희 : 그러게. 저녁에 친구 만나는구나. 바닷가 가고 싶네. 16:47

훈 : 어제 저녁에 산책했어? 오늘도 저녁에 나갈 거구? 제주도 ○○해수욕장에 당신과 같이 있는 상상했어. 상상만 해도 좋아. 행복해. 16:48

희 : 응, 산책했지. 오늘도 해 지면 나갈까 해. 친구는 몇 시 약속했어? 나도 상상하니 넘 좋다. 16:49

훈 : 6시 반~ ○○터미널 가야 돼. 16:49

희 : 가까운가? 16:50

훈 : 응, 차로 10분 거리~ 동해 친구도 같이 갈 거야. 16:52

희 : 많이 가깝네. ㅎㅎ 친구가 놀고 싶은가봐. 16:52

훈 : 응, 친구 차 운전하고 가게 가야 되거든. 쫌 있다 다시 할게. 16:53

희 : 응, 즐겁게 지내♡ 16:53

훈 : 희야? 21:01

희 : 친구 만났어? 21:02

훈 : 넘 늦게 톡했나? 해도 돼? 21:02

희 : 응, 해도 돼요. 21:03

훈 : ㅎㅎ 혼자야? 21:03

희 : 응. 21:03

훈 : 뭐했어? 21:03

희 : 산책하고 와서 뉴스 보고 있었어. 21:04

훈 : 그랬어? 통화돼? 21:05

희 : 응. 21:05

5/18 (月)

희 : 훈아? 17:56

훈 : 응, 희야. 통화하느라고~ 잘 지내고 저녁 먹었어? 20:01

희 : 응, 영덕에 잘 온 거야? 20:01

훈 : 응, 오후에 왔어. 오후 내내 비 왔어. 거긴 비 안 왔어? 20:02

희 : 여긴 흐리기만 했어. 오느라 피곤하겠네. 20:03

훈 : 올 땐 직행 타서 2시간 만에 왔어. 20:04

희 : 직행도 있었구나. 뭐했어? 20:05

훈 : 당신 껴안고 잤지요. ㅎㅎ 낼 여권 나오면 찾아서 삼척 올라가. 아침에 친구한테 전화 왔어. 낼 저녁에 오라고. 희야는 뭐했어? 20:08

희 : 아~ 그래. 반가운 소식이다. 친구하고 함께 일하게 돼서 좋다. 난 집안일하고 필요한 거 사러 잠깐 나갔다 왔어. 20:09

훈 : 응, 친구랑 다시 일하게 돼서 다행이야. 친구가 늘 신경 써줘서 고마울 뿐이야. 20:10

희 : 좋은 친구네. 자기 한 달 반 동안 힘들었는데 잘 됐다. 20:11

훈 : 당신도 나 땜에 신경 쓰느라 힘들었잖아? 고맙고 미안해. 20:12

희 : 미안하긴… 걱정하는 게 당연한 거 아니겠어? 20:15

훈 : 와~ 완전 부인이 남편 걱정하는 멘트인데 좋다. 20:17

희 : ㅎㅎ 그러게… 여권은 낼 나오는 거야? 비자는? 20:18

훈 : 여권 나오면 바로 비자 내려고 했는데 모레부터 일 시작하니까 일하면서 다시 좀 생각해보려고. 20:20

희 : 그래, 잘 생각해. 비자기간은 얼마나 되나? 20:22

훈 : 친구는 적을 두고 일하다가 다녀오라고 하는데 거기 있는 동창하고 일정을 맞춰야 하고, 항공료도 생각해봐야 하고, 여러 가지 고민할 게 있네. 비자기간? 잘 모르겠어. 알아봐야 돼. 20:23

희 : 일정을 맞추기가 쉽지 않지. 지금 하는 일도 중요하니 무조건 가기도 그렇고… 고민되겠어. 20:25

훈 : 동해 친구는 낼 캄보디아 가는데 나보고 캄보디아 갈 생각 있냐고 물어보고… 무역업을 막 시작했는데 현지에 있는 동생이란 놈이 도박을 해서 골치 아프대. 그거 수습하러 가는데 수습하고 와서 다시 얘기하자고 했어. 돈이 오가는 사업이라 믿을 만한 사람이 현지에 있어야 되는데 그럴만한 사람이 없어 걱정하더라구. 20:29

희 : 자기 고민스럽겠네. 중요한 건 돈이지 뭐. 자긴 당장 돈을 벌어야 하잖아? 20:32

훈 : 그러니까 말이야. 나중에 좀 더 안정되고 돈 여유 있을 때 다녀와도 될 거 같고… 나중에 같이 갔다 올까요? 20:40

희 : 삼척에 가서 일하면서 잘 생각해야겠다. 만약 삼척 일이 또 빨리 끝나면 그땐 캄보디아든, 미얀마든 가는 쪽으로 해야겠지. 20:42

훈 : 응, 그렇게 하는 게 낫겠지? 당신은 내 매니저니까⋯ 당신은 나의 동반자! 20:44

희 : 중요한 건 당신 생각이지⋯ 20:44

훈 : 당신 생각도 내겐 중요해요. 20:45

희 : 내가 돈 얘기해서 기분 나빴어? 20:46

훈 : 아냐, 맞는 얘기야. 미얀마 가서 좋은 아이템을 발견해도 뭘 하려면 돈이 있어야 되는데 지금은 상황이 안 되니까⋯ 내가 마음만 앞선 거 같아. 20:48

희 : 내 생각도 그랬어. 내가 넘 간섭하는 거 같네. 훈이가 잘할 거야. 20:53

훈 : 이젠 딴 얘기합시다요~ 간섭이라니요~ 사랑하니까 걱정돼서 해주는 말인데 고맙고 좋지요. 20:55

희 : ㅎㅎ 그렇게 생각해주면 고맙고요. 20:56

훈 : 산책했어? 친구라도 좀 만나지 그래? 무료하지 않게⋯ 20:57

희 : 오늘은 안 했어. 친구는 많이 만났는데 뭐⋯ 20:58

훈 : 심심하지 않아? 21:00

희 : 요즘은 심심하긴 해⋯ 21:02

훈 : 혜교는 잘 있나? 가끔 통화하니? 벌써 그렇게 됐구나. 그래, 교육이라도 얼른 받아야겠지. 막걸리 한 잔 해, 희야. (막걸리 사진 전송) 21:05

희 : 잘 있겠지. 항상 내가 먼저 연락해야 하니까⋯ 막걸리 먹고 있네. 정 막걸리네. ㅋㅋ 21:07

훈 : 혜교는 먼저 전화를 안 하는구나. 응, 여기 와서 첨 먹어보는데 참 맛있어. 독하지도 않고 트림해도 냄새 안 나고 뒤끝도 없고… 당신이 먹으면 딱 좋을 텐데 택배로 보내줄까? ㅋㅋ 21:08

희 : 여기도 많은데 뭘… 맛있게 마셔. 기분이 알딸딸하겠어? ㅋ 21:10

훈 : 알딸딸까진 아니고요. 당신이 보고 싶어요. 21:11

희 : 나도요. 사진을 보세요. 21:12

훈 : 사진은 늘 보고 있지. 그래도 보고 싶은 걸 뭐. 21:13

희 : 사진하고 실물은 틀리니… 아~ 그립다. 21:14

훈 : 무지무지 그립다. 희야, 우리 이렇게 참고 이겨내는 것도 하나의 수행이라 생각하자. 21:16

희 : 나도 그래. 당신 ○○휴게소에서 찍은 사진이 참 좋다. 슬픈 얼굴이지만 웃고 있는 얼굴… 그래, 수행이라 생각할게. 21:17

훈 : 우리 주위에 사랑에 눈멀어 이성 잃고 사고 치는 덜 된 사람들 많잖아? 우린 어리석은 연인은 되지 말자. 아~ 그 사진~ 좀 슬퍼 보여? 21:19

희 : 약간… 그 사진 자꾸 보게 돼. 21:19

훈 : 그랬구나. (희야 얼굴 다섯 가지로 편집한 거 전송) 당신 이 모습들이 젤 보기 좋아. 사진만 봐도 넘 이쁘고 섹시해서 흥분돼요. 21:22

희 : 내가 봐도 맘에 드네. 넘 흥분하지 마요. ㅋ 21:22

훈 : 흥분도 참고 견뎌야 하니까 수행을 참 많이 하고 있어. 당신도 많이 참고 있지? 21:25

희 : 어리석은 연인이 되지 말자고 말한 거 나도 동감이야. 요즘 안 좋

은 뉴스 들으면 쫌 그래. 나도 인내 중이에요. 21:26

훈 : 우리 아름다운 첫사랑을 소중히 간직하고, 그 순수함과 청초함을 유지하면서 계속 사랑을 하려면 꼭 그래야만 해. 우리 그렇게 영원히 아름답고 순수하게 사랑하자. 당신도 많이 힘든 줄 알아. 조금 조금씩 힘든 거 줄어들겠지. 그런 세월이 우리한테 서서히 올 거야. 21:30

희 : 응, 알았어. 훈아, 고마워. 훈이는 착해서 좋아. 인내하고 지내다 보면 좋은 일이 있겠지. 21:32

5/25 (月)

희 : 훈아? 20:05

훈 : (희야와 나 그리고 달맞이꽃 넣은 거 전송) 잘 지냈어? 내 사랑♡ 이거 만들고 있었어. 20:08

희 : 응, 아유~ 잘 만들었네. 20:09

훈 : 초파일 좋은 꿈 꿨어? 넘 잘 어울리지 얘네들? ㅋㅋ 달덩이 희야와 달걀 같은 훈이~ 비슷한가? ㅎㅎ 20:11

희 : ㅎㅎ 꿈은 안 꾸었는데 훈이는 좋은 꿈 꿨어? 난 산책하고 집에 가는 중이야. 20:12

훈 : 나도 꿈 못 꿨어. 저녁 안 먹었겠네? 20:13

희 : 먹고 하는 거지. 20:13

훈 : 집에 갈 때까지 통화할까? 20:13

희 : 그래. 20:13

5/26 (火)

훈 : (희야와 나 중학교 때 사진, 처녀, 총각 때 사진, 최근 사진에 글 넣은 거 전송) "우리 중3 때 첫사랑의 인연을 맺었고, 그리움과 보고픔을 견디며 살아온 40년 가까운 세월… 아스라한 추억이 떠오를 때마다 힘겹고 가슴 아팠던 세월을 뒤로 하고 우리 다시 만났다. 얼굴 마주하며 얘기하고 웃고 손잡고 어루만지고 입맞추고… 지나온 세월만큼 이젠 떨어지지 말고 늘 서로 가슴 기대고 손 꼭 잡고 사랑하며 살자. 희야, 사랑해 영원히…" 21:57

희 : 훈아, 예쁜 사진과 글 써줘서 고마워. 잘 자, 사랑해♡♡ 22:12

훈 : 보내고도 안 보길래 걱정됐어. 22:13

희 : 쓰레기 버리고 왔어. 왜 안 잤어? 22:14

훈 : 이 시간이면 당신 혼자 있는 시간이라 보내긴 했는데 아무래도 내가 먼저 톡 보내긴 어려운 거 같아. 22:15

희 : ㅎㅎ 그래도 당신이 먼저 톡하니까 많이 반갑네. 22:16

훈 : 저녁 먹고 만들었는데 야구 보다가 게임이 늦어져서… 당신 생각 나고 보고 싶어서 혹시나 해서 보내봤지. 22:16

희 : 회사 다닐 때는 당신이 먼저 보내서 좋았는데… 잘 보냈어. 기분 좋다. 22:17

훈 : 그래? 당신 기분 좋다니 넘 행복해. 그래도 내가 먼저 보내긴 조심스러워. 22:18

희 : 걱정스러우면 안 보내도 돼. 22:19

훈 : 알았어, 정말 간만에 내가 먼저 보냈네. 22:20

희 : 당신 톡이 와서 넘 좋았어. 고마웡… 22:21

훈 : 사진 편집하고 보니까 당신이 더 보고 싶었어. 와~ 희야 좋아해서 나도 고마워. 사랑해. 글 괜찮았어? 22:23

희 : 나도 항상 보고 싶지. 자기 글은 다 잘 써요. 앞으로 계속 읽을 거야. 22:24

훈 : 자가용 비행기 하나 살까? 어디 있어도 금세 시흥으로 날아가게… 22:25

희 : ㅎㅎ 자기 돈 많이 벌어야겠어. 오늘도 많이 더웠지? 22:27

훈 : 오케이~ 당신 고생시키지 않을 정도는 최소한 벌어야지. 그리고 나중에 여기저기 여행 다니려면… 22:27

희 : 나도 일해야겠어. 우리 여행 다니려면… 22:29

훈 : 응, 많이 더웠지. 근데 늘 계절은 반복되고 일은 내게 주어지니까 감사한 마음으로 더위와 추위를 겸허하게 받아들여야지. 22:29

희 : 역시 긍정 대마왕. 22:30

훈 : 와우~ 당신도 그런 맘이면 우리 금방 여행 준비할 수 있겠다. 생각만 해도 신나고 행복해. 22:30

희 : 당신한테만 기댈 순 없지. 나도 생각하니 행복하다. 22:32

훈 : 그런가? 그래, 우리 함께라면 뭐든지 할 수 있을 거야. 당신도 같은 꿈을 꾸고 함께 남은 인생 살 수 있기를 바라고 있어서 더 바랄 게 없어. 고마워 희야. 사랑해 희야. 22:34

희 : 날 항상 생각해주고 사랑해줘서 고마워 훈아. 자기 자야지? 일찍 일어나야 하니… 22:37

훈 : 당신 사랑하는 건 내 운명이야. 아마 당신도 그러리라 생각해. 우린 천생연분인 거 당신도 알지? 그럼 됐어. 그냥 죽도록 사랑하면 돼. 22:39

희 : 난 지금 죽도록 사랑하고 있다고요. 22:41

훈 : 알고 있어~ 당신이 날 더 사랑한다는 거… 그래서 난 더 당신을 사랑해야 해. 희야, 나 이제 잘게. 당신은 안 졸려? 22:44

희 : 나도 이제 자야지. 잘 자, 자기야. 내 꿈 꿔♡♡ 22:45

훈 : 희야 꿈 꿀게. 잘 자. 사랑해♡♡ 22:45

5/28 (木)

희 : 훈아? 20:08

훈 : 응, 희야. 무탈했지? 20:09

희 : 그럼, 자기는? 20:10

훈 : 나도~ 일 잘하고 밥 잘 먹었지. 당신도? 거기도 많이 더웠지? 20:12

희 : 응, 잘 먹고 잘 지냈어. 여기도 많이 더웠지. 나 산책 중이야. 20:12

훈 : 낮엔 뜨거우니까 쉬었다가 열 식으면 움직여. 나와 있구나? 20:14

희 : 해가 지면 나오니까 산책이 늦어지네. 20:14

훈 : 지금은 시원하겠다~ 여긴 조석으로 일교차가 넘 심해. 20:15

희 : 여기도 그래. 감기 조심… 20:15

훈 : 응, 관리 잘하고 있어. 당신도 그래야 돼. 20:16

희 : 아침, 저녁으로는 긴팔 입고 있어. 뭐했어? 20:17

희 : ("사랑해요" 이모티콘 전송) 20:40

훈 : 나도♡♡ 20:41

훈 : 이제 졸립다. 당신 꼭 안고 잘 끼다. 희야, 편안히 잘 자그래이. 겁나게 많이 사랑한데이. 내 사랑 희야. 사랑해♡♡♡ 21:24

희 : 응, 자기 잘 자. 뽀해줄게. 나도 오늘은 일찍 자야겠어. 내일 봐요 ♡♡ 21:27

훈 : 알았어, 나도 뽀해줄게. 잘 자, 사랑해♡♡ 21:29

희 : ♡♡♡ 21:29

제5부

20□□年 6月 2日~ 8月 30日

6/2 (火)

희 : (달맞이꽃 사진 1컷 전송) 19:52

훈 : 달맞이꽃 맞아? 더운데 잘 지냈어? 홈도 예쁜 꽃으로 변했네. 이쁘다! 19:58

희 : 응, 맞지. 20:01

훈 : 그래? 이파리가 무지 크네. 키가 작고… 20:02

훈 : (희야 사진 가운데 내 사진 그 주위로 8장 나오게 편집한 거 1컷, 내 사진 가운데 그 주위로 희야 사진 8장 나오게 편집한 거 1컷 전송) 20:03

희 : 홈에 있는 꽃은 지금 산책하면서 찍은 거야. 20:03

훈 : 잘 찍었네요. 20:04

희 : 자기야, 잘 만들었다. 솜씨가 나날이 느네. 20:05

훈 : 당신 사진 보고 또 보고… 더 멋지게 꾸며보고 싶은데 더 이상 모르겠어. 20:05

희 : 산책길에는 아직 달맞이꽃이 안 피었어. 20:07

훈 : 응, 좀 더 있어야 될 거야. 아마~ 거기도 많이 더웠지? 아픈 덴 없지? 20:08

희 : 사진 더 이상 멋지게 꾸밀 수는 없지. 최고야! 20:08

훈 : 고마워. ㅎㅎ 당신이 이뻐서 잘 꾸며지는 거야. 20:09

희 : 여기도 더웠지. 아픈 덴 없고요. 자기도 잘 지냈지? 20:09

훈 : 그럼 잘 있지~ 덥기도 하지만 너무 가물어서 걱정이네. 이곳에 농작물들이 말라가고 있어. 단비가 좀 내려야 할 텐데… 20:11

희 : 그래, 가뭄이라서… 여기도 잎사귀가 말랐어. 20:12

훈 : 우리한테도 사랑의 단비가 듬뿍 내리고… ㅋㅋ 20:12

희 : 우린 항상 단비로 촉촉하잖아? 20:13

훈 : 세상은 가물어도 당신 향한 내 가슴은 늘 촉촉해. 당신 표현 멋지다. 사랑해. 20:14

희 : 고마워. 사랑해♡ 20:15

훈 : 안아줘잉. 20:15

희 : 안아줄게. 이리 와. ㅋ 20:16

훈 : 뽀뽀! 기일~게 쪽~ 아, 당신 가슴 따뜻해. 넘 포근해. 이대로 계속 있고 싶어. 20:17

희 : 드라이브가 업데이트되더니 사진들이 안 열려. 20:18

훈 : 그래? 왜 그러지? 난 잘 모르겠네. 20:20

희 : 통화할까? 20:21

6/6 (土) ─────────────────────

희 : 훈아? 14:38

희 : 훈아♡ 오늘 쉬는 날인 거 같은데 잘 지내고 있지? 자기랑 톡을 못하니 당신 안부가 궁금하네. 물론 일 잘하고 건강히 잘 있겠지만… 남편이 외출해서 잠깐 혼자 있는 중이야. 저녁에 연락할게. 잘 지내♡♡♡ 14:54

훈 : 안녕, 희야! 15:08

희 : 자기야, 반가워. 잘 있었지? 쉬는 날 맞지? 15:11

훈 : 응, 잘 지냈어? 동해 친구한테 와 있어. 15:12

희 : 놀러 갔어? 15:12

훈 : 어제 왔어. 같이 일하는 친구하고. 친구는 안동 갔고. 15:13

희 : 친구가 가까이 있어서 좋네. 지금 친구하고 같이 있는 거야? 15:15

훈 : 응. 15:17

희 : 그래, 그럼 나중에 하자. 15:17

훈 : 알았어, 미안~ 저녁에 통화할 수 있으면 하자. 15:18

훈 : 희야? 22:57

희 : 안 잤어? 아직 동해야? 23:09

훈 : 응~ 시간 늦어서 망설이다 당신 혼자 방에 있을 거 같아서 톡했어. 23:10

희 : 씻고 있었어. 23:10

훈 : 낮에 당신 간만에 톡했는데 오래 못해서 미안하고 아쉬웠어. 23:11

희 : 괜찮아. 잘 지내고 있는 거지? 23:12

훈 : 응~ 23:14

희 : 바쁜 거 같았어. 23:14

훈 : 통화는 안 되겠구나~ 23:15

희 : 지금은 힘들겠네. 아직 동해야? 23:15

훈 : 동해 모텔에 혼자 있어. 난… 23:16

희 : 왜 삼척에 안 갔어? 23:16

훈 : 이번엔 숙소를 다 비우라고 해서 아직 여기 있는 거야. 23:17

희 : 왜 또? 일이 끝난 거야? 23:18

훈 : 아니, ○○건설이 무지 까탈스럽네. 23:19

희 : 자기 힘들겠네. 23:20

훈 : 좀 그렇긴 해. 그래도 동해에 친구가 있어서 좀 낫네. 23:21

희 : 다행이다. 언제 들어가는데? 23:21

훈 : 내일 오후에… 오늘 시흥에 가려고 했었는데. 23:22

희 : 그랬구나. 23:24

훈 : 요즘 이상한 전염병도 돌고, 갔다가 당신 만나지 못하면 더 힘들 거 같아서 안 갔어. 23:24

훈 : 당신도 여러모로 힘들겠구나. 23:25

희 : 당신 팔에 상처 있던데 괜찮은 거야? 23:28

훈 : 내일 혹시 혼자 산책하면 전화해. 상처? 23:28

희 : 팔에 빨갛게 있던데? 낼 혼자 있게 되면 전화할게. 23:30

훈 : 확대하니까 보이네. ㅋㅋ 별거 아냐. 일하면서 종종 생기는 작은 상처야. 23:31

희 : 조그만 상처라도 아프잖아? 23:31

훈 : 당신 무지 보고 싶었어. 따끔하고 말 뿐이야. 나 건강검진 결과 나왔어. 23:34

희 : 잘 나왔어? 23:34

훈 : 놀래지 마~ 나 어쩌면 어쩌면 50년은 더 살 수 있을 거 같아. 미안해. 놀래키려고 그런 거 아냐. 다 정상이야. 23:37

희 : 잘 됐네. 근데 건강은 자만하면 안 돼요. 조심조심… 23:39

훈 : 알았어요, 당신도 건강해야지. 우리 앞으로 50년 함께 살자. 23:41

희 : 알았어. 근데 자신은 없다. 23:41

훈 : 우리 함께하면 문제 없어요. 23:42

희 : 숙소는 쉴 때마다 비어줘야 해? 23:43

훈 : 날 믿고 따라오면 돼. 저번에 별 얘기 없었는데 이번엔 유난을 떨더라고… 그래서 내가 따졌더니 앞으로 계속 그래야 된대. 싸울 뻔했는데 꾹 참았어. 23:45

훈 : 12시 다 됐네. 당신 자야지 이제. 밤새 톡하고 싶지만… 23:52

희 : 응, 자야지. 자기도 잘 자♡♡ 23:53

6/9 (火)

희 : 훈아, 자니? 20:51

훈 : 야구 보고 있었어. 잘 지냈어? 아픈 데 없지? 20:52

희 : 응, 잘 지내고 있어. 자기도? 20:53

훈 : 보고 싶었쩌. 자기야! 20:53

희 : 나도야. 야구 보는 데 방해했나? 20:54

훈 : 무지무지 보고 싶었어. 자기도? 20:54

희 : 나도 무지무지… 20:55

훈 : 아냐, 당신이 우선이야. 이틀 만이잖아? 20:55

훈 : 이번 달부터 우리 기억하고 잊지 말아야 할 날들이 쭈욱 이어지네. 20:57

희 : 6월 23일 당신 생일, 8월 11일 또 있나? 20:58

훈 : 9월 8일 추석, 우리 두 번째 만난 날, 그리고 계속 만날 날의 1주년

이 이어지잖아? 21:00

희 : ㅎㅎ 그렇구나. 21:00

훈 : 작년에 만났던 날 똑같이 그날 만날까? ㅎㅎ 그럼 정말 그날은 죽을 때까지 잊혀지지 않을 거야. 아마도… 21:01

희 : 그러게. 만나고 싶다. 정말 시간이 넘 빠르다. 21:03

훈 : 똑같은 날 계속 만날 수 있으면 얼마나 좋을까? 당신도 동감이지? 21:03

희 : 나도 동감이야. 당신이 그립다고… 21:04

훈 : 그럴 거야. 우린 한 몸이니까… 21:06

희 : ○○년 6월은 참 즐거웠는데… 21:06

훈 : 넘 보고 싶다. 희야, 사랑해. 21:06

희 : 응, 사랑해♡ 21:07

훈 : 그때 생각하면 웃음도 나고 떨리기도 하고 넘 설레♡ 21:07

희 : 항상 설레였던 마음으로 살았어. 훈이 보며… 21:08

훈 : 당신이 내 첫사랑인 게 내겐 대단한 행운이고 행복이야. 나도 그랬지~ 당신보단 덜했지만… 21:09

희 : 훈이는 나만 하지 않았구나. ㅋㅋ 21:11

훈 : 내 딴에는 나만 당신을 사랑하는 줄 알았어. 21:13

희 : 내가 고백까지 했는데… 잉~ 잘못 알았구나. 21:14

훈 : 근데 작년에 당신 첨 만나고 톡하면서 나보다 더 가슴 아파하고 애끓었단 걸 알았지. 미안해. 더 일찍 당신 사랑을 알지 못해서. 21:15

희 : 괜찮아, 이제 알았으니. 근데 이젠 자유롭지 못하니 슬플 뿐이야.
21:16

훈 : 근데 나도 엄청 고뇌 속에 살았어. 21:16

희 : 가끔 생각날 뿐이었겠지. 고뇌까지? 21:18

훈 : 아냐, 난 오랫동안 깊은 슬픔과 아픔을 안고 살았어. 지금도 슬프고 아프지만 우리 잘 참고 기다려보자. 21:20

희 : 그래 훈아, 이제 아프고 슬프지 않았음 좋겠어. 우리 희망을 갖고 살장. 21:21

훈 : 우리 같이 견디고 살다 보면 어느 시점에선 당신과 나 같은 생각, 같은 판단이 설 때가 있을 거야. 21:22

희 : 알았어 훈아. 몸은 괜찮지? 21:25

훈 : 그때가 언제일지는 모르겠지만… 당신이 맘적으로 아프고 슬프지 않았으면 좋겠는데 혹여라도 당신 힘들면 나도 힘드니까. 당신 정말 힘들고 슬프면 내가 손 잡아주고 싶어. 21:26

희 : 그냥 이렇게라도 연락하는 것이 내겐 많은 위안이 돼. 훈아, 걱정하지 마. 21:28

훈 : 정말 당신 괴롭고 맘이 안정되지 않으면 당신 손잡고 당신 가슴 내가 안아주고 싶어. 21:28

희 : 맘이라도 받을게. 걱정하지 마. 21:30

훈 : 내 맘 알 거야. 나도 당신 맘 알아. 그래, 고마워. 아름답고 멋진 우리의 사랑을 지키려면 많은 걸 극복해야지. 21:31

희 : 응, 지금 극복하며 견디고 있잖아? 잘 시간이지? 21:32

훈 : (우리들 최근 사진에 위아래 달맞이꽃 넣은 거 전송) 우리 이런 모습으로 계속 살자. 사랑스럽고 이쁜 희야. 21:34

희 : 잘 만들었네. 알았어요. 자기 카톡 홈 달맞이꽃으로 바꾸었던데… 21:35

훈 : 응, 우리 사진 올렸다가 가끔씩 번갈아 올릴까 하고… 알아보는 사람 없지? 21:37

희 : 알아보는 사람들은 당신한테 있겠지. 난 없어. 21:38

훈 : 나도 없어요. 21:38

희 : 저번에 올렸던 거만 올려야 돼. 21:38

훈 : 알았어. 21:39

희 : 이제 자야지. 이쁜 훈아… 21:39

훈 : 이쁜 훈아? 듣기 좋네~ 근데 내가 애긴가? 어여쁜 희야. 21:40

희 : 나한텐 애기 같기도 해. ㅋㅋ 자기 카톡에 상문이, 영수는 없어? 21:42

훈 : 정말? 허긴 당신도 나한텐 이쁜 애기니까… 우리 꼬옥 안고 자자. 잘 자, 희야. 무지 사랑한데이♡♡ 있어. 21:43

희 : 사진 올리면 걔네들이 보면 알지. 21:43

훈 : 근데 녀석들 반응 없어. 안부전화도 없고… 내가 전화해야 통화가 돼. 신경 안 써도 돼요. 괜찮아요. 21:45

희 : 어쨌든 자자. 당신 안고 잘게. 내 사랑 잘 자♡♡ 21:45

훈 : 응, 당신 품에 안겨 잘게. 사랑해♡♡ 21:46

6/12 (金)

희 : 훈아, 잘 자고 낼도 화이팅! 사랑해♡♡ 21:26

훈 : (희야 사진 6장에 글 넣은 거 1컷 전송) "희야 사랑해. 니가 내 삶에 새로운 희망을 주었고, 내가 행복하게 살 수 있도록 곁에 있어줘서 고마워~ 첫눈에 너한테 반했던 어린 시절 그 마음 그 모습으로 영원히 니 곁에 남고 싶어. 우리 손 놓지 말고 늘 따뜻하게 가슴 안고 살자~ 언제까지나…" 21:56

훈 : (나의 어릴 적 사진, 중학교 때 사진, 최근 사진 9장에 글 넣은 거 1컷 전송) 22:19

훈 : "내가 이렇게 변했네… 그래도 희야, 널 사랑하는 내 마음은 변함없어~ 달맞이꽃이 세상에 지지 않고 있는 한 너와 나의 사랑은 시들지도, 지지도 않고 영원할 거야. 사랑해 희야." 22:21

6/13 (土)

희 : 훈아, 오늘 잘 지냈지? 어제 보내준 사진과 글 잘 읽었어. 항상 날 생각해주고 사랑해주어서 넘 고마워. 지금도 훈이와 연락하며 만난 일들이 꿈이 아닐까 생각하곤 해. 훈아, 지금은 힘들지만 좋은 일이 있을 거야. 잘 자고 사랑해♡♡ 21:14

훈 : 오늘 잘 보냈어? 옆방에 있다가 지금 왔어. 낼까지 일하고 모레 양산 가게 됐어. 송별식 해준다고 해서 한 잔 먹고 내 방에 왔어. 21:18

훈 : 그래, 당신 말처럼 우리 서로 조금 힘들어도 언젠가 행복한 우리만

의 자유로운 세월이 올 거라 믿어. 21:21

희 : 양산으로… 더 멀어지네. 거긴 일하기 좋았으면 좋겠다. 친구랑 같이 가는 거지? 21:21

훈 : 응, 가봐야 알겠지만 어차피 옮기게 됐으니까 거기서 또 열심히 일해야지. 21:22

희 : 훈아, 어디서든 열심히 하니까 문제없을 거야. 21:23

훈 : 좀전까지 여긴 폭우가 쏟아졌어. 어느 정도 해갈은 될 거 같아. 다행이야. 열심히 성실하게… 이걸루 지금껏 버텨왔지. 일도 많이 배웠고… 나중에 혹시 당신하고 살게 되면 당신은 먹는 거, 입는 거, 여행 다니는 거 걱정 안 해도 돼요. ㅎㅎ 21:26

희 : 여긴 천둥만 요란하게 치고 비는 오질 않았어. 거기라도 왔으니 다행이다. 정말? 나 입는 거, 먹는 거 걱정 안 해도 돼요? 와~ 신난다. 21:28

훈 : 그럼~ 우리만의 시간이 오면 별 걱정 없이 재밌게 의미 있게 행복하게 지낼 수 있을 거야. 그때를 대비해서 하나하나 차근차근 준비할 거야. 21:31

희 : 그래, 상상만 해도 즐겁고 행복하다. 난 무슨 준비를 해야 하나? 21:32

훈 : 신부 드레스. ㅋㅋ 21:32

희 : ㅎㅎ 왜 그래? 21:33

훈 : 달맞이꽃 무늬 있는 거로… 21:33

희 : 맞추어야겠네. 21:33

훈 : 그래야겠지용. 21:34

희 : 이제 자야지, 훈아… 21:34

훈 : 응, 자야겠어. 당신은? 더 있다 잘 거지? 21:35

희 : 난 좀 더 있다… 잘 자고 낼 마무리 잘해요♡♡ 21:35

훈 : 나 안아줘. 자게~ 21:36

희 : 꼭 안아줄게. 푹 자요. 21:37

훈 : 응, 잘게. 사랑해♡♡ 21:37

희 : ♡♡♡ 21:37

6/14 (日)

희 : 카스에 올린 "You raise me up" 너무 좋다. 지금 들었어. 사랑해. 잘 자♡♡ 23:31

6/15 (月)

희 : 훈아? 20:41

훈 : 응, 자기야. 잘 지냈지? 양산 내려왔어. 여기 식구들하고 저녁 먹고 있어. 나중에 톡할게. 미안해. 사랑해♡♡ 20:43

희 : 알았어요. 20:44

훈 : 잠깐 통화돼? 21:03

희 : 안 되는데 낼 연락하자. 21:14

훈 : 응, 알았어. 내일 보자. 사랑해♡♡ 21:16

6/16 (火)

희 : 훈아, 언제 통화할 수 있어? 19:13

희 : 훈아, 산책 나왔다 집에 들어가고 있어. 바쁜가 보네. 이따가 톡할게. 20:01

훈 : 자기 아까 톡한 건 못 봤어. 미안해. 저녁 먹느라고… 20:03

희 : 괜찮아. 산책 나갔는데 소나기가 와서 다리 밑에서 비 피하고 있었어. 톡이 안 와서 집에 왔어. 20:32

훈 : 그랬구나~ 미안해. 식당이 시끄러워서 못 들었어. 어제도 그랬고… 어제 톡 보고 잠깐이라도 목소리 듣고 싶었거든. 20:39

희 : 미안하긴… 일은 괜찮았어? 숙소는? 20:40

훈 : 그저께 당신 11시 30분에 카스에 내가 올린 노래 듣기 좋다고 한 후에 제대로 톡도 못하고 통화도 못해서 아쉬웠지. 20:42

희 : 카스에 들어가 보니 많이 올렸더라고… 보고 듣고 했지. 딸하고 올린 사진도 잘 보고… 20:44

훈 : 응, 다 괜찮아. 좀 더 지내야 알겠지만… 잘 적응하고 있을게. 당신도 건강 잘 챙기고 잘 지내고 있어요. 다 봤구나? 그 노래 배우느라고… 20:45

희 : 좋은 노래지. 어렵기도 하고… 연습하고 있는 거야? 나도 부르고 싶은데 어려워. 20:46

훈 : 배경사진 하루만 올리고 우리 사진으로 바꿨어. 응, 연습했어. 들려줄까? 20:47

희 : 왜? 딸하고 사진 계속 올리지? 지금 어떻게 들어요? 나중에 들려

줘. 20:47

훈 : (You raise me up 녹음한 거 전송) 20:49

희 : 와~ 잘 부른다. 언제 녹음한 거야? 20:50

훈 : 좀전에 차 안에서… 20:52

희 : ㅎㅎ 멋지다. 20:52

훈 : 정말 잘 불렀어? 20:53

희 : 그 정도면 잘한 거야. 20:54

훈 : 이 노래도 얼마 전에 알았는데 따라 부르기 좋고, 가사도 넘 좋더라고… 당신이 잘했다니까 좋다. 20:55

희 : 노래 잘하는 가수들이나 하는 노래야. 20:55

훈 : 그런가? 20:55

희 : 그럼… 성악가들도 자주 부르고. 20:57

훈 : 기회되면 노래방 가서 제대로 녹음해서 보내줄게. 20:57

희 : 응, 고마워. 20:58

훈 : 아픈 데 없지? 20:58

희 : 없어요. 20:58

훈 : 고마워요. 사랑해요♡ 20:58

희 : ㅎㅎ 사랑해요♡ 내가 더 많이 많이♡ 20:58

훈 : I'm miss you so very! 나도 많이 너무너무~ 20:59

희 : 나도 그립습니다. 21:00

훈 : 점점 더워지니까 몸 잘 챙겨야 돼. 21:02

희 : 응, 자기도 일할 때 더위 먹지 않게 물 많이 먹어. 자외선 차단 크

림도 바르고… 21:03

훈 : 알았어. 신경 쓸게. 21:04

희 : 자기 오늘 첫날이라 피곤하겠어. 일찍 자요. 21:04

훈 : 응, 자야겠어. 나 안아줄 거지? 당신 품에 안겨서 자야 편하게 잘
　　　수 있어. 21:06

희 : 안아줄게. 편히 잘 자요♡♡ 21:06

훈 : 응, 따뜻해서 넘 좋아. 당신도 포근하게 잘 자. 사랑해♡♡ 21:07

희 : 사랑해♡♡♡ 21:08

훈 : Me too 영원히…♡♡♡ 21:09

6/19 (金)

희 : 훈아, 잘 있지? 오늘은 바람이 쫌 불어 시원하다. 양산은 어떨지
　　　모르겠네. 훈아, 카스에 올린 사진 거기에 올리지 말고 우리 둘만
　　　보면 안 될까? 오늘 일 잘하고 잘 지내♡♡ 09:15

훈 : 잘 있어 난. 당신도 잘 있지? 아픈 데 없고? 사진 바꿨어요♡♡
　　　09:38

희 : 점심 잘 먹었어? 난 한 시쯤 먹을 거야. 다시 달맞이꽃으로 바꿨
　　　네. 이쁘다. 잘 쉬고 저녁에 연락할게♡ 12:15

훈 : 방금 먹고 숙소야~ 집에 있어? 12:16

희 : 응, 집이야. 숙소에서 쉬는 거야? 일터에서 가깝구나. 12:17

훈 : 응, 밥 잘 챙겨먹고 잘 보내고 저녁에 만나. 좀 쉴게. 마니마니 사
　　　랑해♡♡ 12:19

희 : 훈아? 20:31

훈 : 많이 기다렸지? 야근했어. 이제 끝나고 숙소 가는 길이야. 밥도 먹어야 되고… 21:07

희 : 힘들겠네. 얼른 밥 먹고 씻고 자. 낼 하자♡♡ 21:11

훈 : 당신 늦게 자지? 씻고 나서 할게. 21:15

희 : 알았어. 21:18

훈 : 희야? 22:13

희 : 밥 먹고 씻었어? 22:29

훈 : 당신도 씻었어? 22:30

희 : 응, 야근하느라 힘들었지? 낼도 일해? 22:31

훈 : 낼은 쉬려고~ 캔맥주 사러 마트에 걸어가고 있어. 22:33

희 : 맥주 마시게? 자기 소주 좋아하잖아? 22:33

훈 : 시간 늦어서 시원한 캔맥주 두 개씩 먹고 자려구요. 22:34

희 : 그래, 시원하게 마시고 푹 자요. 22:36

훈 : 응, 당신도 푹 잘 자~ 내일 낮에 시간 되면 통화하자. 내일 만나. 사랑해♡♡ 22:39

희 : 응, 잘 자요. 사랑해♡♡ 22:39

6/21 (日)

희 : 훈아, 통화할까? 19:49

희 : 야근하나 보네. 산책 갔다 집에 들어가는 중이야. 통화는 담으로 미뤄야겠네. 잘 있어. 20:17

6/22 (月)

희 : 훈아, 잘 있지? 카톡을 안 보네. 별일 아니길 빌게. 점심 맛있게 먹어요. 11:00

훈 : 희야? 19:10

6/23 (火)

희 : 훈아, 사랑해요♡♡ 37년 전 오늘 이 시간쯤 너하고 난 동미리 서부교회 근처에서 둘이 만났어. 넘 떨리고 두근거렸지만 무척 행복했었어. 무슨 용기로 널 만나자고 했는지… 훈이를 넘 좋아했기 때문이었겠지. 그 이후로 6월 23일은 나에겐 잊지 못하는 날이 되어서 그날 추억에 빠져들었어. 세월이 많이 지난 지금 다시 추억에 잠기게 되었네. 훈아, I love you♡ I miss you♡ 20:56

훈 : I miss you too! 야근하고 좀전에 씻고 방에 들어왔어. 야근하느라 옛 추억도 되새겨보질 못했네. 당신 글 보니까 예전 단발머리에 하얗고 예뻤던 희야 모습이 선명하게 떠오른다. 당신을 만나고 싶어 애태우고 가슴 졸였던 긴 세월… 인내하고 희망을 가졌더니 정말 다시 만났어. 우리… 예전처럼 미소 지어주고 잊지 않고 날 좋아해주고 반겨줘서 넘 고맙고 감사해. 나도 이젠 1월 11일 당신 생일, 첫사랑 고백한 날 6월 23일, 다시 만난 8월 11일… 영원히 잊지 않을 거야. 오늘은 우리 자고 낼 만나자. 잘 자. 좋은 꿈 꾸고 내 꿈 꾸면 더 좋고… 사랑해. 영원히♡♡♡ 22:21

희 : 피곤하겠다. 잘 자고 당신 꿈 꾸며 나도 잘게. 사랑해♡♡♡ 22:24

훈 : 꿈속에서 만나용. 사랑해♡♡ 22:25

6/24 (水)

희 : 훈아, 잘 지냈어? 20:28

훈 : 잘 있어 나는… 당신 별일 없지? 아픈 데 없고? 20:29

희 : 응, 잘 있지. 오늘 힘들었지? 어제 야근해서… 20:31

훈 : 쪼끔요~ 어제 당신 글 보고 또 보고 넘 행복하니까 힘들지 않아. 20:32

희 : 그랬어? 나도 답장 받고 사진도 보내주어서 좋았어. 답장이 바로 없어서 데이터가 또 끊길 줄 알았어. 20:35

훈 : 그러게, 하필 어제 야근이어서 정신없었어. 근데 당신 글 보고 피곤이 확 달아났어. 20:36

희 : ㅎㅎ 그랬구나. 글 보내길 잘했네. 20:37

훈 : 굿나잇 인사하고도 못내 아쉬워 사진 보냈잖아? 난 이제 내가 더 당신을 사랑하는 거 같아. 20:38

희 : 그러게, 사진은 늦게 보았어. 우린 이젠 똑같이 사랑하나봐. 20:39

훈 : 그러게, 이젠 무게도 비중도 우리 똑같은 거 같아. 20:40

희 : 밥은 잘 먹고 있어요? 20:42

훈 : 내 인생의 낙은 당신과 사랑하고 얘기하고 당신 사진 보고 톡하고… 당신 건강 걱정하고 이쁜 얼굴 생각하며 웃는 거야. 응, 잘 먹어~ 걱정 마. 20:42

희 : 나를 생각하며 나로 인해 행복하다니까 나도 행복해. 고마워. 나

도 마찬가지야. ㅎㅎ 20:44

훈 : "나는 다시 태어나도 당신만을 사랑하리라." 이 노래가사가 참 기가 막힐 정도로 가슴에 와닿아. 20:46

희 : 다시 태어날 수만 있다면… 20:46

훈 : 윤회! 종교를 떠나서 다음 생에도 꼭 다시 만나길 빌 거야. 20:48

희 : 나도 빌어야지. 숙소는 몇 명이 쓰는 거야? 20:50

훈 : 혹시라도 이생에 당신과 부부의 연을 맺고 단 하루라도 살 수 있으면… 빌면 이뤄져~ 친구하고 둘이~ 20:51

희 : 우리의 바램이지만 지금 이 정도로 만족해야지. 자기가 말했잖아? 순리를 거스를 순 없다고… 희망을 가져볼 뿐… 20:54

훈 : 응, 알아~ 희망일 뿐이더라도… 우리 서로 손 닿을 수 있는 곳, 마음 주고받고 있는 곳에서 사랑하는 맘 변치 않고 있으면 돼. 20:57

희 : 그래, 우리 맘 변치 말자. 자기 배신하면 막 때릴 거야. 21:00

훈 : 정말 때릴 거야요? 와~ 희야, 무섭네. ㅋㅋ 21:01

희 : 농담 좀 해봤어. ㅋㅋ 21:02

훈 : 아냐, 괜찮았어~ 21:03

희 : 자기 피곤하니 자야지요? 21:04

훈 : 우리 서로 잘하는 음식 만들어주고, 피곤할 때 마사지도 해주고… 응, 자긴 자야겠어. 당신은 더 있다 잘 거지? 21:05

희 : 언제요? 함께 살년 하고 싶다는 거지? 난 늦게 자요. 자기 잘 자고 낼 만나요♡♡ 21:06

훈 : 언제라도 늘 해주고 싶어. 당신 안고 당신 꿈 꾸며 잘게. 내일 만나

자, 희야. 사랑해. 마니마니♡♡♡ 21:08

6/25 (木)

희 : 훈아? 20:35

훈 : 응, 잘 지냈어? 미안, 지금 저녁 먹고 있어. 20:39

희 : 늦게 끝났구나. 나중에 하자. 20:41

훈 : 당신 잘 있지? 응, 낼 톡하자. 잘 자고 낼 봐요. 사랑해♡♡ 20:42

희 : 난 잘 있어. 피곤하겠다. 편히 잘 자. 사랑해♡♡ 20:54

훈 : 나도 사랑해. 무진장♡♡♡ 20:58

희 : (어린 소년, 소녀가 입맞춤하는 이모티콘 전송) 21:11

훈 : 뽀~오 달콤해라! 사랑해, 희야♡♡♡ 21:15

6/27 (土)

훈 : (우리 처녀, 총각 때 사진에 글 넣은 거 전송) "이쁜 내 사랑 희야! 손 꼬옥 잡고 죽을 때까지 함께하고 사랑하자!" 22:18

희 : 좋아하고 사랑해. 훈아, 잘 자♡♡ 22:20

훈 : 당신 봤네? 나 잠이 안 와서 당신 보고 싶어서 보내봤는데… 방에 혼자 있는 거야? 22:24

희 : 방에 들어와서 핸폰 보고 있었어. 당신 카스 바꾼 것도 봤어. 왜 잠이 안 와? 22:24

훈 : 당신 보고 싶어서 그런가봐. 뽀해줘잉~ 22:25

희 : 뽀는 매일하지. 사진에다가… 지금도 했엉. 22:26

훈 : 당신 앞에선 난 철없는 애인가봐. 22:26

희 : 나도 그렇잖아? 22:26

훈 : ㅋㅋ 우린 똑같아. 넘 사랑해서 그렇지 뭐. 오늘 뭐하고 지냈어 희야? 22:28

희 : 그러니까요. 22:28

훈 : 당신 컨디션은 어때? 22:30

희 : 나도 괜찮아. 요즘도 5시에 일어나? 22:32

훈 : 5시 30분 기상이요. 22:32

희 : 오늘 야근 안 했어? 여전히 일찍 일어나네. 22:34

훈 : 그래, 맘 편히 가져. 당신 몸 아무 일 없는 거야? 내가 기도하고 당신 사랑하니까 당신 아프지 않을 거야. 아니, 오늘은 야근 안 했어. 22:34

희 : 맘 편히 갖고 있어요. 걱정하지 마. 이제 자야지, 훈아. 22:36

훈 : 이렇게 톡하니까 맘이 놓인다. 응, 자야겠어. 당신도 자야지? 잘 자. 편히 안아줄게. 사랑해 희야. 영원한 나의 사랑♡♡♡ 22:38

희 : 나도 톡하니까 좋다. 당신 가슴에 안고 잘게. 내 품에서 잘 자♡♡ 22:39

훈 : 따뜻하고 좋다♡♡♡ 22:40

희 : 나도 따뜻하고 좋아. 22:41

6/28 (日)

희 : 훈아? 19:56

훈 : 응, 희야. 휴일 잘 보냈어? 19:57

희 : 응, 잘 보냈지. 통화할까? 19:58

훈 : 잠깐 차에 가서 전화할게. 19:58

희 : 잘 자, 훈아♡♡ 22:10

훈 : 당신도 잘 자. 사랑해. 무지무지 사랑한데이♡♡♡ 우리 꼬옥 안고 자자. 따뜻하게… 희야, 사랑해♡♡♡ 22:17

희 : 꼬옥 안아줄게. 내 품에서 잘 자요, 사랑해♡♡♡ 22:18

6/29 (月)

훈 : 사랑해 희야~ 손잡고 꼬옥 안고 자자♡♡♡ 22:11

6/30 (火)

희 : 훈아, 난 잘 있어. 낼 연락할게. 사랑해♡♡ 20:55

희 : 훈아, 꼬옥 안아줄게. 편히 잘 자. 좋은 꿈 꾸고♡♡♡ 21:14

희 : 매일 훈이와 대화하고 싶지만 여의치 않아. 훈이가 이해해줘. 이제야 나만의 시간이 왔지만 훈이는 자고 있겠지… 자주 보지도 못하고 매일 대화하기도 힘들지만 그래도 연락할 수 있으니 그것으로 위안 삼고 잘 지낼게. 오늘은 일찍 잠들었나봐? 낼도 화이팅♡♡ 23:10

7/2 (木)

희 : 훈아, 잘 지냈어? 20:47

훈 : 응, 난 잘 지냈지. 당신은 잘 보냈어? 20:48

희 : 나도 잘 보냈어. 허리는 괜찮아? 20:49

훈 : 일할 만했어. 좋다 안 좋다 그래~ 걱정 안 해도 돼. 20:50

희 : 그래도 걱정되네. 난 산책 갔다 이제 왔어. 여기도 코스모스가 피었더라. 21:51

훈 : 그랬어? 거기도 벌써 피었구나. 근데 여긴 달맞이꽃은 찾아볼 수가 없네. 거긴 좀 어때? 20:53

희 : 핀 거 같은데 멀리 있어서 못 찍었어. 20:54

훈 : 알았어, 나중에 잘 보고 이쁜 거 찍어서 보내줘. 내 톡 홈 바꾼 거 봤어? 20:55

희 : 나중에 찍어서 보낼게. 홈 보았지. 무슨 뜻이야? 근데 다시 바꾸었네. 20:57

훈 : 아~ 자비희사, 무재칠시. 20:57

희 : 응. 20:57

훈 : 불교 용어야. 20:58

희 : 좋은 말이겠지? 20:58

훈 : 자비희사는 "사무량심"의 네 가지. 톡으로 설명하려면 넘 길고 통화할 때 말해줄게. 20:59

희 : 내가 찾아야겠다. 21:00

훈 : 그래, 인터넷 치면 알 수 있어. 21:01

훈 : 달맞이꽃 배경에 문구 새로 넣었는데 어때요? 21:02

희 : 넘 좋아요. 요즘 자주 바뀌네요. 21:02

훈 : 그러게~ 21:02

희 : 자기 마음 내 마음이지… 21:02

훈 : 저녁시간에 특별히 할 일이 없어서 그런가? 맞아요, 우리의 달맞이꽃을 여러 가지로 표현해보고 싶어서 그래요. 21:03

희 : 난 자기 사랑을 느낄 수 있어서 행복하지 뭐. 21:04

훈 : Me too에요~ 당신 사랑받고 사는 난 무지 행복한 사람이지. 21:05

희 : 여긴 잠자리도 많더라. 가을 같아. 날씨도 시원하고… 21:07

훈 : 그래? 잠자리 본 지 오래된 거 같아. 나는… 시원해서 다행이다. 열대야 없이 여름 보냈으면 좋겠다. 당신… 21:09

희 : 7월 말부터 열대야 시작이겠지. 21:10

훈 : 내가 햇님에게 문자 보낼게~ 넘 덥지 않게 해달라고… ㅋㅋ 21:10

희 : ㅎㅎ그렇게 해줘. 햇님에게… 21:11

훈 : 열대야 시작되면 우린 그걸 즐기면 되지 뭐. 사랑하면서 불타는 밤을 즐깁시다요. ㅎㅎ 21:12

희 : ㅎㅎ 그러고 싶습니다요. 21:12

훈 : 원하면 이루어집니다요. 21:13

희 : 나중에 할게. 21:13

훈 : 응. 21:13

7/5 (日) ━━━━━━━━━━━━━━━━━━━━━━━

희 : 훈아, 걱정 많이 했지? 힘들었지만 잘 이겨냈어. 앞으로 더 힘들겠지만… 오늘 저녁이나 아니면 낼 저녁에 전화할게. 훈아, 넘 걱정

하지 마. 점심 잘 먹고 잘 지내. 12:30

훈 : 너무 심란하고 힘들었어. 다행이야~ 나중에 전화로 얘기하자. 잘 지내고… 12:32

문자메시지

7/12 (日)

희 : 훈아, 잘 있지? 난 잘 있어. 훈이 카톡해서 남편이 볼 일은 없을 거야. 매일 내 핸드폰을 남편이 봐서 보내고 삭제해야 해. 우리 씩씩하게 잘 지내자. 그리고 낼 생일 미리 축하해. 사랑해. 잘 있어. 답장은 안 해도 돼. 10:40

희 : 훈아, 거기 주소 지금 보내줘. 언제 보낼 수 있는지 모르지만 주소는 알아야 하니까… 10:44

훈 : 부산시 금정구 ○○동 10○○-1. 11:23

희 : 사랑해. 잘 지내. 11:27

훈 : 별일 없는 거지? 나도 사랑해 희야. 11:28

훈 : 넘 아프고 슬퍼. 잘 참고 있을게. 당신도 아프지 말고 잘 지내. 사랑해. 11:30

7/19 (日)

희 : 훈아, 잘 있지? 남편이 잠깐 나가서 문자하는 거야. 훈이가 슬퍼하고 아파하면 나도 힘들어. 그러니까 우리 행복했던 일만 생각하며 씩씩하게 잘 지내자. 건강하게 잘 지내. 사랑해. 18:40

훈 : 알았어~ 근데 당신 넘 힘들까봐 걱정돼. 18:43

희 : 걱정하지 말고 잘 지내. 18:45

훈 : 문자로도 얘기 주고받기 힘들구나. 사랑해 희야. 근데 희야, 당신

넘 힘들고 숨 막히면 참지 말고 나한테 얘기해. 우리 같이 사는 것도 고려해보자. 당신, 감옥같이 감시받고 스트레스받고 자유롭지 못하면 넘 힘들고 지치고 아프잖아? 18:51

희 : 알았어, 훈아. 나중에 연락할게. 잘 지내. 18:52

훈 : 응, 당신도 잘 지내야 돼. 사랑해, 희야. 19:54

7/30 (木)

희 : 훈아, 잘 있지? 남편이 외출해서 이제야 티셔츠 보내려고 하는데 저번에 알려준 주소로 보내면 되는 거지? 넘 늦게 보내서 미안해. 14:21

8/15 (土)

희 : 훈아, 잘 있었어? 잘 지내고 있는 거지? 날씨가 더워서 많이 힘들 거야. 저번에 티셔츠 보내고 며칠 있다가 노트도 보냈었어. 내가 다시 가질 날이 있기를 기도할 거야. 11:02

훈 : 희야, 넘 반가워. 보내준 건 잘 받았어. 고마워. 당신이 잘 지내는지 어떤지 넘 궁금하고 보고 싶어서 미치겠어. 맘 다스리고 잘 지내고 있어. 지금 통화 잠깐 안 돼? 11:03

8/30 (日)

희 : 훈아, 잘 지냈지? 나도 잘 있어. 세월이 넘 빠르지? 더웠던 여름도 가고 이젠 가을이 오려고 하니… 1년 전 우리 힘들었지만 많이 행

복했었지. 꿈만 같았던 날들이었어. 훈아, 지금은 우리의 현실이 서로를 허락하지 않지만 그래도 첫사랑의 추억과 행복한 추억이 있으니 나에겐 많은 위로가 된다. 밤이 되면 너에 대한 그리움이 밀려오지만 잘 참고 있어. 건강해, 훈아… 11:13

훈 : 잘 견디고 있어서 고마워. 난 잘 있으니까 걱정 말고… 사랑해. 언제까지나 당신 기다릴 거야. 아프지 말고 잘 지내. 사랑해. 11:21

맺음말

몇 년 전 수십 년을 그리워하던 첫사랑을 만났다. 그때 난 이혼하여 혼자였고, 그녀는 가정이 있는 주부였다. 1년여 동안 여덟 번을 만났고, 카톡을 주고받았다. 첫사랑이란 명분이 있었지만 타인의 시선으로 볼 땐 엄연한 불륜이었다. 그런 사실을 알면서도 우린 수십 년 서로 그리워하고 갈망했던 사랑을 뜨겁게 했다. 욕심도 있었다. 그러나 그런 욕심을 버려야 했다. 첫사랑일지라도 욕심과 집착은 결국 파멸로 이끌 것이란 것을 우린 공감했기 때문이다.

죽도록 사랑했지만 가정을 지키기 위해 가슴 아픈 이별을 통보한 그녀의 선택을 나는 존중한다. 그래서 그 후론 그녀에게 연락도 하지 않았고, 만남을 시도하지도 않았다. 그녀의 가정이 깨질 수 있기 때문이다. 난 그리움에 익숙해져 있다. 수십 년을 기다리고 그리워하다 우연히 만난 것처럼 수십 년 세월이 흐르면 또 만날 수 있을 테니까… 현생에서 만나지 못한다면 다음 생에서라도 만날 수 있을 테니까… 그녀가 건강하고 행복하길 빈다.

2024년 9월

정훈